HERETİK

Din Değiştirenin Çifte Yokluğu Üzerine
Fenomenolojik Bir Araştırma

Savaş KESKİN

Heretik

© LITERATURK academia 265
İnceleme-Araştırma 244

Bu kitap ve kitabın özgün özellikleri tamamen Nüve Kültür Merkezi'ne aittir. Hiçbir şekilde taklit edilemez.
Yayınevinin izni olmadan kısmen ya da tamamen kopyalanamaz, çoğaltılamaz.
Nüve Kültür Merkezi hukukî sorumluluk ve takibat hakkını saklı tutar.

Ağustos 2020

Yayınevi Editörleri: **Muzaffer YILMAZ - Salih TİRYAKİ - Emre Vadi BALCI**
Genel Yayın Yönetmeni: **İsmail ÇALIŞKAN**

ISBN 978-605-06609-1-3

T.C.
Kültür ve Turizm Bakanlığı
Yayıncı Sertifika No: **16195**

Kapak Tasarımı: **dizgimizanpaj**
Baskı Öncesi Hazırlık: **Mehmet ATEŞ**
meh_ates@hotmail.com

Baskı & Cilt: **Şelale Ofset**
Fevzi Çakmak Mh. Hacı Bayram Cad. No. 22 Karatay/KONYA
Tel: +90.532.159 40 91 selalemat2012@hotmail.com
KTB S. No: 46806 - Basım Tarihi: **AĞUSTOS 2020**

KÜTÜPHANE BİLGİ KARTI
- Cataloging in Publication Data (CIP) -

KESKİN, Savaş
Heretik

ANAHTAR KAVRAMLAR
- key concepts -
1. Din, 2. Heretik, 2. Din Değiştirme, 4. Kimlik, 5. Kimlik Algıları

"  ", Nüve Kültür Merkezi kuruluşudur.
www.literaturkacademia.com

/ Nkmliteraturk

M. Muzaffer Cad. Rampalı Çarşı Alt Kat No: 35-36-41
Meram / KONYA Tel: 0.332.352 23 03 Fax: 0.332.342 42 96

Ул. М. Музаффер, рынок Рампалы, нижний этаж № 35-36-41
Мерам, КОНЬЯ, тел.: +90 332 352 23 03,
факс: +90 332 342 42 96

Dağıtım: **EMEK KİTAP**
Akçaburgaz Mah. 3137. Sk. Ali Rıza Güvener İş Merkezi No: 28
Esenyurt / İSTANBUL
www.emekkitap.com - Telefaks +90 212 671 68 10

ORTA ASYA OFFICE:
Mikrareyon Kok Jar/23 Bishkek / KYRGYSZTAN
Tel: +996 700 13 50 00 - Telefaks: + 996 552 13 50 00
ОФИС В ЦЕНТРАЛЬНОЙ АЗИИ:

Дистрибьютор: **EMEK KİTAP**
Район Акчабургаз, ул. Али Рыза 3137, бизнес центр «Гювенер» № 28,
Эсеньюрт / СТАМБУЛ
www.emekkitap.com – Телефакс: +90 212 671 68 10

Микрорайон Кок Жар/23 Бишкек / КЫРГЫСТАН
Тел.: +996 700 13 50 00 – Телефакс: +996 552 13 50 00

HERETİK

Din Değiştirenin Çifte Yokluğu Üzerine
Fenomenolojik Bir Araştırma

Savaş KESKİN

Annem, İmmigülsüm Sert'e...

Savaş KESKİN

1990 yılında Diyarbakır'ın Büyükkadı köyünde doğdu. Akademi öncesi yaşamında ilgi duyduğu ideolojik pratikleri iletişimsel düzlemde sorguladı. Lisans öğrenimini Fırat Üniversitesi İletişim Fakültesi Halkla İlişkiler ve Tanıtım Bölümü'nde, Yüksek Lisans öğrenimini ise aynı üniversitenin Sosyal Bilimler Enstitüsü İletişim Bilimleri Anabilim Dalında tamamladı. Hâlihazırda İstanbul Üniversitesi Sosyal Bilimler Enstitüsü Radyo TV Sinema Anabilim Dalında doktora öğrenimini sürdürmektedir. Bayburt Üniversitesi'ndeki 'meslek' deneyiminde, metropoller orijininden 'biraz uzakta' kalmanın hislerine tanıklık etmekte, doğa ile tarihe 'yakın' olmanın ayrıcalığını duymaktadır. Akademik yazılarına alanyazındaki geleneksel yaklaşımlarla ve öğrenme arzusuyla başlamış, iletişimle ilgili kafasında beliren soruların izini sürmüştür. Son dönemde olgunlaşmaya başlayan ve bir yaşamı birlikte kat edeceğini varsaydığı akademik merakı gereği, kimlik, ötekilik, maduniyet gibi varoluşsal açmazları medyatik ve sosyal medyatik düzeylerde çaprazlamaktadır. İletişim sosyolojisi alanındaki çalışmalarına ek olarak medya, haber, ideolojik temsil ve söylem, reklam, realite televizyonculuk, dijital kültür ve sinema üzerine yazmaktadır. Gelecek zamanda, akademi ve edebiyat melezliğinde yazmayı hayal etmektedir.

TEŞEKKÜR

'Dini Ötekilik ve İletişimsel Pratikler: Din Değiştirenler Üzerine Bir Araştırma' isimli yüksek lisans tezimin içeriğinden devşirmelerle mevcut halini alan bu kitap çalışması, din değiştirme süreci kadar sancılı ve gerilimli olmasa da kendi içinde bazı sıkıntıları barındıran bir süreçte teşekkül etti. Çünkü konuya yalnızca salt bir bilimsel mantıkla yaklaşmadım. Üstümde, sessiz yığınlara dönüşen din değiştirenlerin, bana her anımda destek olan değerli danışmanım Doç. Dr. Göksel Göker'in ve süreci paylaşan tüm tarafların hassasiyeti ve sorumluluğu vardı. Bu satırları yazarken, bana güven duyan ve araştırmanın her aşamasında motivasyonumu arttıran kişilere karşı sorumluluğumu tamamlamanın vicdani rahatlığındayım.

Din değiştirenler ve onların sosyal çevreleriyle olan ilişkilerine erken denilebilecek bir yaştan itibaren tanık olmaya başladım. O dönemlerdeki bilgi birikimim ve akademik donanımım yok sayılacak kadar az olduğu için, aksaklıkları ve çarpıklıkları görüyor, ancak bir temele oturtamıyordum. Akademik sermayem geliştikçe, süreci daha doğru okumaya başladım. Hatta öncesinde dikkatimi çekmeyen ve sıradan gördüğüm vakaların bile aslında oldukça ideolojik bir ilişki biçimine parmak bastığını fark ettim. Kendimi, bu konunun içine girmek için cüretkâr hissettiğim gün, araştırma serüvenine ilk adımımı attım.

Süreç kapsamında ilk olarak bana tecrübelerini bütün çıplaklığıyla açan ve hiçbir şeyi gizlemeden olduğu gibi anlatan din değiştirenler ve onların sosyal çevrelerine yürekten teşekkürü bir borç bilirim. Bu kitap onların eseri sayılabilir. Özellikle araştırma sahası içindeki Hıristiyan ve Müslüman grupların güveni ve hoşgörülü tavrı, beni daha fazla cesaretlendirdi ve en çıkmaz anlarımda bana yardımcı oldu.

Teşekkür kelimesinin yetersiz kalacağı bir diğer kişi ise, danışman olmanın ötesinde bana ilham veren, yapıtlarıyla akademik şevkimi arttıran ve bu araştırma içindeki 'yabancılık' hususunu kavramamı sağlayan değerli hocam Doç. Dr. Göksel Göker'dir. Kendisine müteşekkirim. Aynı zamanda danışman hocam aracılığıyla tanıdığım ve kimlik ile tahakküm bağlantısını ele alan eseriyle, meselenin arka planındaki niteliksel ilişkiyi anlamama yardımcı olan değerli Dr. Öğr. Üyesi Polat Sait Alpman'a ve tez savunma jürisindeki yapıcı eleştirileriyle içeriğin olgunlaşmasında iz bırakan Doç. Dr. Adem Doğan'a teşekkür ederim. Son olarak; saha çalışmamı projelendirerek mali ağırlığını paylaşan Fırat Üniversitesi Bilimsel Araştırma Projeleri Koordinasyon Birimine katkılarından ötürü teşekkürlerimi sunarım.

Temmuz, 2020
Bayburt

GÖKSEL GÖKER'İN ÖNSÖZÜ

Yabancı isimli eserinde Colin Wilson, yabancıyı "kaosa uyanan kişi" olarak tarif eder. Bir kozmostan kopuş, beraberinde her zaman kaosu getirir. Kaotik durum, yabancının yaşadığı deneyimin kendisidir. Bu nedenle toplumsal bir tipolojiyi ve genel bir kimliklendirmeyi ifade eden yabancı kavramı ile düzen ve kaos ikilemi arasında bir ilişki vardır. Simmel'in tespit ettiği gibi yabancı, düzen kurulurken orada olmayan, düzene sonradan dâhil olandır. Zihinsel ve fiziksel her tür yer değiştirme hareketi, bir tipoloji olarak yabancıya dönüşme potansiyelini taşır. Yabancı, düzene ve bu düzenin kurduğu atmosfere aşina olmayandır. Yabancı, en nihayetinde, bu atmosferdeki herhangi bir toplumsal ilişkiyi deneyimleme halinin özgün bir biçimine dönüşür.

Yabancıya ilişkin refleksler, tam da bu ilişkilerin yürürlüğe girdiği fiziki yerde, genellikle toplumsal dinamikler, az da olsa kişisel tutumlar tarafından belirlenir. Yabancının tek bir kıstas tarafından belirlenmediği, çok sayıda ölçütün, çok sayıda yabancı kimliğe alan açtığı dikkate alınırsa, yabancılık ve buna ilişkin geliştirilen tutumların da geniş bir yelpazede iş gördüğü anlaşılacaktır. Bu nedenle yabancının, fiziki mesafe ölçütünden hareketle, en azından iki farklı şekilde algılandığını kabul edebiliriz. İlki fiziksel yakınlık belireniminde, farkın/farklılıkların görünür ve toplumsal ilişkilerde etkili olduğu gerçeklik düzlemi; ikincisi ise uzaklığa bağlı olarak şekillenen fantazmatik düzlemdir. İlkinde farklılıklar toplumsal ilişkileri sekteye uğratan bir işlev görürken yabancı bütün somut görünümleriyle algılanır; ikincisinde ise muhayyel, deneyim dışı bir algılama söz konusudur, yabancı burada egzotik olanın temsiline dönüşür. O halde yabancıyı toplumsal problem alanına taşıyan şey, onun içimizde, hemen yanı başımızda olmasıdır.

Her toplumun ve kültürün kendi yabancıları vardır: etnik yabancı, ırksal yabancı, kültürel yabancı, dini yabancı vs. Ayrıca yabancılar, kendi içinde azdan çoğa, zararsızdan zararlıya geniş bir spektrumda ele alınır. Kimine hoşgörüyle, kimine kuşkuyla, kimine nefretle yaklaşılır. Farklılıklar bazı durumlarda zenginliğin, bazı durumlarda da düşmanlığın zemini olarak değerlendirilir. Yabancıyı değerlendirme sürecinde, fiziki mesafe azaldığında, kültürel mesafeler ve tolere edilebilirlik seviyeleri devrededir. Yabancıya ilişkin geliştirilen tutumların yalnızca kültürel farklılıklar çerçevesinde ortaya çıkmadığını, yabancıyı anlamlandırma, tanımlama ve toplumsal konumunu belirleme ve pekiştirme sürecinin bir tür iktidar ilişkisini içerimlediğini de not düşmekte fayda var. Yabancılık deneyiminin, bir iktidar ilişkisinin, özellikle de toplumsal ve kültürel iktidar örüntülerinin dayattığı bir ilişki biçimi olarak değerlendirilmesi, yabancı kavramını anlamada oldukça önemli bir dayanak noktasıdır.

Yabancılık, kimlik, ötekilik gibi zengin, ancak netameli kavramlar eşliğinde yazılan bu kitap, din değiştiren kimliğinin, toplumsal ilişkilerde nasıl deneyimlendiğinin izini sürüyor. Her biri farklı ve öznel bir deneyim alanı içerisinde dinsel değişimi ve yabancılığı tecrübe eden katılımcıların, birçok noktada kesişen, ortak bir hikâyeye de sahip olduğu görülür: Bırakılan ve gidilen yer arasında salınıp duran, reddedilme ve kabul görmeme gibi çelişkili, gerilimli, kaotik ve arafta bırakan bir toplumsal varoluş.

Elinizde tuttuğunuz bu eserin, fikir aşamasından ortaya çıkış sürecine kadar, neredeyse tüm hikayesine yakından tanıklık ettim. Çalışmanın öncesinde, saha araştırmasında ve yazım aşamasında yaşanan zorlukların, verilen emeğin en yakın tanıklarından biri oldum. Yabancı veya her tür öteki; ilk bakışta bilinemez, tuhaf ve tekinsiz görünür. Bunu aşmanın, yabancıyı anlamanın ve onu tanıdık kılmanın en ideal yolu, onu dinlemekten geçer. Bu amaçla ortaya çıkan Heretik'in alana katkı sağlamasını, yeni ufuklar açmasını, okuyucusuna faydalı olmasını dilerim.

17 Temmuz 2020
Elazığ

İÇİNDEKİLER

TEŞEKKÜR 9
GÖKSEL GÖKER'İN ÖNSÖZÜ 11
İÇİNDEKİLER 15

GİRİŞ 17
Neden Din Değiştiren Kimliği? 23

BİR 'SAPMA' OLARAK DİN DEĞİŞTİRME 33
Sapma Bağlamının Toplumsallığı ve Öz-nedenselliği 45
İlişkisel Düğümün Güzergâhı: Kayıp mı, Kazanım mı? 54

DİN DEĞİŞTİREN KİMLİĞİNİN VE HERETİK OLMA
HALİNİN İDARE EDİLİŞİ 59
Yabancılaşma, Kimlik ve Öteki Tahayyülleri 60
Kimlik Belleğindeki Yabancılaşmanın Seyri ve Algısal
Uğraklar 75
   Din Değiştirme Öncesi Kimlik Algıları:
   'Biz'den Biri Olmak 79
   Din Değiştirme Sürecinde Kimlik Algıları:
   'Biri' Olamamak 84
   Din Değiştirme Sonrası Kimlik Algıları:
   'Onlar'dan Biri Olmak 90

Kimliği Yeniden Kurmak ya da Kuramamak:
Tanınmanın Paradoksal Tavrı 93

Din Değiştiren Kimliğini Kuran İlişkisel Kodlar 101

Bir Yabancı Olarak Din Değiştiren: İçerideki Düşman ... 102

Bir Günah Keçisi Olarak Din Değiştiren:
'Tanrı Kuzusu'ndan Olağan Suçluya 133

Bir 'Damga'lı Olarak Din Değiştiren:
'INRI'dan 'Dönme'ye 142

Heterotopik Bir Varlık Olarak Din Değiştiren:
Başka Yerlere Hapsolmak 150

'Kimse' Olma Mücadelesi ve Heretik Olmaya Karşı
Direnme Taktikleri 154

'Başka' Biri Olmak 157

Petrus'un Yolunda: Kimliğin İnkârı 161

Kısasa Kısas: 'Göze Göz, Dişe Diş' 165

Tanınmanın 'Alt Perdesi': İtidalin Dile Gelişi 167

Yeni Bir Dünya Kurmak 170

SONUÇ 177

KAYNAKÇA 187

EKLER 195

Ek-1 Görüşmeci Grubunun Tanımlayıcıları 195

Ek-2 Görüşmeciler ile Yapılan Mülakatlarda Kullanılan
Yarı Yapılandırılmış Formlar 197

GİRİŞ

> *"Kötülük yabancılaşmadır, kötü de yabancı.*
> *Kutsal Kitap'taki en eski hikâyelerden biridir bu".*
>
> Richard Kearney (2012: 87)

Bu metin, Müslüman kimliğinden Hıristiyan kimliğine geçmeyi, en azından bunu sınamayı arzulayan bir grup din değiştirenin, 'heretik'[1] olarak deneyimlemek zorunda kaldıkları sosyal varlıklarının, diğerleriyle ilişkiler yoluyla sürekli nasıl yeniden kurulduğunu anlama çabasının ürünüdür. Çünkü kategorik bir kimlik olarak din değiştiren, 'öteki' olmanın türevlerini kavramsal ve pratik katmanlarda yeniden üreten bir sapkınlığın sosyolojisine müdahil olur. Din değiştirme, dini yabancılaşmanın bir türü, daha ileride nihai hallerinden biridir. Yabancılaşma ise hem bir süreç hem de bir sonuç olarak vardır. Süreç olarak yabancılaşma, bireyi ait olduğu şeyden koparırken, sonuç olarak yabancılaşma, tam olarak başkasına, yani bir yabancıya dönüştürmektedir.

Toplum açısından yabancılaşma, her zaman olumsuzluğu çağrıştıracak biçimde konumlandırılmaktadır. Çünkü iyi olanı özkimlik ve aynılık kavramları ile eşit düzeyde sayan, kötülüğü ise çoğu zaman dışsallığa ve dışarıda olana içkin kavramlarla

---

[1] Heretik sıfatı, dinsel sapmanın yanı sıra sosyal sapmayı da içine alan çok katmanlı bir 'damga' olarak mevcut eşitliksiz tutuma karşı ironik eleştiride bulunma amacıyla kullanılmaktadır.

ilişkilendiren yaygın yaklaşım (Kearney, 2012: 87), bu çağırışımı zorunlu kılmaktadır. Bunun yanı sıra, genel kabulleri tesis eden ya da bir genel kabul olmaya zorlayan kuralları inkâr eden, çiğneyen insanlar sapkınlıkla suçlanarak, yabancılıkları tamamen bir sapkınlığın niteliklerine özgü bir şekilde tanımlanmaktadır (Becker, 2015: 23). Günümüz toplumlarının yabancıya ilişkin algıları hesaba katıldığında, yabancılaşmanın bir suçla eşdeğer olduğu kabul edilebilir. Bu yönüyle yabancılaşma, kaçınılması gereken bir 'canavarlaşma' imgesiyle zihinlerdeki temsili konumunu inşa eder. Yabancılaşan kişilerin tanımları ve temsilleri, sapkın/heretik ve marjinal örnekler vasıtasıyla sunulmaktadır. Bir başka deyişle, yabancılaşan birine örnek sunma talep edildiğinde, bireylerin sunacakları tasvirler, kronik korkularının cisimleştiği sosyal cehennemin sembolik dil yapılarını bolca içerecektir.

Din değiştiren bir bireyde yabancılaşmanın olması, şüphesiz bir gerçekliktir. Çünkü Becker'e göre (2015: 21) kuralları ihlal eden, 'sapkınlaşan' kişi, harici (yabancı) olarak algılanmaktadır. Bilindiği üzere dinlerde, din değiştirmeye yönelik katı ve yaptırım içeren kurallar bulunmaktadır. Bu kurallar zamanla, toplumun kültürel kodlarına sirayet etmektedir. Böylesine güçlü bir kural ihlali sonucunda yabancılık kendiliğinden ortaya çıkacaktır. Çünkü her kural, onu ihlal edecek yabancısı ile birlikte vardır. Toplumsal gruplar, ihlal edilmesini sapkınlık olarak tanımladıkları kuralları yaratarak, sapkınlığın kendisini üretmektedir (Becker, 2015: 29). Bu bakımdan din değiştirenlerin, tıpkı arketipik öncülleri olan ve Hıristiyan literatüründe ilk günahı simgeleyen Âdem ve Havva gibi, 'yasak elma'yı yiyerek bir kural ihlalinde bulunduğunu, yabancılaştığını söylemek mümkündür. Çünkü Âdem ve Havva cennette yaşarken, yasaklanmış olanı ihlal ederek aslına yabancılaşmış ve her yabancı gibi dışarı (dünyaya) atılmıştır. Aralarındaki tek fark, Âdem ve

Havva olayında 'elma'nın somut olarak varlığıdır. Toplumsal hayatta ise yasaklar somut halde bulunmasa bile, o 'elma' varmışçasına bir gerçeklik bilinci kurgulanmaktadır.

Bir 'heretik' olarak öteki, insanın sosyal ve dirimsel varlığının ilk kertesinden mevcut durumuna kadar süren kimlik serüveninde ona eşlik etmiş ve farklılığın sembolik varyantı olarak kimliği anlamlı kılmıştır. Bu bağlamda öteki olanı anlama, kimliğin valanslarını kestirebilme ve kurulma biçimlerini tespit etme gayesinde olan herkes açısından temel bir kılavuz olacaktır. Eski Ahit'te (Tevrat) bir anlatı olarak sunulan Adem ve Havva'nın yaratılış olayı, hem dini kimlikle ötekilik arasındaki 'sıra dışı/sapkın' ilişkiye odaklanan bu metinle ilintili olması hem de insanın (dolayısıyla kimliğin) hasıl oluşuna yönelik sistemli bir yaratılış (konfigürasyon) anlatısı sunmasından dolayı, aslında kimlik ve öteki hakkında geçerli bir 'arketipik' fikir sahibi olmak için başvurulacak önemli bir referanstır. İbrahimi dinler açısından oldukça önemli olan bu anlatı, Eski Ahit'te insana dair açıklamaların orijinini teşkil etmektedir. Anlatının failleri konumundaki Âdem ve Havva ile oğulları Habil ile Kayin, insanlığın ilk örnekleri olduklarına ilişkin İbrahimi savlar itibariyle kimliğin ve ötekiliğin arketipal kodlarını barındırmaktadır. Özellikle Yaratılış bölümünde ve Eski Ahit'in yazıldığı İbranicedeki Âdem ve Havva kimliklerinin kökenleri incelendiğinde, ilk insanın, farklılığıyla/ötekisiyle birlikte 'yaratıldığı' görülmektedir. Çünkü İbranicedeki Âdem ismi *'İnsan'* anlamına gelmekte, Havva'nın varoluşu ise Âdem'e *'Yardımcı'*[2] olması (Yara-

---

2 Bahsi geçen olay Yaratılış'ta şöyle anlatılmaktadır (Yaratılış: 2/18-22): "Sonra RAB Tanrı , "Adem'in yalnız kalması iyi değil" dedi, "Ona uygun bir yardımcı yaratacağım." RAB Tanrı yerdeki hayvanların, gökteki kuşların tümünü topraktan yaratmıştı. Onlara ne ad vereceğini görmek için hepsini Adem'e getirdi. Adem her birine ne ad verdiyse, o canlı o adla anıldı. Adem bütün evcil ve yabanıl hayvanlara, gökte uçan kuşlara ad koydu. Ama kendisi için uygun bir Yardımcı bulunmadı. RAB Tanrı Adem'e derin bir uyku

tılış, 2/18) amacıyla gerçekleşmektedir. Yaratılış'taki anlatıda Havva (kadın), Âdem'den (erkek) 'farklılığı' nedeniyle 'öteki'yi yeterli ölçüde temsil etmekte ve ilk olarak yaratılan Âdem'in ayırt edilmesi için gerekli olan ontolojik koşulu sağlamaktadır. Aynı zamanda Havva'nın, Âdem'in kaburga kemiğinden yaratılması (Yaratılış, 2/21), yani onun önemli bir parçası olması, 'öteki'nin, kimliğin özdeş bir türevi olduğunu göstermektedir.

Anlatıdan da anlaşılacağı üzere, 'öteki' tarih boyunca kimliğin kurulmasına yardımcı olmuş ancak hiçbir zaman tam anlamıyla 'insan' olma vasfını elde edememiştir. Bu kimlikler üzerinden anlatılan farklılık ilişkisi, tam bir karşıtlık değil, yardımcı bir fonksiyon olma niteliği içerse de tarihin ilerleyen dönemlerinde farklılığın tamamen protest bir ötekilik kavrayışından yola çıkılarak tecessüm etmesi ve giderek daha fazla hırçınlaşan bir mücadeleye evrilmesi uzun sürmemiştir. Birbirlerine olan ötekilikleri, bir başka ifadeyle farklılıkları ebeveynleri gibi doğal olmayan iki insan (erkek), Habil ve Kayın, arasındaki ilişkinin niteliğinden türeyen farklılık mücadelesi, Kayın'ın Habil'i 'öldürmesi' ile sonuçlanmıştır (Yaratılış, 4/8). Nitekim dini anlatılara göre, beşeriyetin başlangıç evresinde gerçekleşen bu mücadele, hâlihazırda sürmektedir. Ancak 'ölüm' yalnızca dirimsel varlık değil; toplumsal varlık, fikirler, tahayyüller v.s. üzerinde de hükme erişmiştir. Bu nedenle 'ben' ile 'öteki' arasında kimlik düzeyinde bir savaşım, alaşağı etme, etkisizleştirme ve nihayetinde yok etme mücadelesi süregelmektedir.

Kimliğin ontolojik gereklerine ilişkin farklılıklar, içinde bulunulan koşullara, güncel konjonktüre, ideolojik yönelimlere ve toplumsalın kurulma biçimlerine göre değişiklik gösterir. Ancak bu araştırmanın odaklandığı konu hasebiyle, 'farklılık' kav-

---

verdi. Adem uyurken, RAB Tanrı onun kaburga kemiklerinden birini alıp yerini etle kapadı. Adem'den aldığı kaburga kemiğinden bir kadın yaratarak onu Adem'e getirdi."

ramı, metin boyunca din özelinde sınırlandırılmış ve ötekiyi/sapkını yaratan din kaynaklı bir farklılaşma biçimi olan 'din değiştiren' kimliği merkeze alınmıştır. Çünkü güçlü bir bütünleştirme ile birlikte farklılaştırma pratiğine de kaynaklık eden din kavramı, maiyetindeki alanın her bir bileşenini tek merkezde toplarken, dışarıda kalan 'şey'lerden karşı konulamaz biçimde ayrıştırmaktadır. Böyle bir durumda din değiştirmeye yönelik bir kalkışma, dışarıda olmayı, farklılaşmayı ve daha ilerisinde yabancılaşarak hem dinsel hem de sosyal bir 'heretik' olmayı gerektirmektedir. Ancak yine de bu farklılaşmanın dozajı, din değiştirme kararı alan bireyin ya da grubun içinde bulunduğu topluluğun din ile kurduğu ilişkiyle doğru orantılı olarak artar ya da azalır.

Toplulukların din ile kurdukları ilişkinin niteliği, dini mekanizmaların toplumsal varlık sahasındaki yapı ve organizasyonların kurulması, bireysel ve kolektif anlamlandırma pratikleri, ifade tarzları ve paylaşım ilişkilerinin düzenlenmesi süreçlerindeki etkinliğini; bir başka ifadeyle dinin, toplumsalın inşasında nasıl konumlandırıldığı ve topluluğun kültürel ve tarihsel belleğinde nasıl bir anlam ve değer karşılığı bulduğunu görünür kılmaktadır. Bu sebeple, seküler bir form içeren topluluklarda dini bileşenlerin toplumsal alandaki etkinliği oldukça asgari düzeyde iken, dini kavram ve değerlerle iç içe yaşayan ve dinin başat bir sosyal kurum olduğu topluluklarda ise gündelik hayatın neredeyse tamamına yayıldığı görülmektedir. Bu tarz topluluklarda, din kavramı yalnızca salt bir eskatolojik anlatı ya da inanç dizgesi olmanın ötesine geçerek güncel toplumsalı ve tarihseli tanımlayan, çevreleyen, yönlendiren, düzenleyen, sapma noktalarını belirleyen, statik bir form kazandıran ve kimi zaman engelleyen bir mentöre ve disiplin aracına dönüşmektedir. Çünkü dinin esas varlık gerekçesi her ne kadar, bireylerin 'öteki' dünya ile kurdukları ruhani ilişkiye aracılık etmek gibi görünse de içeriğinde güçlü bir gerçek yaşam kurgusu da barındırdığını söylemek mümkündür. Bu kurgu, dinin maiyetindeki her birey ve topluma karakteristik bir kimlik ve yaşam biçimi sunmakla birlikte, ortak bir kültürel deneyim inşa ederek toplumları birbirine benzeştirmekte ve aynı zamanda diğer toplumlardan ayrıştırmaktadır.

Din değiştirme, farklılaşmaya/yabancılaşmaya kalkışan bir kişinin kendini ve kendi özelindeki toplumsal dönüştürmeye güdülenen deneyim setidir. Kişinin öz-dönüşümünde gerçekleşen sosyal başkalaşım, din değiştirmenin kabul edilemez bir sapma olduğu varsayımını, kitlesel hareketlerin koordineli yönelimlerindeki bir din değiştirende pratiğe aktarır ve heretik olmanın zemin dökümleri oluşmaya başlar. Nihayetinde kimlik düzeyindeki bu farklılaşma deneyimi, aslında din değiştirenin bir ötekiye ve sosyal heretiğe dönüşmesinin deneyimidir. Din değiştirme sürecinin her bir aşamasında giderek daha fazla yabancılaşan, farklılaşan ve marjinalleşen birey ya da grup, mevcut habitatının tazyikli dışlama reflekslerinden kaynaklanan tahakkümlere direnç gösterme adına, bir kimlik kazanma, tanınma mücadelesine girişmektedir. Nitekim bu mücadele, kimliğin kendisi kadar, kişinin içsel çatışıklıkları ile olan savaşımını da kapsamaktadır. Çünkü dinin sinik bir güç olarak orkestra ettiği, henüz tam anlamıyla 'sivilleşmemiş' topluluk biçimlerinde, din değiştirme fikri, kabul ve rıza ufkunun dışında kalmaktadır. Din değiştirenin özel alanındaki sosyal çevresi, kabul yönünde belirli bir temayül gösteriyor olsa da ait olunan topluluğun genel devimsel özellikleri, din değiştirenin toplumsal varlığını belirli sınırlar içinde kalmaya zorlamakta, baskılamakta ve en iyi ihtimalle terbiye etmeye çalışmaktadır.

Din değiştirmeye ilişkin kapsamlı araştırmaların yapıldığı, antropolojik, sosyolojik ve psikolojik literatürlerde genel olarak, din değiştirenlerin yeni dinlerindeki kimlik paydaşları ve cemaatleri madun kimlikleri açısından bir telafiye dönüştürdüğü ve bir inşa aracı olarak faydalandığı fikri üzerinde oydaşma bulunsa da bu fikir bazı örnekler özelinde eğreti durmakta ve yanılsamaya yol açmaktadır. Çünkü bir topluluk içerisindeki genel kabullerin dışında kalan ve içe kapanarak kesin sınırlarla kendini ayıran küçük/azınlık dini toplulukların, aralarına yeni katılan bu yabancıları (din değiştiren) kolayca kabul etmesi ve organik bir paydaş olarak nitelendirmesi, ilk aşamada neredeyse imkânsızdır. Nitekim yabancı, doğasındaki bilinmezlik ve dışarıda olma hali nedeniyle bir 'Truva Atı' olarak algılanmakta ve dışarıdaki tehditleri beraberinde getireceği düşünülmektedir. Tıpkı bir göçmen gibi kimlikler arası göç eden din değiştirenler, bir başka ifadeyle 'dini göçmenler', her iki tarafa da ait olamamaktadır. Bu tarz durumlarda yersiz-yurtsuz kalan din değiştirenler, çift taraflı ötekiliğin kıskacı arasında sıkışarak içe kıvrılmakta ve heretik kimlikleri madun olmanın yanı sıra metis olma niteliği de kazanmaktadır.

Neden Din Değiştiren Kimliği?

Bir toplum dinin kendisi ile yeterince kuvvetli bir ilişki kurup, bu ilişkiyi yeterince uzun bir süre devam ettirdiği takdirde dini bir karakteristik kazanmaktadır. Artık o toplumda meydana gelen her bir kültürel aksiyonun dini nitelik atfedilebilecek, bir başka deyişle dini olarak tanımlanabilecek bir ortak bir ezgisi olmaya başlamaktadır. Öyle ki, toplumsal ahengi ve bütünlüğü sağlayan bu ezginin sürekliliği ve korunması, kültürel bir önkoşul ve kültürel biçimlenme olarak addedilebilecek beşeri serüvenin en temel mesnetlerinden biri olma niteliği sergilemektedir. Din, bu tarz toplumların mentörü olmanın yanı sıra, tanımlayıcısı olarak da ön plana çıkmaktadır. Bu nedenle, o toplumun organik parçası olarak var olmak ve o toplum içinde toplumsallaşmak, topluluğun dinini ya da dini fraksiyonlarından birini paylaşmayı, olumsal bir kimliğe sahip olmanın zorunluluğu haline getirmektedir. Toplumsal konseptlerle uyuşmazlık gösteren bir yönelim ise olumsallanan kimliğin önündeki engel olarak yönelimde bulunan kişi ya da grubu bir yabancıya, daha da ilerisinde sosyal bir heretiğe dönüştürmektedir.

Din değiştirme fikri, yalnızca dinsel içerikli bir sapma, kopuş ya da kişisel bir iç hesaplaşma değildir; aynı zamanda tam anlamıyla 'biz'in parçasıyken, ayrılma ve bir 'öteki'ye dönüşmedir. Çünkü hâlihazırda var olan dinlerin neredeyse tamamı, mutlak doğruluk ve gerçeklik savlarıyla dışarıya doğru gerçekleşecek dini hareketliliklere kapalı durumdadır. Nitekim bu durum, din olmanın temel ve nihai zorunluluklarından biridir. Bu tarz bir savı muhtevasında barındırmayan bir dinin tutarlı bir gerekçeye ya da kılavuzluk niteliğine sahip olmasını beklemek oldukça kırılgan bir beklenti olacaktır. Bu açıdan yaklaşıldığında, belirli bir dinin müntesiplerinin de mutlak doğruluk yönünde gelişen bir görüş ve kabul etrafında birleşmesi kaçınılmazdır.

Dinler ilişki içinde oldukları toplumların genetik kodlarına her ne kadar deterministik bir tesirle sirayet etse de, bir dinin toplumun genelinde aynı oranda tesir gücüne sahip olduğunu ifade etmek doğru değildir. Dinin oldukça güçlü olan bireysel yönü gereği, inancın yaşanma biçimlerinde yoğunluk durumları değişkenlik göstermektedir. Bu bakımdan inançların muhtelif fraksiyonlarına ya da yorumlanma tarzlarına rastlamak mümkündür. Ancak dini yaşama yoğunluğunda güçlü bir esneklik bulunan kişiler arasında bile (istisnalar mevcuttur), din değiştirme fikrine karşı olumsuz bir yaklaşım ve tavrın yerleşmesi olağan bir durumdur. Bu durumu Türkiye özelinde özetlemek gerekirse, bilindiği üzere Türk toplumunun tarihsel belleğinde din kavramı önemli bir yer tutmaktadır. Özellikle Cumhuriyet dönemi sonrası bir takım sekülerleşme ve devletin laik bir yapıya büründürülmesi ile birlikte dinin bazı kesimler nezdinde sivilleşmesi söz konusu olmuştur. Ayrıca modernite, küreselleşme ve dijitalleşme süreçleri ile birlikte birbirine eklemlenen kültürel formasyonların bir sonucu olarak dinlere karşı bir takım olumsuz tutumların gelişmesi ya da en iyimser haliyle dini çoğulculuk adı verilen fikirlerin yaygınlaşması, tüm dünyada olduğu gibi Türkiye'de de dinin toplumsal nüfuzunu görece değişime uğratmıştır. Ancak tüm bu gelişmelere rağmen güncel araştırmaların birçoğu, Türkiye'de dinin (özellikle İslam dininin) toplumun önemli bir kesimi açısından (dini yaşama yoğunlukları farklılık gösterse bile) merkezde olduğunu ortaya koymaktadır. Bu bakımdan, Türkiye'de din değiştirme deneyimi, kişinin yakın sosyal çevresinin de içinde bulunduğu bazı kesimler nezdinde hoş karşılanacak olsa bile genel toplumsal dinamikleri paylaşan ve gündelik yaşamlarını bu dinamikler odağında biçimlendiren geniş kesimlerce kati suretle hoş görülmeyecek bir teşebbüstür. Burada şu durum önemle belirtilmelidir ki, toplum diğer dinlere karşı elle tutulur bir tahammüle sahiptir ve asırlarca farklı dinlerden insanlar bir arada yaşamıştır. Toplumun genel kısmı için asıl problem, din değiştirme temayülüdür. Geçilen dinin hangisi olacağının bir önemi yoktur. Çünkü din değiştirme, bireyin mevcut dinini dolaylı olarak olumsuzlaması şeklinde yorumlanabilmektedir. Din değiştiren kişiler, yoğun bir dışlama, farklılaşma ve yabancılaşma ekseninde tanınma mücadelesi verirken toplumsal varlıkları sapkınlık/sosyal heretiklik deneyimleri ile form kazanmaktadır.

Bu metnin odağını oluşturan İslam dininden Hıristiyanlığa geçmiş bir grup Türk vatandaşı birey açısından kimlik mücadelesi temelde, toplumun genel dokusuyla uyuşmazlık gösteren farklılaşma deneyimlerinden kaynaklanan şiddetli reflekslerden korunma ve tahakküm aracına dönüşen madun kimliklerinden kurtularak, yeni dini kimlikleriyle, yani birer 'Hıristiyan' olarak tanınma çabalarını kapsamaktadır. Ancak bu tanınma mücadelesini daha önemli hale getiren bir başka husus daha bulunmaktadır. Çünkü din değiştirenler, yeni dini inançlarından olan kesimlerle de 'Hıristiyan' olarak tanınma mücadelesine girmektedir. Hıristiyanlık dünya çapında her ne kadar yaygın bir inanç formu olsa da Türkiye'de azınlıkta kalan dini grupları ifade etmektedir. Kendilerini dışarıdan kesin çizgilerle ayırma eğiliminde olan bu gruplara dâhil olmak için yalnızca Hıristiyan olmak yeterli değildir. Bu tarz bir gruba dâhil olmak isteyen her din değiştiren, tıpkı bir göçmen gibi 'yabancı' ve 'dışarıdan biri' olarak tanımlanmakta ve din değiştirenlerin grup içerisindeki performansları ötekilik/sapkınlık tecrübesi ekseninde şekillenmektedir.

Dini inanç düzeyindeki farklılaşmanın bir tahakküm aracına dönüşerek kimlikleri örseleme biçimleri ve din değiştiren bireylerin kimliklerini yeniden kurma süreçlerindeki tanınma mücadeleleri, bilimsel yönden incelenmesi ve açığa çıkarılması gereken sosyal bir soruna işaret etmektedir. Bu metni ortaya çıkaran araştırma, din değiştirenlerin kimliklerini yeniden tesis etme sürecindeki tanınma mücadelelerinin hangi koşullarla ilişkili olarak biçimlendiği, iki taraflı ötekileştirme pratiklerinin Araf'ta kalmaya zorladığı din değiştirenlerin kimlik algılarına nasıl sirayet ettiği ve söz eylemsel çabaların ötekiliğe karşı bir direnç mekanizması ve restorasyon taktiği olarak tanınma düzeyinde hangi etkilere sahip olduğu problemlerine yanıt bulmak için hazırlanmıştır. Nitekim bireylerin din değiştirdikten sonra yeni dini kimliklerini hangi şartlarda, hangi ortamlarda ve hangi koşullarla ilişki içinde inşa ettiklerinin açığa çıkarılması büyük önem taşımaktadır. Bu metnin temel amacı, din değiştiren bireylerin yeni dini kimliklerini inşa etme süreçlerinde yüz yüze bulundukları 'sapkınlık/yabancılaşma' tavrına karşı iki taraflı tanınma mücadelelerini ve direnme taktiklerini, bizatihi onların öz tanıklıkları çerçevesinde ortaya koymaktır.

Bu metin, yukarıda tarif edilen türden bir kimlik serüvenini tecrübe eden kişilerin kimliklerini kurma biçimlerini ve mücadele tarzlarının süreç üzerindeki etkilerini, örnek bir vaka ve kişilerin tanıklıkları üzerinden bilimsel verilerle açıklamaktadır. Metnin sırtını dayadığı araştırmada Mersin ilinde, İslam dininden Hıristiyanlığa geçen bir grup din değiştiren ve onların sosyal çevreleri (Müslüman, Hıristiyan ve Dini İnançsız) örneklem alınarak, din değiştiren kişilerin Müslüman sosyal çevreleri ve yeni dini paydaşları ile nasıl bir ilişki dinamiği tesis ettikleri ve kimliklerini iki taraflı ötekilik arasında, yaftalanmış bir şekilde nasıl kurguladıkları bilinmezine yanıt aranmaktadır.

Saha çalışması sürecinde, nitel araştırma desenlerinden olan fenomenolojiye uygun tasarlanan gözlem tekniği ve derinlemesine mülakat tekniği birlikte kullanılmıştır. Çünkü örneklem birimlerinin doğal ortamlarındaki manevralarını görmeye imkân veren gözlem tekniği ile kişiler hakkındaki bilgileri, yine kişilerin kendilerine başvurarak elde etmeye imkân veren derinlemesine mülakat tekniğinin birlikte kullanılması, süreci daha doğru okuma ve araştırmanın güvenirliğini sağlama bakımından önem arz etmektedir. Araştırma kapsamında geçmişten gelen informel bir gözlem pratiği ile birlikte 3 aylık formel gözlem yapılmış ve din değiştirenler (13 kişi) ile onların Müslüman (6 kişi), Hıristiyan (7 Kişi) ve diğer sosyal çevreleri (Dini inançsız-2 kişi) ile derinlemesine mülakat gerçekleştirilmiştir. Görüşmeci grubu hakkında açıklanması gereken bazı hususlar bulunmaktadır. İlk husus, kadın görüşmecilerin erkek görüşmecilere göre oldukça az olmasıdır. Bu durumun altında yatan sebep, sınırlılıklar dâhilindeki çalışma alanında bulunan din değiştirenler arasındaki çoğunluğun erkeklerden oluşmasıdır. Kadın din değiştirenler, araştırma sahasının ana kütlesinde çok az bir alanı kaplamaktadır. Bu bakımdan, dünya genelinde yaygın bir biçimde sürekli olarak yeniden üretilen erkek egemen düşünce ve pratikler ile din değiştirme kararı alan bireylerin genellikle erkek olması arasında anlamlı bir ilişki bulunmaktadır. Çünkü kadınlar, egemen muhayyileler gereği böylesi bir radikal karar alma noktasında ciddi tereddüt etmekte ve çoğu zaman din değiştirmeye neden olan gerilimlerin uzağında kalmaktadır. Bir diğer önemli husus ise, görüşmecilerin gerçek kimliklerini yansıtan adları yerine, onları tanımlayacak mahlaslar kullanılması ve demografik tanımlayıcıların kasten değiştirilmiş olmasıdır. Din değiştirenlerin tanıklıklarında, onların kimliği hakkında doğrudan çıkarımı engelleyen müdahaleler, zikredilen isimlerin, yerlerin ve zamanların dönüştürülmesiyle gerçekleşmiştir. Öznel yaklaşımın içeriğindeki tahayyülleri etkilemeyen bu tasarımsal yaklaşım, din değiştiren kimliğini herhangi bir kişi özelinden, temsili özellikler sunan kolektif bir bağlama taşımıştır.

Görüşmeci grubu için seçilen din değiştirenlerin Katolik ve Ortodoks mezhepli Hıristiyan sosyal çevreye entegre olma/eklemlenme çabalarından dolayı 'Hıristiyan sosyal çevreyi' sınırlandırmak adına söz konusu mezhepsel mekânlar dini kurumlar olarak değil, kimlik çevreleri ve sosyalleşme alanları olarak değerlendirilmiştir. Çünkü din değiştirenlerin yeni dini kimliklerini sergileme ve sosyalleşme pratikleri çoğunlukla bu alanlar içinde gerçekleşmektedir. Bu bakımdan mezhepsel mekânlar araştırmanın örneklemini değil kimliğin inşa edildiği sosyal alanları sınırlandırma kıstaslarından birini oluşturmaktadır.

Metinde din değiştirenlerin sosyal çevreleriyle ilişkisini kasteden mezhepsel kimliklendirmeler, mezheplerin kurumsal yapısı ile olan ilişkileri değil, cemaat bireyleri ile kurdukları öznel ilişkileri kapsamaktadır. Bu bakımdan mezheplerin kurumsal yaklaşımları ve din değiştirenlere karşı bakış açısı kapsam dışında tutulmuştur. Saha çalışması içerisindeki tanıklıkların atıfta bulunduğu ya da gönderme yaptıkları tüm içerleyici ya da dışarlayıcı ilişki setleri, herhangi bir dinin mezheplerini, kurumlarını ya da doktrinlerini bağlamamaktadır. Saha çalışmasındaki kişi görüşlerinin, yalnızca bireylerin öz-algıları ve yorumsamalarıyla sınırlı olduğunu metin boyunca sürecek bütüncül okuma pratiğinde akılda tutmak gerekir.

Çalışma sahasını ifade eden Mersin ilinin mevcut durumu gözlemlendiğinde, popülasyonun oldukça kozmopolit bir yapıda olduğu ve muhtelif yaşam stillerinin artikülasyonu ile bütünleşen çok yönlü bir mozaik ihtiva ettiği göze çarpan karakteristiklerdir. Şehrin dini demografisi üzerine odaklanıldığında, net rakamsal verilere ulaşılamamaktadır. Ancak Amerika Birleşik Devletleri Dışişleri Bakanlığı'nın 2015 yılında yayımladığı 'Türkiye'de Din Özgürlükleri' isimli özet raporda, 79,4 milyon nüfuslu ülke çapında 90.000 Ermeni Ortodoks (60.000'inin vatandaş, 30.000'inin ise kayıtdışı göçmen olduğu tahmin ediliyor), 25.000 Roman Katolik, 17.000 Yahudi, 20.000 Suriyeli Ortodoks, 15.000 Rus Ortodoks, 5.000 Yehova Şahidi ve 2000 Yunan Ortodoks bulunduğu belirtilmiştir (www.state.gov). Yine başka bir rapora göre ülkede yaklaşık 150.000 Hıristiyan kimlikli vatandaş yaşamaktadır (www.uscirf.gov). Ülke nüfusundaki Müslüman çoğunluğun (%99 kadar), Mersin ilinde de benzer şekilde ve ufak sapmalar göstererek yer aldığını ifade etmek mümkündür. Belirtilmesi gereken nokta, şehirde özellikle Arap kökenli Rum Ortodoks sayısının en önemli azınlığı oluşturuyor olmasıdır. Çünkü çeşitli Hıristiyan kişiler, şehir genelinde 1.500 dolaylarında Suriye ve Antakya kökenli Arap-Rum Ortodoks yaşadığını dile getirmektedir. Nitekim şehir mezarlığında din kaynaklı bir ayrım yapılmadan mezarlar yan yana açılmakta ve herhangi bir mekânsal bölünme kendini net olarak ifade etmemektedir. Bu mezarlık her yıl Kurban Bayramı döneminde çeşitli İbrahimi dinlerden din adamlarının ve müntesiplerin bir araya gelerek dualar ettikleri 'Dinlerin Kardeşliği Dua Merasimi' adı altında düzenlenen bir etkinliğe ev sahipliği yapmaktadır.

Şehir demografisi din değiştirenler ekseninde ele alındığında ise, tam olarak kestirilemeyen bir tablo ile karşılaşılmaktadır. Çünkü çoğu zaman gizlenen bir edim olmanın yanı sıra, kurumsallaşmamış nitelikteki informel bazı dini aktiviteler (özellikle Protestan misyonerliği) sonucunda resmi kayıtlara alınması pek de mümkün olmayan din değiştirme, bu tecrübeyi yaşayan bireyler hakkında net bilgiler sunmayı imkânsız hale getirmektedir. Bunun yanında, resmi kayıtlar tutan kurumsal kiliseler de (Ortodoks ve Katolik), konu hakkındaki bilgileri dışarıyla paylaşmama konusunda bir tasarruf göstermektedir.

Mersin'de protestan olarak tanımlanan cemaatlere katılmak görece çok zor değilken, Ortodoks ve Katolik cemaatleri din değiştirme yoluyla katılmak bir o kadar zordur. Çünkü şehirdeki Ortodoks ve Katolik cemaatlerin tipolojisine bakıldığında mezhepsel nitelikler sergilediği görülmektedir. Mezhepsel dini grupların özellikleri hakkında bir incelemede bulunan Kılıç'a göre (2007: 50), bu tarz dini gruplar, dışarıdan üyelere karşı genellikle kapalıdır, kendine döndürme konusunda isteksizdir ve diğer dini gruplara karşı hoşgörü düzeyleri çok yüksek değildir. Bunun yanı sıra cemaat üyelerini bir arada tutan kader, kültür ve gelenek birliği (Eren, 2000: 96) gibi değerler vardır. Gerek grupların mezhepsel özellikleri, gerekse aidiyet algıları gereği, kültürel ve geleneksel paydaşlığa önem vermeleri, grup üyeliğini tarihsel kökenlerle ilintili bir hale getirmektedir. Bu gruplarda, grubun tarihsel kodlarındaki kültürel özellikleri taşımayan birine karşı kabullenme ve tahammül düzeyleri azalmakta ve bahsi geçen nitelikleri koruma adına içsel bir kapanmayla birlikte dışarıdan kesin sınırlarla ayrışma pratikleri yaygınlaşmaktadır. Bu tarz gruplar da yaygın olan başka bir eğilim ise, organik üyeler ile dışarıdaki üyeler arasında gerçek bir üstünlük duygusu ve bir çifte hareket tarzının doğal bir refleks olarak gelişmesidir (Wach'tan akt. Cezayirli, 1997: 374). Bu bakımdan din değiştiren birinin Mersin ilindeki Ortodoks ve Katolik cemaatlerinden birine katılımı oldukça zor bir süreç içermektedir.

Din değiştirenlerin Hıristiyan sosyal çevresini oluşturan Ortodoks ve Katolik Hıristiyanlar, hâlihazırdaki en önemli azınlıklardandır. Geçmiş yüzyılda daha yüksek seviyelerde olan Hıristiyan nüfus, göçlerle birlikte azalmıştır. Mersin, 1842 tarihli Adana Vilayet Salnamesi'nde Gökçekli bucağına bağlı bir köy ve tarım merkezi olarak geçmektedir. O dönemlerde büyük merkez olan

Tarsus'ta 36, Mersin'de ise 5 katolik aile yaşamaktadır. Şehrin 1854-1858 yılları arasındaki popülasyonunda ise 50 Latin Katolik, 40 Maruni, 8 Kildani, ve Ermeniler dahil olmak üzere 300 Ortodoks yer aldığı görülmektedir (www.mersinkilisesi.com). Şehirde 1860 yılında 2341 kişinin (Sandal ve Gürbüz, 2003: 123) yaşadığı bilgisi göz önüne alındığında, o dönemlerde Hıristiyanların nüfusun önemli bir parçasını oluşturduğuna tanık olunmaktadır. Günümüzde Mersin Hıristiyan cemaati, Latin, Maruni, Kildani, Süryani, Ermeni ve Melkit Katolikler (www.mersinkilisesi.com) ve Arap kökenli ortodokslardan oluşmaktadır.

Saha çalışması kapsamında yapılan gözlemlerde, sahadaki ilişkilerin manevralarını etkilememek adına hiçbir kayıt cihazı kullanılmamıştır. Din değiştiren görüşmecilerle vakit geçirilerek, kimlik mücadelelerine tanık olunmuştur. Gözlem süresince mevcut bulunan not defterine, müsait durumlarda anlık, müsait olmayan durumlarda ise gün sonunda gözlem notları eklenmiştir. Gözlem süreci doğal bir süreci izlemenin ötesinde görüşmeler esnasında da sürmüş ve bazı görüşmeciler evlerinde ziyaret edilerek doğal ortamları gözlemlenmiştir.

Saha çalışması kapsamındaki görüşmeler, enformel ve formel düzeyde gerçekleşmiştir. Formel düzeydeki görüşmeler, önceden hazırlanmış sorular eşliğinde ve örneklem birimlerinden randevu alınarak yapılmıştır. Görüşmeler esnasında birimlere özgürlük sunulmuş ve konunun gidişatına göre ek sorular eklenmiştir. Formel görüşmelerin yanı sıra gözlem süreçlerinde görüşmeciler ile sohbet havasında geçen enformel görüşmeler yapılmış ve bu görüşmeler bazı kilit noktaların daha net anlaşılmasına katkı sunmuştur. Enformel görüşmeler, örneklem birimleri dışında kalan kişileri de içermektedir. Çalışma sahasındaki bireylerle imkân buldukça konuşmalar yapılmış ve bu konuşmalar üzerinden bazı ilişkilerin tarihsel art alanı anlaşılmıştır.

Buraya kadar özetlenen hususlar paralelinde bu metnin, din değiştirenler açısından önem arz eden bir yönü bulunmaktadır.

Çünkü bu metin, gündelik hayat içerisinde 'görünmez' ve yok hükmünde olan din değiştirenlerin 'var' olduklarını akademik bir metin aracılığıyla dile getirmekte ve onların yaşadıkları geniş çaplı problemleri kendi ağızlarından duyurmaktadır. Akademik okuyucular arasında konuya ilgi çekmek, belki de onlara kulak verecek olan kişilerin sayısını arttıracak ve bu metni okuyanlar onların da var oldukları ve örselenmiş kimliklerle yaşadıkları konusunda bir farkındalığa kavuşacaktır. Çünkü gündelik hayat içerisinde, yakın bir ilişki bağı bulunmadığı takdirde din değiştirenlere rastlamak ve kimliklerini açıkça sergiledikleri ne tanık olmak oldukça düşük bir ihtimaldir. Medya organlarına bile nadiren konu olan bu 'görünmez' kimlikler, birkaç alternatif medya çabası dışında temsil olanağına sahip değildir. Nitekim günümüz sosyal medya imkânları kapsamında, Türk toplumunun ultra ötekilerinden biri olan Ateistlerin bile bir araya gelerek kendi kendilerini temsil ettikleri yüz binlerce kişilik platformları varken, din değiştirenlerin böyle bir teşebbüste bulunmaması, aslında onların da sahip oldukları kimlikle tanınmak istemediklerine yorulabilir. Çünkü yalnızca Hıristiyanlığa geçiş yapan bireyler özelinde değil, tüm din değiştirenler üzerinden bir fikir yürütüldüğünde, onların sahip olmak istedikleri kimlik, geçtikleri dinin müntesiplerinin kimliğidir. Bunun mücadelesinde olan din değiştirenlerin gündelik hayattaki görünmezliği, engelli bireylerin görünmezliği ile benzerlikler göstermektedir. Din değiştirenler de tıpkı engelliler gibi, kendilerini yok sayarak tasarlanan bir dünyada, 'kimlik engellerinden' dolayı zorlanmaktadır. Bu metin, Hıristiyan olmayı arzulayanlarla sınırlı kalmaksızın tüm din değiştirenlerin tanınma mücadelelerine bir katkı sunmayı ve kimlik engellerinden kurtulma gayretlerine destek olmayı amaçlamaktadır.

BİR 'SAPMA' OLARAK DİN DEĞİŞTİRME

Din değiştirme olgusu, nedenleri, sonuçları ve yaşamsal döngü içerisindeki etkileri itibariyle, bireysel ve kolektif bağlamda gerilime neden olmaktadır. Bu durumun başlıca nedenleri arasında, dinlerin öteki inanç ya da inançsızlık formlarına karşı kesin bir biçimde tanımlanmış olumsuz tavırları ve dinden dirimsel ve ruhsal olarak ayrılan bireylere karşı koydukları yasaklardan kaynaklanan oldukça sert müeyyidelerin yol açtığı çatışkılar bulunmaktadır. Bu durumun temelinde, neredeyse her dinin teolojik yapısı itibariyle hakikatleri yalnızca kendinde barındırdığını öne sürmesi ve müntesiplerinin de tek doğrunun kendi inandıkları din olduğuna ilişkin mutlak inanç ve tutumları yatmaktadır (Usta, 2003: 180).

Din değiştirme olgusu, hiç kuşkusuz dinlerin tarih sahnesine dâhil oldukları ilk andan günümüze kadar, kültürel sürecin her bir uğrağında tecrübe edilmiş ve bir takım sosyal sonuçlar doğurmuştur. Ancak din değiştirmenin sistematik bir süreç olarak disiplinlerin alanına girmesi, kolonyal faaliyetlerin yaygınlaşmasıyla birlikte gerçekleşmiştir. Özellikle 20. Asırda, Hıristiyan olan Avrupalıların küresel düzenin geniş bir parçası ve güç sembolü olarak görülmek için yaygınlaştırdıkları batı eğitimi, kolonyal yönetimler, tecimsel ve endüstriyel tarzlar, din değiştirme için oldukça uygun bir iklim yaratmıştır (Hunn, 2010:

147). Bu gelişmeleri takiben, psikoloji, sosyoloji ve antropoloji alanlarında, din değiştirme süreçlerini farklı perspektiflerden okuyan bir ekol ortaya çıkmıştır. Walter James'ten başlayıp, alanda öncül çalışmalar ortaya koyan Lewis Rambo'ya kadar uzanan süreçte (Yates, 1998: 100-108) olgunun teorik yönden açıklanmasına yönelik çabalar ortaya koyulmuştur. Carlin'e göre (2016: 296), din değiştirme çalışmaları heyecan verici bir alandır. Eski ve yeni bir takım yollar içeren bir ekoldür. Eski yollar – Freud ve James'in - hala meyve veren bir bahçe, yeni yollar ise -disiplinlerarası, küresel ve içeriksel bağlamda- köklü sorulara karşı bir kavrayıştır. Geleneksel ve çağdaş yaklaşımları bünyesinde barındıran bu ekol, mevcut imkanlardan dolayı din değiştirmenin yoğunlaştığı günümüzde giderek yaygınlaşan bir ilgi ve çalışma alanına dönüşmektedir.

Disiplinler arası bir olgu olan din değiştirme, psiko-sosyal açıdan üç farklı yaklaşımla ele alınmaktadır. Olgunun psikolojik yönünü vurgulayan mikro süreç, sosyolojik ve antropolojik yönünü vurgulayan makro süreçten daha fazla ön planda tutulmaktadır. Rambo'ya göre (2012: 880-881) ilk yaklaşım; bireyin içsel faktörleri, bilişsel düzeyleri ve duygusal yapısını klinik düzeyde araştırmaktadır. Bireyin çevresine karşı yabancılaşması ve düşmanlaşan tavırları incelenmektedir. İkinci yaklaşım; davranışçı ve deneyimci bir bakış açısı içermekte ve çevrenin etkisi üzerinde durmaktadır. Üçüncü yaklaşım ise; insani ve kişiler arası psikolojiye dayanmakta ve sürecin sosyal yönü incelenmektedir. Bu yaklaşımda, bireyin sosyal dinamik içerisinde kendini gerçekleştirme ve amaçlarını yerine getirme çabaları üzerinde durulmaktadır.

Din değiştirme olgusu, Batı literatüründe genel olarak *'conversion (dönmek, dönüşmek)'* sözcüğüyle tanımlanmakta ve din değiştirenler hakkında *'convert (dönme, dönmüş)'* ifadesi kullanılmaktadır (Rambo,1999; Rubin, 2016; Szpiech, 2016; Gordon-

Finlayson ve Daniels, 2008). Ancak din değiştirmeye ilişkin literatür içinde az sayıda da olsa, *'switch (değiştirmek)'* (Loveland, 2003), *'change (değişmek)'* (Petts, 2011) ve *apostate (dönek, mürted)* (Mastrochinque, 2012) sözcüklerine de rastlamak mümkündür. İslami Literatürde ise din değiştirme olgusunu tanımlamaya yönelik iki ayrı ifade bulunmaktadır: *İhtida* ve *İrtidat*. Müslüman olan veya sonradan İslam dinini kabul etmiş olan bir kişinin dinden dönüp başka bir dini kabul etmesi ya da hiçbir dine inanmadan red içinde bulunması durumuna *'irtidat'*, kişiye ise *'mürted'* denilmektedir (Özçelik, 2000: 347-348). *'İhtida'* ise, bir kişinin inançsız iken ya da başka bir dini inanca bağlıyken, İslam dinini benimsemesi anlamına gelmektedir. İhtida eden kişi *'mühtedi'* olarak adlandırılmaktadır (Köse, 2000: 554). Dini manada olumsuz bir niteliğe sahip olan irtida ile olumlu bir niteliğe sahip olan ihtida, İslam dininin önemli bir kurum olduğu toplumsal organizasyonlarda oldukça önemsenmektedir. Günümüzde ve tarihte birçok ülkenin irtidayı kanunen yasakladığı ve cezai müeyyidelere bağladığı görülmektedir. Özellikle Osmanlı'da irtidat olaylarının önüne geçmek için, eylemi yasaklayan bir takım hukuk kuralları konulmuştur (Özçelik, 2000: 348). İrtidaya yönelik kanuni tedbirler alınması, ihtidanın kolayca işleyen bir süreç olduğunu göstermemektedir. Çünkü birçok ülkenin aksine Osmanlı'da ihtida olayı yasal bir süreçte yaşanmıştır. Öyle ki, dönemin adalet işlerini yürüten bakanlık bünyesinde yalnızca ihtida olayları ile ilgilenen bir birim kurulmuştur. Bir kişi ihtida etmek istediğinde, şahsi bir dilekçe ile ilgili birime başvurması zorunlu tutulmuştur. Başvuru, oluşturulan meclis heyetinin soruşturma ve takibatından sonra onay alındığı takdirde geçerli sayılmış ve ihtida eden her bir kişinin sicil dosyalarına kayıtlar eklenmiştir (Kızılkan, 2012: 37-38).

Din değiştirme, tıpkı diğer kompleks kavramlar gibi, içeriğindeki çoklu anlamdan ve tecrübe edilme biçimlerinin değişkenlik göstermesinden dolayı, belirgin bir tanıma sığdırılması oldukça zor bir olgudur. Dolayısıyla her tanımlama girişimi, aslında konuya ilişkin hermenötik bir perspektif sunmaktadır. Bu noktada, farklı disiplin ve yaklaşımların olguyu nasıl okuduğu üzerine odaklanmak oldukça önemlidir. Din değiştirmeyi olumlu bir süreç olarak yorumlayan ve bir takım psikolojik problemlerin onarılmasından yola çıkan James'e göre (1958:157), din değiştirme, şimdiye dek parçalanmış-bölünmüş bir benliğin sahip olduğu aşağılık duygusu, bilişsel yanlışlık ve mutsuzluğun; birlik duygusu, bilişsel doğruluk, üstünlük ve mutluluğa dönüşmesi ve bunun sonucunda benliğin dini gerekçelere sıkı sıkıya sarılmasıdır. Olguya bireysel ve sosyal yönden yaklaşan Rambo'ya göre ise (1993: 5), din değiştirme, bireyin yaşadığı olaylar, ideolojileri, kurumları, beklentileri ve uyumlarının dinamik etkinlik alanında yer alan bir dini değişim sürecidir.

Din değiştirme olgusu Türkçe literatürde de farklı yaklaşımlarla tanımlanmıştır. Olguya bireysellik ve ruhsallık üzerinden yaklaşan Peker din değiştirmeyi (2008: 199), farklı bir din ideali için dini fikir ve bağlılıklardan vazgeçme ve dini inanç ve edimlerle ilgili veçhe değişimini kapsayan ruhsal evrim ve gelişme süreci olarak tanımlamıştır.

Yukarıda yer alan tanımlarda da belirtildiği üzere, din değiştirme eylemi farklı yönlerde gerçekleşmektedir. Din değiştirme, değişimin yönü itibariyle, belirli bir dini inancın deneyimlenme-hissedilme yoğunluğunda görülen iç değişim, bir dinden başka bir dine geçme, dinsizlik içeren bir anlayıştan dine geçme ve dini inançtan tamamen ayrılma şeklinde gerçekleşmektedir (Altun, 2012: 11-15). Dini değişim süreci belirli inanç ya da inançsızlık formları arasındaki geçişler kadar, din içerisinde bir dönüşüm olarak da tecrübe edilmektedir. Belirli koşullara bağlı olarak inancına yabancılaşan ancak inancıyla olan bağı tamamen kopmayan birey ya da grupların yine belirli koşulların etkisiyle inançlarına olan bağlılıkların artması durumu da din değiştirmenin kapsamı içerisinde yorumlanmaktadır.

Din değiştirme eyleminin yönü üzerine bir başka teorik önermede bulunan Cusack'a göre (1996: 15-20), değişim iki yönlüdür: *Top-Down (Tepeden Aşağı)* ve *Botton-Up (Aşağıdan Yukarı)*. Bir kişi ya da küçük bir grupta yaşanan dinsel değişimin, zamanla dışa doğru genişleyerek kitleleri içine alması durumu Botton-Up olarak adlandırılmaktadır. Bu tarz durumlarda, dinini değiştiren kişi ya da grubun toplum içindeki konumları, yönlendirici vasıfları, güvenirlik düzeyleri ve yeni dini inançlarını diğerlerine aktarmaya yönelik ikna becerileri etkili olmaktadır. Top-Down modelinde ise, geniş bir kitlede yaşanan dini değişim, kademeli olarak daha küçük grupların ve bireylerin din değiştirmesine neden olmaktadır. Bireysel din değişimlerinden yola çıkan Botton-Up modelinin aksine Top-Down modeli, büyük kitlelerin din değişimlerini odağa almaktadır. Bu kitlesel değişimler, imparator Constantin'in Roma İmparatorluğunun resmi dinini Hıristiyanlık olarak ilan etmesi gibi bir anda ve devlet eliyle yaşanabilirken, bir topluluğun tarihsel süreçteki etkinliklerinin gerekliliklerinden, kültürlerarası etkileşimden ya da bir topluluğun bir diğeri üzerindeki cebri ve baskısından kaynaklanan sebeplerle de gerçekleşebilmektedir. Toplumsal iklime bağlı olmakla birlikte, kitlenin sahip olduğu sosyal etkinin çok daha yüksek olması nedeniyle, bir dini değişim hareketinin Top-Down modeli ile yayılması, Botton-Up modeline göre çok daha kolay görünmektedir. Nitekim Bireysel performanslar, kitleyi etkileyecek düzeye ulaşamadığı takdirde, mikro bağlamdaki dini değişim kitlesel yapı içerisinde çözülmekte ve soğurulmaktadır.

Din değiştirme olgusu, nedenleri, sonuçları, etkinliği, ilişkili olduğu koşullar ve bağlı olduğu değişkenler nedeniyle tıpkı dinin kendisi gibi hem bireysel hem de kolektif özellikler sergilemektedir. Çünkü bir tecrübe, paylaşılabilir bir forma sahip olduğu andan itibaren kolektif niteliğe de bürünmektedir. Bu noktaya vurgu yapan Rambo'ya göre (1993:176) din değiştirme, *"Tanrısal ve bireysel etkinliği bütünleştirmektedir. Bireysel ve sosyaldir. Özel ve Kamusaldır. Her ikisi de aktif ve pasiftir"*. Rambo'nun ifade ettiği bu çift tabiat, bir ayrım değil aksine bir bütünlemedir. Olgunun her hangi bir noktasını değil her bir bileşenini kapsamaktadır. Çünkü din değiştirme, sürecin en ufak bir noktasında dahi ne tamamıyla bireysel ne de tamamıyla sosyaldir. Süreç bir bütün olarak, her aşamasında yeteri ölçüde bireysellik ve sosyalliği bağlılaşık düzeyde içermektedir. Çünkü birey kadar ilişkili olduğu toplumsal birimlerce de tecrübe edilen olgu, teolojik olmanın yanı sıra, olgusal, tarihsel, bilişsel ve kültürel boyutlara sahiptir (Rambo, 2010: 435-437). Bu noktada, din değiştirmeyi yalnızca bireysel dinamikler içerisinde değerlendirmek ve süreci bireysel bağlamda çözümlemek büyük bir yanılsama yaratacaktır. Çünkü, din değiştirme yalnızca tikel anlamda paranormal veya başka bir deneyim ya da eski yaşamın kesin olarak çiğnenmesi değildir. Sosyal pratikler ve ilişkilerin oluşturduğu yeni formların birikmesi yoluyla yeniden kurulan bir pasajdır (Austin-Broos, 2003: 9). Bu pasajın kolektif tabiatı, din değiştirme olgusuna psikolojik olduğu kadar sosyolojik açıdan da yaklaşmayı zorunlu kılmaktadır. Çünkü, değişim doğası gereği sancılı bir süreçtir. Üstelik sözü edilen değişimin belirgin bir sosyal niteliği varsa ve bu nitelik toplumsal bağışıklık sistemine uygun değilse, sancı çok daha yüksek derecelere ulaşmaktadır. Toplum içinde vuku bulan bir din değiştirme deneyimi bu yönüyle, sosyolojik bir olgu olarak nadiren yalnızca dini inançlardaki bir dönüşümle sınırlıdır. Genellikle, sosyal ve kültürel değişiklikler ona eşlik etmektedir (Robinson, 2003: 314). Bu değişikliklerin olguyu güçlendirme, süreci devam ettirme ya da sonlandırma gibi bir takım etkileri bulunmaktadır.

Din değiştirme, aniden gerçekleşen ve kendine özgü bağımsız sosyal etkinlikler içeren bir olay değildir. Bir başka ifadeyle, özgün bir tarihselliğe sahip değildir. Nedenlerinden sonuçlarına kadar her anı, içinde hâsıl olduğu toplumsal zaman ve koşullarla alakalı olan ve o toplumun kültürel devimlerine uygun bir gelişim seyri gösteren din değiştirme, birbirini takip eden farklı aşamalardan meydana gelen çok yönlü bir süreçtir. Bu nedenle din değiştirmeyi bütünleşik bir süreç olarak değerlendirmek ve sürecin her bir halkasını, bir diğeriyle neden-sonuç ilişkisi kuracak ve devamlılık sağlayacak şekilde tasvir etmek doğru olacaktır.

Eklektik bir yaklaşım sonucunda, göz ardı edilen ya da mahiyeti yeterince anlaşılamayan herhangi bir halka, olgunun mantığını kavrama noktasında büyük engeller yaratacaktır. Din değiştirme sürecinin bilişsel düzeydeki işleyişini formüle eden Rambo'ya göre, (1993: 17; 2012: 883-890), din değiştirme, bağlam, kriz, sorgulama, karşılaşma, etkileşim, bağlanma ve sonuç aşamalarından meydana gelmektedir. Ardışık olan bu aşamalar, bir takım karakteristikler sergileyen istisnalar dışında, neredeyse tüm bireylerin din değiştirme süreçlerinde ortak şekilde tecrübe edilmektedir. Ancak her birey için, aşamaları tamamlama zamanı açısından bir farklılaşma yaşanmaktadır. Bazı bireyler aşamaların tamamını hızlıca ya da bir kısmını hızlı, kalan kısmını yavaş şekilde tamamlarken, bazı bireyler her bir aşamayı yavaş yavaş tamamlamaktadır. Bu süreçte her şeyden önce bireyin, bilişsel düzeyinde etkili olan, dinle ilgili kişisel, tarihsel ya da sosyokültürel bir bağlama sahip olması gerekmektedir. Farklı bir dinle, dinsizlikle ya da bireyin inandığı dinle ilgili olabilen bu bağlam, bilişsel yapı dengesini sarsarak ilk anda krize yol açmaktadır. Çünkü bağlamsal içerikte yer alan anlam, bireyin önceden kabul ettiği dini değerlere zıt olmakla birlikte onları yıkıcı bir takım bilişsel faaliyetleri harekete geçirmesi bakımından tehdit unsuruna dönüşmektedir.

Krize yol açan şok etkisiyle beraber var olan değerlerin ve sonradan fark edilen yeni içerikteki değerlerin sorgulandığı yeni bir süreç başlamaktadır. Sorgulama sürecinde birey, var olanla yeni içerik arasında karşılaştırmalı bir mantık arayışına yönelmekte ve bu arayışta, inanç sınırlarını aşarak yeni seçeneklerle tanışıp, din değiştirme fikriyle yüz yüze gelmektedir. Yeni dini inançla (ya da dinsizlikle) ritüel ve ilişki düzeyinde kurulan etkileşim, bir süre sonra bireyin bu içeriklere bilişsel düzeyde aidiyet hissetmeye başlamasına neden olmaktadır. Aidiyet hissi yeterli güce ulaştığında, birey yeni dini cemaatine bağlanmakta ve onun gerçek bir üyesine dönüşerek farklı bir dini kimlik kazanmaktadır.

Din değiştirme sürecine bilişsel perspektiften yaklaşan Rambo'nun yanı sıra, süreci sosyal ilişkilere ağırlık vererek açıklayan ve grup dinamiğini ön plana çıkaran Loflan ve Stark'ın ifadesiyle (akt. Williams ve O'Dwyer, 2016: 4), din değiştirme süreci; gerilim, dini bir problem ve çözüm perspektifinin inşası, dini bir arayışçı olma, dini bir grupla tanışma, diğer din değiştirenlerle bağlantı kurma, mezhepsel aşırılıkları azaltma-çözme ve grubun geri kalanıyla amaçsal etkileşim kurma aşamalarıyla gerçekleşmektedir. Birey ilk aşamada, tıpkı Rambo'nun değindiği gibi kriz odaklı bir gerilim yaşamaktadır. Sonraki aşamada, gerilimi yaratan sorunu tespit etmekte ve mantıklı bir çözüm yolu arayışına yönelmektedir. Bu arayışta, belirlediği probleme en mantıklı ve doğru yanıtları sunabileceğine inandığı dinler hakkında fikir sahibi olmaya çabalamaktadır. Loflan ve Stark'ın üzerinde durduğu grup dinamiği etkisi ise, bu aşamadan sonra işlerlik kazanmaktadır. Dini arayış içinde olan birey, farklı dinden olan gruplarla temasa geçerek bu gruplar içinde sosyalleşmeye başlamaktadır. Sosyalleşme sürecinin ilk halkasında, tıpkı kendisi gibi din değiştiren ya da din değiştirme amacıyla gruba dahil olan kişilerle etkileşim kurmaktadır. Birey bu süreç içinde aynı zamanda, grubun odak noktasında bulunan ve kuşaklardır o dini paylaşan bireylerin mezhepsel aşırılıklarından kaynaklanan problemlerin ve dışlama reflekslerinin giderilmesiyle uğraşmaktadır. Nihayetinde ise, grubun geri kalanıyla amaçsal bir paydaşlık kurarak, bir başka ifadeyle grubun dinini kabul ederek sosyal konumunu tesis etmekte ve grup üyesi sıfatı kazanmaktadır.

Din değiştirmeyi, din içindeki dönüşümü de kapsayacak bir süreç şeklinde değerlendiren Smith ise (2001: 138-140), ilk aşamada; inanç, tövbe, güven ve bağlılık, ikinci aşamada; sezgi, dönme ve dönüşüm aşamalarına odaklanmıştır. Genel olarak, inancına yabancılaşan bir bireyin, tekrardan güçlü bir inanca erişmesini tarif eden aşamalar, başka bir dine geçişi de açıklamaktadır. Bu aşamalandırma işlemine göre, birey ilk olarak inançla özdeşleştirebileceği bir içerikle karşı karşıya gelmektedir. Daha sonra mevcut durumundan vazgeçmesini ifade eden tövbe aşamasına geçmektedir. Tövbeden sonra, inanca karşı bağlılık ve güven duygusu güçlü bir şekilde artmaktadır. Bireyin içsel ve dışsal hayatıyla kurduğu sezgisel ilişki üzerinde etkili olan bu durum, onun eski olandan uzaklaşarak manevi yönünü değiştirmesine, dönmesine neden olmaktadır. Bireyin kazandığı yeni yön, onun bilişsel ve sosyal varlığını kuşatarak, hayatını yönlendiren yeni inançla bağdaşımlı bir dönüşüm yaratmaktadır. Sonuç olarak, birey ya kendi dinine sıkı sıkıya bağlanmakta ya da müteferrik bir dini hayatının merkezinde konumlandırmaktadır.

Din değiştirme süreci, bireysel, sosyal ve çevresel koşullar göz önünde bulundurulduğunda, kişiden kişiye ya da toplumdan topluma göre farklı şekillerde tecrübe edilmektedir. Bu bakımdan, dinsel öğelere yüklenen anlamlar ve dinin yaşanma biçimlerinde görülen değişimlere sebep olan faktörleri açıklamaya yönelik çok sayıda teori bulunmaktadır. Bu teorilerin her biri, sürece hâkim olan koşullar ve din değiştirme deneyimini yaşayan birey ya da topluluğun bu koşullarla kurduğu ilişkilere odaklanarak şekillenmektedir. Rambo, din değiştirme sürecine ilişkin eklektik teorileri toparlayarak, en geçerli ve kapsamlı olanlarını şu şekilde ifade etmiştir (1999: 262-268; 2011: 208-219);

- *Küreselleşme teorisi*, dinlerin reform pratikleriyle yeni iletişim teknolojilerinin birlikteliğinden doğan dinsel hareketlilikten kaynaklanan din değiştirme deneyimini;

- *Post-kolonyal teori*, son yüzyılda meydana gelen yeni sömürgecilik ve misyonerlik faaliyetlerine bağlı olarak gelişen din değiştirme deneyimini; *Feminist teori*, dinler ve dinlerin uygulama biçimlerindeki cinsiyet eşitsizliği ve egemenlik sorunsalına bağlı olarak gelişen din değiştirme deneyimini;

- *Kültürlerarası teori*, tarihten günümüz küresel dünya formuna kadar uzanan süreçte, toplumların birbirleriyle olan kültürel mübadelelerine bağlı olarak gelişen din değiştirme deneyimini;

- *Dini-Ruhsal Teori*, kişinin iç dünyasındaki dini arayış ve ruhsal gerekçelere bağlı olarak gelişen din değiştirme deneyimini;

- *Entelektüel teori*, bireyin dinler hakkında araştırmalar yapma, okuma ve tetkik etme süreci sonucunda ulaştığı bilgilerden yola çıkarak mikro kozmosu ile makro kozmosu arasında bağıntılar kuran yeni bir din seçme isteğine bağlı olarak gelişen din değiştirme deneyimini;

- *Anlatı teorisi*, bireyin farklı dindeki büyük anlatılardan anlamsal bir pay çıkarmasına bağlı olarak gelişen din değiştirme deneyimini;

- *Kimlik teorisi*, kentleşme, modernleşme ve sekülerleşme gibi sosyal süreçler karşısında örselenen kimliklerin yeniden inşasına bağlı olarak gelişen din değiştirme deneyimini; *Ritüel teorisi*, bireyin katıldığı yeni inanç topluluklarının ritüellerini paylaşmasına bağlı olarak gelişen din değiştirme deneyimini;

- *Psikanalist teori*, Freud'dun yapısal benlik kuramından yola çıkarak, dinin (süper ego) güçlü arzuları (id) baskı altına alması ve denetlemesine karşı bireyin tepkisi ya da kurtuluş mücadelesi olarak gelişen din değiştirme deneyimini,

- *Arketip teorisi*, farklı dinlerde yer alan güçlü sembol veya tecrübelerin birey üzerindeki etkileyiciliğine bağlı olarak gelişen din değişimini;

- *Yükleme teorisi*, bireyin kendisi ve içinde bulunduğu yaşamla ilgili anlam arayışına bir yanıt sunan yeni dinlerin, bireye yeni anlamlar yüklemesine bağlı olarak gelişen din değiştirme deneyimini;

- *Bağlanma teorisi*, aile ilişkilerinde sorun yaşayan ve çarpık bir ebeveynliğe sahip olan bireylerin farklı dinleri bir telafi mekanizmasına dönüştürmesine bağlı olarak gelişen din değiştirme deneyimini;

- *İslamlaşma teorisi*, İslam dininin bilindiği alanlardaki, ruhsal, siyasal, ekonomik ve kültürel çekiciliğine bağlı olarak gelişen din değiştirme deneyimini açıklayan ilişkili ilkeler sunarken

- *Süreç teorisi* ise, bütün teorileri kapsayacak şekilde, din değiştirmenin uzun, dinamik ve sinerjik bir süreç olduğuna işaret etmektedir.

Rambo'nun oluşturduğu kapsamlı çerçevenin dışında kalan, ancak kuramcılar tarafından tartışılan birkaç önemli teori daha bulunmaktadır. Rambo ile bazı ortak teoriler üzerinde durmakla birlikte, farklı teoriler öne süren Lofland ve Skonovd'a göre din değiştirme olgusunu açıklayan teoriler şunlardır: Mistik Teori, Deneyimsel Teori, Yeniden Uyanış Teorisi ve Cebri Teori (Mehmedoğlu ve Kim, 2001: 176). Mistik Teoride din değiştirme, bireyin farklı inanç formlarındaki mistik anlamları keşfederek bu anlamları hayatına almaya başlaması ile gerçekleşmektedir. Deneyimsel Teori ise, din değiştirmeyi, belirli bir tecrübenin sonucu olarak görmektedir. Teoride, bireyin farklı bir inanca ait kodları belirli bir periyot içerisinde sürekli tecrübe etmesi, o inanca geçişi kolaylaştırmaktadır. Ruhsal bir bunalım, anlamsızlık ve yalnızlık duygusu içinde bulunan bireyin, belirli bir dini çıkış yolu olarak yakalayıp, ihtiyacını hissettiği anlamları bu din üzerinden sağlaması üzerine yoğunlaşan Yeniden Uyanış Teorisinde, birey yeni dini sayesinde hayata yeniden tutunmaktadır. Cebri Teori ise, dinlerin en çok tartışılan yayılma biçimlerinden biri olan şiddet konusunu odağa almaktadır. Teoriye göre, herhangi bir birey ya da topluluk, başka bir birey ya da topluluğun fiziksel ya da psikolojik baskı ve zorlamasıyla, istemeden de olsa başka bir dine geçmektedir. Bu baskı ve zorlama her zaman doğrudan bir müdahale olarak değil, bazen de dolaylı bir müdahale olarak ortaya çıkmaktadır. Bazı durumlarda toplumlar coğrafi ve sosyal çevrenin değişmesi sonucunda, dinlerini yeni işlem alanlarına uygun şekilde yeniden biçimlendirmekte, eğer dini inanç yeniden biçimlenme yoluyla yeni kültürel alana uyum sağlamıyorsa, yeni bir inanç seçme ya da yaratma zorunluluğu ile yüz yüze gelmektedir.

Yukarıda belirtilen teorilerin yanı sıra din değiştirme olgusuna ilişkin literatürde, Sosyal Etki ve Rasyonel Seçim Teorisine de (Kurçak, 2012: 10-13) rastlamak mümkündür. Sosyal Etki Teorisinde, bireyin içinde bulunduğu topluluğun genel dinamiklerinden etkilenerek din değiştirdiği öne sürülmektedir. Çoğunluğa hakim olan inanç formu, grup içindeki sosyal alan üzerinde hakimiyet kurarak diğerlerinin de inanması noktasında ciddi telkinler yaratmaktadır. Rasyonel Seçim Teorisi ise, din değiştirme olgusunu Entelektüel Teoriye benzer şekilde, bireyin dinler arasında rasyonel bir karşılaştırma yaparak, kendi ihtiyaçları doğrultusunda mantıklı bir seçimde bulunması şeklinde ifade etmektedir.

Sapma Bağlamının Toplumsallığı ve Öz-nedenselliği

Toplumsalın içerisinde meydana gelen her olay ve olgu gibi, din değiştirmenin de belirli bir arka planı, bir başka ifadeyle nedensel bağlamı bulunmaktadır. Kuşkusuz, din değiştirme sürecini hazırlayan ve birey ya da gurubu bu tarz bir karar almaya sevk eden birbiriyle ilişkili bir takım retrospektif koşullar vardır. Bu koşullar kimi zaman, dinlerin kurumsal yapısının sosyal ilişkiler ağı içerisinde yeterli işlevselliği sergileyememesinin sonucunda olağan olarak belirirken, kimi zaman ise bireyin içinde bulunduğu sosyal bağlamdan bağımsız bir sapma, aşkınlık ya da içe kıvrılma göstermesi ile ortaya çıkmaktadır. Her ne sebeple olursa olsun, din değiştirme fikrinin temelinde, 'var olana' yabancılaşma ve cezp edici bir unsur olarak 'yeninin' farkına varma hissiyatı yatmaktadır.

Din değiştirme olgusunun arka planında olguyu şekillendiren ve harekete geçiren bazı makro ve mikro itkilere değinmek gerekir. Makro düzeyde değerlendirildiğinde en önemli itkilerden biri, dinamik toplumsalın kaçınılmaz sonucu olan değişimdir. Değişimin doğası, statik ve dogmatik formlar üreten dini sistemleri her zaman tehdit etmektedir. Çünkü, mevcut koşulların, taşıdığı anlama zıt bir şekilde değişim göstermeye başlaması, dinlerin değişimden kaynaklanan anlamsal boşluğu doldurma konusunda yetersiz kalmasına neden olabilmektedir. Bu duruma atıfta bulunan Rambo'nun ifadesine göre (1982: 146), genellikle bireysel, grupsal ve toplumsal bir edim olan din değiştirme, yaşanan ve yaşanması kaçınılmaz olan sosyal değişimler karşısında bireyin veya toplumun sahip olduğu yeni ihtiyaçların ya da ihtiyaçların yenileşmesinin bir sonucudur. Bu ifade, değişimin yalnızca bireysellik ve toplumsallığın ifade biçimini değil, kurulma biçimlerini kontrol eden ihtiyaçları da yeniden biçimlendirdiğini vurgulamaktadır. Dolayısıyla, toplumsallığın doğal seyrinden kaynaklanan ihtiyaçlar ya da kendi ürettiği ihtiyaçlardan beslenen bir meşruluğa sahip olan dinler, ihtiyaçların değişmesi ile birlikte fonksiyonel konumunu yitirmektedir. Böyle bir durumda, yeni ihtiyaçlara yanıt sunabilen dinler, başka bir nedene gerek duyulmaksızın birey ya da toplumun gündemine oturmaktadır. Değişime direnç gösterebilmenin ön koşulu, yeni ihtiyaçları dini bağlamda tanımlamak, onları reddetmek ya da dini, yeni ihtiyaçlara uygun bir şekilde reforme etmektir. Aksi takdirde, dinsel etkinlik alanının daralmasına bağlı olarak sapmaların, yani din değiştirme edimlerinin gerçekleşmesi kaçınılmazdır. Öyle ki, bu sapmaların yarattığı kopuş dalgalarının etkisi, dinin mevcut varlığının rezerv duruma geçmesi ya da ortadan kalkması gibi makro bir olayı tetikleyebilmektedir.

Tarihsel süreçte yaşanan büyük çaplı değişimler, yukarıda ifade edildiği üzere, dinlerin geneli için bir tehdit niteliği taşımamaktadır. Çünkü değişimin herhangi bir din için yarattığı dezavantaj, başka bir din ya da dinsizlik içeren bir form için avantaja dönüşebilmektedir. Toplumsal değişim aynı zamanda, dinlerin farklı yollardan ifade edilmesinin önünü açan bir takım organik reflekslerin ortaya çıkması ve yükselmesine de ön ayak olmaktadır. Dinin de küreselleşen bir olgu olduğu fikrinden hareket eden kuramcıların ifade ettiği küresel nitelikli 'yeni dini hareketler' (Kirman, 1999: 223; 2000: 318), bazı inanç formlarının değişimi bir avantaja dönüştürdüğüne işaret etmektedir. Kirman'a göre (2003: 269), yeni bir din ya da bir dinin farklı bir yorumu olarak ortaya çıkan yeni dini hareketler, din değiştirme üzerinde oldukça etkilidir. Çünkü bu hareketler, kişilere hayatın anlamı ve eşyanın tabiatı gibi felsefi yanıtların yanı sıra, aşkın bilgi, ruhi dinginlik, iç huzura erme ve manevi yönden güçlenme fırsatı sunmaktadır.

Din değiştirme olgusunun makro itkileri bağlamında tartışılan hususlardan bir diğeri ise küresel çapta gerçekleşen misyonerlik faaliyetleridir. Özellikle Katolik Hıristiyanlık açısından yaygın olduğu varsayılan bu yöntem (Kaymakcan, 2005: 26), kitlesel din değiştirme hareketlerinin gerçekleşmesine neden olmaktadır. Kirman (2004a: 109-111), misyonerlik faaliyetlerinde yoğun bir biçimde kullanılan makro yöntemler arasında, düşünce devrimi ve zihin denetimi olarak adlandırılan 'beyin yıkama teorilerinin' önemine dikkat çekmektedir. Bu teorilerin amacı, bireyin fizyolojik ve psikososyal ihtiyaçlarını istismar ederek, onun bilişsel perspektifini yönlendirmektir. Böylece, bireydeki anlam ve aidiyet duygusu bilinçli olarak belli bir inanca sevk edilmektedir. Beyin yıkama işlemleri her ne kadar bireysel bir süreç olarak gözükse de aslında bir grup dinamiği içerisinde ve kitlesel provalar kullanılarak gerçekleşmektedir.

Din değiştirme olgusunun arka planında bulunan diğer makro itkileri; çoğulculuk, modernleşme, küreselleşme ve sekülerleşme (Kurçak, 2012: 14-23) olarak ifade etmek mümkündür. Dini çoğulculuk yaklaşımı, son yüzyıllarda dışlayıcı ve kapsayıcı paradigmaya (Aşlamacı, 2008: 34-44; Kar, 2007: 16-32) karşı bir tez olarak ortaya çıkmıştır. Dışlayıcı paradigmada sadece belirli bir dine mencup olanların kurtuluşa ereceği ve başkalarının bu dine inanmadıkça kurtuluşu yaşayamayacağı argümanı savunulmaktadır (Aslan, 1998: 146). Kapsayıcı paradigma ise, hakikatleri içeren üstün bir din ile birlikte, bu dinin içeriği ile uyumlu ve bağlantılı dinlerin de inananlara kurtuluş sağlayacağı kavrayışı üzerine tesis edilmektedir (Kar, 2014: 421). Kurçak'a göre (2012: 16-18), bu paradigmaları aşan çoğulculuk yaklaşımı, kurtuluşu tek dine özgü bir kavram olarak değerlendirmemektedir. Dini çoğulculuk, bütün dinlerin, bilhassa yaşayan büyük dinlerin Tanrıya ulaştırmada eşit birer aracı olduklarını ve hakikat açısından herhangi bir ayrımın söz konusu olmadığını savunmaktadır (Arıcan, 2011: 91; Gürer, 2013: 194). Dinlerin genel felsefi yapılarındaki iyilik, doğruluk, dürüstlük gibi kavramlara sahip bir yaşam süren ve Tanrı kavramına sıkı sıkıya bağlı kişilerin, belirli bir dinin tekelinde olmaksızın kurtuluşa erişeceği fikri, tüm dinlerin eşit olduğunu savunan çoğulculuk yaklaşımının merkezinde konumlandırılmaktadır. Bu tarz bir kavrayışın yaygınlaşması ve geniş kitleler nezdinde karşılık bulması, diğer dinlere geçme fikrinin önündeki engelleri yıkmakta ve bireylerin değişim kararındaki çelişki ve içsel çatışma unsurlarından birini ortadan kaldırmaktadır. Çünkü dinlerin nisbileşmesi ile birlikte, inancı çevreleyen bireysel ve toplumsal katı sınırlar ve bu sınırlara ilişkin müeyyideler daha esnek hale gelmektedir.

Literatürde tartışıldığı üzere din değiştirme olgusunun fitilini ateşleyen makro mekanizmalardan biri küreselleşmedir. Küreselleşme Giddens tarafından (2012: 62), yerel düzeyde gerçekleşenlerin kilometrelerce uzaklıkta meydana gelen olaylarca biçimlendirilmesinde görüldüğü gibi, uzak yerleri birbirine bağlayan dünya çapındaki toplumsal ilişkilerin yoğunlaşması olarak tanımlanmıştır. Mekânsal ve zamansal birliğin sağlandığı küresel dünyada bilgisayar, elektronik iletişim olanakları ve hızlı ulaşım araçları, aynı anda hem orada hem burada olabilmeyi, dolayısıyla yakın ve uzak ayrımlarının ortadan kalkmasını sağlamıştır (Kula, 2005: 8). Toplumsal süreçlerin iç içe geçtiği ve karşı konulamaz bir biraradalığın yaşandığı küresel dünyada, birbiriyle örüntülenen birey ve toplumların 'farklı' olanla kurdukları münasebet tercih olmaktan çıkıp, bir zorunluluğa dönüşmüştür. Küresel yaşamda, farklı dinlerin gündelik görünümlerini tecrübe eden birey veya toplulukların, onlara karşı duyarsız kalmaları neredeyse imkânsız bir hal almıştır. Nitekim, Kılavuz'a göre (2004: 204), küresel kodlarla biçimlenen kültürel durumun en belirgin özelliği, kültürel biçimlerin, dini inançların, gündelik yaşam performanslarının, en yüksek düzeyde çoğulcu bir toplumsal pota içerisinde hemen hemen eşitlenmiş olması, aralarında birinin diğeri üzerindeki üstünlüğü konusunda hüküm verecek bir üst ilkenin varlığıyla alakalı olanakları tüketmiş olmasıdır. Sözü edilen 'eşitleşen' ya da 'silikleşen' yaşam formasyonu içinde kurulan koşulsuz birliktelik, 'yasak elma'yı belki de hiç olmadığı kadar çekici kılmakta ve çok sayıda birey, İbrahimi dinler tarafından ataları olarak tanımlanan Âdem ile benzer kararlar vermektedir.

Din değiştirme olgusunun yakından ilişkili olduğu modernleşme ve sekülerleşme kavramları, birbiriyle bağdaş ve birbirini besleyen süreçler olarak değerlendirilmektedir. Modernlik ve sekülerlik ile karakterize edilen toplumsal yapılarda, din değiştirmenin, bir dinden başka bir dine geçiş yönünden ziyade, bir dinden dini inançsızlığa geçiş yönü daha ağır basmaktadır. Bu durumun en büyük nedenlerinden biri dinin, modern toplum içerisindeki seküler form tarafından sivilleştirilmesi (Turner, 2014: 239), bir bakıma soğurulması ve modern formasyonun bir parçası haline getirilmesidir. Çünkü toplumsal düzeydeki sekülerleşme, yüksek ölçüde dinin diğerleri arasında etkili bir kurum olduğu sosyal yapılardaki farklılaşma sürecini tarif etmektedir. Böylece din anlam ve meşruiyet kaynağı olduğu iddiasını kaybetmeye başlamaktadır. Önceden din aracılığıyla gerçekleştirilen fonksiyonlar, seküler kurumlarca devralınmaktadır. Bu nedenle, desakralizasyon, farklılaşma ve pozisyon değiştirme olarak adlandırılan işlemler 'laikleşme' adı altında bir araya getirilmektedir (Iris, 2005: 308-309). Toplumsallığın topyekün olarak seküler bir forma bürünmesi, bireylerin dini inançlarını gündelik yaşam bağlamında dayanaksız bırakmaktadır. Çünkü bir dinin seküler form içerisindeki tezahürleri oldukça yalın, sivil ve çarpık durmaktadır. Bu durum sekülerleşme kuramlarında telaffuz edilen 'inanç kaybı' argümanının (Küçükcan, 2005: 110) işlerlik kazanmasına ve inançlardan kopuşların yaşanmasına neden olmaktadır.

Din değiştirme konusunda üzerinde önemle durulması gereken makro itkilerden biri kitle iletişim araçları, bir diğer ifadeyle konvansiyonel ve sosyal medyadır. Çünkü medyanın din üzerindeki tahrip edici etkisi (Stout ve Buddenbahum, 2000: 117), dini inançsızlık formlarına geçişlere aracılık ederken, dini pekiştirici ve benimsetici etkisi ise (Arslan, 2016: 10) dinin kendi içinde ya da başka bir dine yönelik dönüşler sağlamaktadır. Konvansiyonel medya araçlarında üretilen kurgusal dini içerikler, dinlerin ifade pratiklerinden biri olarak yorumlanabilir.

Dini programlar, gösteriler, diziler, sinema filmleri ve haberlerdeki kurgusal motifler ve bu motiflerin failleri olarak ön plana çıkarılan dini rol modeller aracılığıyla, bir dinin kendi hedef kitlesi ile birlikte diğer dinlerin nüfuz alanındaki hedef kitlelere de ulaşması ve onlar üzerinde çekicilik yaratacak bir söylem ya da ifade tarzıyla belirli bir algıyı ya da bir tutumu yönlendirmesi mümkün hale gelmektedir. Özellikle, kitle iletişim araçlarının gerçeğe ilişkin enformasyonu elde etme noktasında hayati bir önem taşımaya başladığı günümüz ağ toplumlarında, medyatik temsiller ve anlatılar, bir dinin kitlesel bağlamdaki yükselişine aracılık etmektedir. Bunun yanı sıra, kullanım çeşitliliği ve ulaştığı kullanıcı sayısı her geçen gün artan sosyal medyanın sunduğu farklı sosyal ilişkisellik ağı ile bireylerin gerçek toplumsal bağlama paralel ya da alternatif ilişkiler kurarak sosyal medyayı mevcut toplumsal sorunları işlevsiz kılan bir telafi mekanizmasına dönüştürdüğü görülmektedir. Bu açıdan sosyal medya üzerinde bir araya gelen kişilerin kurduğu dini topluluklar, faklı inanç düzeylerindeki birçok kullanıcının sosyalleşmesine olanak tanımaktadır (Ayaz, 2015: 43-44). Nitekim Göker ve Keskin tarafından yapılan araştırmada (2016), ateistler tarafından yönetilen ve ateizm odaklı bir toplumsallık güzergâhı belirleyen örnek bir sanal toplulukta, farklı dinlerden kullanıcıların eş zamanlı olarak sosyalleştiği ve topluluktaki sosyal etki itibariyle kimi zaman dinden dönüşlerin yaşandığı sonucuna ulaşılmıştır.

Din değiştirme olgusunun arka planında yer alan mikro itkilere bakıldığında ise, genel olarak bireyin ilişkili olduğu sosyal ortamdaki grup dinamikleri ile bilişsel ve duygusal faktörler göze çarpmaktadır. Gerek Türkçe gerekse yabancı literatürde konuya ilişkin çalışmalarda, din değiştirme tecrübelerinin birbirlerine benzerlikler gösterdiği ve din değiştiren bireylerce ortak olarak paylaşılan bir nedensel bağlam bulunduğu ortaya koyulmaktadır.

Sosyal ilişkilerin din değiştirme üzerindeki etkileri, genel olarak bir grup dinamiği ve tebliğ çalışmalarından ibarettir. Sözü edilen grup dinamiği, bireyin belirli bir sosyal grubun üyesi iken aynı zamanda yeni sosyal gruplara spontane veya nitelikli bir tercihe bağlı olarak katılması ya da uzun zamandır aidiyet hissettiği bir gruptan koparak yeni bir gruba ait olma ihtiyacı hissetmesi sonucunda ortaya çıkmaktadır. Grup dinamiğinin süreç içindeki konumuna vurgu yapan Halama ve Halamova'ya göre (2005: 70), bireyin içinde bulunduğu dini hareketlilik ister kısa süreli-bağlamsız, isterse gelenek dışı olsun, din değiştirme bireyin gruplara katılım sağlamasının tek yolu olarak görülmektedir. Bu noktada din değiştirmeyi, dahil olunmuş bir grup dinamiğinin koşulu olarak değil, henüz dahil olunmamış bir grup içerisinde var olmanın ön koşulu olarak değerlendirmek mümkündür. Nitekim grup dinamiğine bağlı olarak gelişen sosyal etki mekanizması, birey henüz gruba dahil olmadan önce harekete geçmekte ve grubun yapısına uygun aleni bir dini dönüşüm şartı koşulmaktadır. Bireyin bu süreçte alacağı din değiştirme kararı, aslında grubun dışında mı, yoksa içinde mi olacağına ilişkin bir karar olacaktır. Öncelikle izlenimsel ve davranışsal bir grup performansı şeklinde gerçekleşen din değiştirme, daha sonraki süreçte grup dinamiği çerçevesinde bilişsel bir performansa dönüşmekte ve bireyin dini değişimi bütünüyle tamamlanmış olmaktadır. Özellikle sosyal yoksunluk yaşayan bireylerin, belirli bir aidiyet elzemi bağlamında din değiştirme kararı alması, din değiştirme olgusunun bilişsel olduğu kadar sosyal bir zorunluluk içerdiğini de göstermektedir.

Din değiştirmenin gerçekleşmesine ön ayak olan sosyal ilişkiler boyutundaki önemli mikro itkilerden bir diğeri ise dinsel tebliğ ve davetlerdir. Nitekim din değiştirmeye vardıran faaliyet ve fonksiyonlar büyük çapta tebliğ ve davetten ibarettir (Erarslan, 2004: 703). Tebliğ ve davetler kimi zaman dolaylı yoldan yapılırken, kimi zaman dolaysız ve aleni bir şekilde yapılmaktadır. Dolaylı davetler, gerek kitle iletişim araçlarındaki dini içerikler, gerekse bireyin tecrübe ettiği gündelik hayatta dolaşıma sokulan sembolik tasvir ve ritüeller aracılığıyla açık ya da örtük biçimde sürekli tekrarlanmaktadır. Dolaysız tebliğ ve davetler ise, bir dinin inananları tarafından bireysellik ya da grup dinamiği bağlamında açık bir çağrı vasıtasıyla gerçekleşmektedir. Tebliğin retorik ve semantik boyutuyla birlikte içinde geliştiği sosyal ortam ve koşulların etkinliği, din değiştirme kararının alınmasında ya da en azından bireyde bu fikrin oluşmasında etkili olmaktadır. Genellikle dini propaganda ve misyonerlik faaliyetleri kapsamında (Rahimi, 2013: 83-90) değerlendirilen tebliğ ve davetler, din değiştirme olaylarının büyük bir çoğunluğunun alt yapısını oluşturmaktadır. Özellikle farklı inanca sahip bir grup içinde sosyalleşmek zorunda kalan bireyler, tebliğ ve davetlere sosyal işlemlerinin neredeyse tamamında maruz kalmaktadır.

Din değiştirme olgusunun sosyal yönünü araştıran çok sayıda çalışmada, bir çok spesifik sosyal etkene rastlanılmıştır. Bu etkenler genel itibariyle, duygusal ve fiziksel dışlanma, mutsuz evlilikler, çarpık aile yaşamı, ebeveynlik problemleri, çocukluktan kalan çatışkılar, ekonomik yoksunluk, alkol-sigara-seks bağımlılığı ve sosyal tatminsizlik olarak ifade edilmektedir (Rahimi, 2013; Çayır, 2008; Halama ve Halamova, 2005). Bu olumsuz sosyal etkilerin yanı sıra, yeni inançtan birileriyle tanışma, arkadaş olma, vakit geçirme, duygusal yakınlık kurma ve evlenme (Hökelekli ve Çayır, 2006: 38-41; Demir, 2013: 167-170) gibi sebepler de bulunmaktadır. Belirtilen sebeplerden hareketle, din değiştiren bireylerin genel olarak olumsuz bir sosyal konsepte sahip olduklarını söylemek mümkündür. Bu nedenle, din değiştirme çoğu birey için var olan olumsuz sosyal niteliğin telafi edilmesi gibi bir anlamsal karşılık bulmaktadır. Birey din değiştirmeyi telafi mekanizması olarak kullanmak suretiyle sosyal restorasyonunu gerçekleştirmekte ve kendince tedavi edilmiş ve sağlık kazanmış bir sosyal dinamik kazanmaktadır.

Din değiştirmenin arkaplanını araştıran Canpolat (2004b: 89-103), entelektüel, duygusal, eğitimsel ve sosyal sebeplerden oluşan denencelerini sınama yoluyla, duygusal gerekçelerin/problemlerin bireyi din değiştirmeye yönelten en etkili itenek olduğu sonucuna varmıştır. Din değiştirmenin aynı zamanda mental problemler ve inanca karşı gelişen olumsuz tutumlar neticesinde gerçekleşebildiğini ifade eden Halama ve Halamova'ya göre (2005: 79-80), birey din değiştirme öncesinde depresyon, yalnızlık, anlamsızlık duygusu, korku, rahatsızlık, mutsuzluk, suçluluk ve pişmanlık gibi mental problemlerin yanı sıra, Tanrı mantığını kavrayamama, inanca ihtiyaç hissetmeme, Tanrı fikrine uzak olma, inançlara karşı negatif bakış açısı geliştirme, dini olayları garipseme, emir ve yasakları reddetme, şüpheci deneyimlere sahip olma ve inanca karşı kırılgan yaklaşma gibi inanç odaklı problemlere sahip olmaktadır. Bu problemler, bireyin öz ve sosyal varlığını kuşatarak, din değiştirme konusunda ciddi baskılar yaratmaktadır. Çünkü din değiştiren bireyler dini ya gerçek anlamın önündeki en büyük engel ya da gerçek anlamın en temel kaynağı olarak görme eğilimi içerisindedir. Bu sebepten ötürü, dinsel değişme bireyin hayatında yaşadığı en önemli devimsel kırılmalardan biridir.

İlişkisel Düğümün Güzergâhı: Kayıp mı, Kazanım mı?

Din değiştirme sürecine ilişkin bilimsel okumanın temel çıkarımı, olgunun bireyi ve toplumu yakından ilgilendiren çok boyutlu sonuçları beraberinde getirdiğidir. Ancak bu sonuçların, din değiştiren bireye kazandırdıkları kadar kaybettirdikleri üzerinde de durulmalıdır. Çünkü din değiştirmenin, birey ya da grup için ruhani ve toplumsal bazı getirileri olduğu gibi, toplumsal içerim ve mensubiyet açısından bir takım götürüleri olacaktır. Neticesinde, din değiştirme yalnızca inanç düzeyinde yaşanan hoş görülecek bir değişim değil, aynı zamanda bütünleyici mantıkla modellenen toplumun genel yapısına karşı bir direniş, başkaldırı ve sapma davranışıdır. Bu nedenle, toplumsal yapının dizaynında dinin nasıl bir fonksiyona sahip olduğu oldukça mühimdir. Nitekim, bir din toplumun temel işleyişinde meydana gelen ortak tınıların toplamına eşit hale gelmeye başladığı andan itibaren, din değiştirmeye ilişkin tahammül düzeyi, kavramın çağrışımına bile set vurmaktadır. Ancak, çoğulcu kavrayışı barındıran ve seküler bir iskelete sahip olan sosyal dinamiklerde, tahammül sınırlarının ileri boyutlarda esnetildiği gibi bir yanılsama ortaya çıksa da, bu tarz toplumlarda bile sakıncalı olarak tanımlanan inançlara yönelme teşebbüsü, arzu edilmeyecek bir teşebbüs olarak nitelendirilmektedir. Ayrıca bu tarzı benimseyen toplumlarda, bir sekülerin dindarlaşması pek de istenmeyecek bir durumdur. Din değiştirme davranışının her ne şekilde olsun toplumsal kabuller dâhilinde gerçekleşen bir süreç özelliği taşıması için, toplumsal anatominin organik kodlarıyla örüntülenen bağışıklık sistemiyle uyumlu olması ve organizmayı tehdit etmemesi gerekmektedir. Cusack'a göre (1996: 15-20), ancak grup düzeyinde bir dönüşüm, toplumsal ve geleneksel normlara/doğrulara aykırı olmamak kaydıyla, hoş karşılanabilmekte ve ayıplanma minimal düzeylere inmektedir. Ancak şu gerçeklik unutulmamalıdır ki, çok az toplum içeriğindeki normlara uyumlu birden fazla dini anlayışı barındırmaktadır. Toplumların çoğu, tek bir dini endeksi odak almakta ve genellikle toplumsal normlar bu endekslere uyarlanmaktadır.

Çok boyutlu bir kavramsal spektrum içeren din değiştirmenin temel sonucu inanç düzeyinde yaşanan dönüşüm iken, bunun yanı sıra bazı bireysel ve toplumsal dönüşümleri kapsayan sonuçları da bulunmaktadır. Bu görüşü destekleyen Jeffrey'e göre (1997: 669), din değiştirme yalnızca inançtaki bir değişimle sınırlı değildir. Bu süreçte bireyin kimliği, sosyal ilişkileri ve tutumları da değişmektedir. Sözü edilen değişiklikler oldukça nötr bir ifade biçimi gibi görünse de, değişen kimlik yapısını iki taraflı ele almak gerekmektedir. Çünkü kimliğin birey tarafından anlamlandırılan yönünde bir iyileşme ve olumlaşma hissedilse de toplumsal 'biz'in bir parçası olma konumunun yitirilmesi, bu kimliğin sosyal bağlamda 'ötekilik' izdüşümleriyle tanınmasına neden olmaktadır. Sahip olunan kimlik en iyi ihtimalle gizlenmektedir. Ayrıca sosyal ilişkilerin değişimi, olağan bir tercih değil, zorunluluktur. Bu süreçte birey, önceki sosyal çevresinin büyük bölümüyle kurduğu bağları yitirmekte ve mensubu olduğu yeni grupta bağlarını yeniden tesis etmektedir. Ancak bireyin bu bağları yeniden kuramama ihtimali, aslında sosyal ilişkilerdeki değişimin oldukça kaygan bir taban yarattığı fikrini geçerli kılmaktadır.

Din değiştirme süreci bireysel anlamda yalnızca kimlik, tutum ve ilişkiler düzeyinde değil, davranış düzeyinde de bir dönüşümü yaratmaktadır. Palouitzan ve arkadaşlarının ifadesine göre (1999: 1061), davranış değişimi yeni bireysel ahlak ve gelişim sürecini ifade eden ve meşrulaştıran yeni insan sistemiyle ilişkilidir. Ancak herhangi bir yeni inanca geçişi gösteren çok sayıda örnekte, öncelikle davranışlar değişir, inanç değil. Bu durumda yeni dini grup, davranış değişimi için bir araç olarak kullanılır. Bu ifade, din değiştirme ile davranış arasındaki karşılıklı etkiyi vurgulamaktadır. Çünkü davranış değişikliği, din değiştirme açısından bir sebep iken, din değiştirme de yeni davranışların ortaya çıkması için bir sebeptir. Bu nedenle, din değiştiren bireyde, yeni ibadet şekilleri, yeni sosyal organizasyonlara katılım, yeni yeme içme alışkanlıkları, yeni giyim tarzları v.b. gibi birçok yeni davranışsal gösterge belirgin olmaktadır (Ullman, 1989: 4).

Din değiştirmenin bireyin ruhsal yönlerinde olumlu bir ivmeye neden olduğu görüşü, birçok çalışma ile bulgulanmış bir gerçekliktir. Çünkü bireyler din değiştirmeyi çoğunlukla içinde bulundukları açmazlardan kurtulmak için bir onarım ve kurtuluş yolu olarak görmektedir ve neticesinde bu açmazlardan gerçek anlamda kurtulamasa bile, psikolojik olarak bir şeylerin yolunda gitmeye başladığı konusunda kendini telkin etmektedir. Zavalsız'a göre (2012: 196-197), din değiştiren bireyler, geçmiş yaşantılarında onlarda bir kriz, eksiklik ve bunalım yaratan şeylerden vazgeçtiklerini ve oldukça düzenli bir yaşam biçimine sahip olduklarını ifade etmektedir. Öyle ki birçoğu, din değiştirme sayesinde alkol, uyuşturucu gibi alışkanlıklardan kurtulduklarını, bazıları ise kötü giden evliliklerini kurtardıklarını dile getirmektedir. Nitekim Halama ve Lacna da benzer şekilde (2011: 761), din değiştirmenin bireylerin nevrotik sorunlarının azalmasına, açıklık, bilinçlilik, özsaygı, anlamsal yoğunluk, dışa dönüklük ve anlaşmacı ruh gibi arzu edilen niteliklerin kazanılmasına yardımcı olduğunu belirtmektedir.

Din değiştiren birey ya da grupta görülen somut değişikliklerden biri, yeni dini bilince içkin kültürel kodları içeren dilsel pratiklerdir. Din değiştirme deneyimi, dilsel sembollerin özgün bir kültürel bağlamda yeniden kodlamasına neden olmaktadır. Din değiştiren birey ya da grupta açıkça görülebilen bir farklılaşma yaşanmaktadır. Bu durum, din değiştirenlerin ruhsal ve kültürel tanıklıkları ile yakından ilgilidir. Çünkü süreç içerisindeki her tanıklık, kendine has bir temayülün oluşmasına katkı sunmaktadır. Tanıklık ve dilsel pratikler arasında benzer bir bağlantı kuran Sremac'ın düşüncesiyle (2016: 4), din değiştirme öyküleri, dönüşümü anlatan bir tanıklık içerir ve birey, süreci bu tanıklık tecrübesi üzerinden sembolik bir dilsel pratikle yorumlar. Sembolik yorumlamalar, öznelliğin dışına taştıkça, yani kolektif bir nitelik kazandıkça, bir grubun kültürel varlığının organik parçası olarak ortakça paylaşılan semboller şeklinde modellenmekte ve anlamsal aktarım nesnesine dönüşmektedir.

Din değiştirmenin toplumsal karşılığı ise sosyal bir 'dışlanma' ile eş anlamlıdır. Genel itibariyle tekelci kavrayışla karakterize edilen toplumlarda, dinden ayrılma girişimi, dışlama düzeneklerinin resen aktif hale gelmesine neden olmaktadır. Bu dışlama, kolektif yapılar tarafından kurumsal bir nitelikle ifa edilmekle birlikte, mikro düzeydeki sosyal ilişkiler içerisinde de bir otokontrol formu olarak potansiyel durumda sürekli hazırda beklemektedir. İstisnai durumlar ancak, mikro bağlamın sosyo-kültürel dinamiği ve toplumsal iskeletin kurulma biçimlerine bağlı olarak ortaya çıkmaktadır. Yine de özellikle belirtmek gerekir ki, din değiştirme davranışının hoş ya da nötr karşılandığı toplumsal yapılar, mevcut dünya panoraması baz alındığında oldukça azınlıktadır.

Toplumsal yapılar genel hatlarıyla 'tekel'in sınırları içinde tanımlanan 'biz' ve bu sınırlar dışında kalan 'ötekiler'den hasıl olmaktadır. Ötekilerin toplum içindeki gerilimli konumu, onların dezavantajlı kategoriler olarak üretimden kaynaklanan değerlerin paylaşımından dışlanmasına neden olmaktadır. Din değiştirenleri, marjinaller ya da diğer sosyal uyumsuzluk içeren gruplar dâhilinde değerlendirmek mümkündür. Çünkü din değiştirme, genel toplumsal normallere karşı 'sıra dışı' bir tavır ve bütünsel yapıyla 'uyumsuzluk'tan ibaret olan bir temayüldür. Nitekim Kirman'a göre (2003: 272-278), din değiştiren kişiler aileleri ve sosyal çevreleriyle büyük problemler yaşamakta ve çoğu zaman dışlanmaktadır. Bu duruma vurgu yapan Weber de benzer şekilde (1986'dan akt. Kirman, 2004b: 82), ahlaki nedenlerden dolayı mezhebinden çıkan kişinin toplumsal konumu ve ekonomik kredisini kaybettiğini ifade etmektedir.

DİN DEĞİŞTİREN KİMLİĞİNİN VE HERETİK OLMA HALİNİN İDARE EDİLİŞİ

'Heretik' bir toplumsal kategori olarak din değiştirenlerin kimliklerini yeniden kurma süreçlerindeki gerilimli tanınma mücadeleleri, şiddetli reflekslerin örselenmiş kimlikleri üzerinde bıraktığı telafisi zor hasarlar –ki bu hasarlar kimliğin organik kurulum kodlarına dönüşmektedir- ve bir direnme taktiği olarak geliştirilen iletişimsel aksiyonlar, bu bölümün temel hareket alanını oluşturmaktadır. Bu bölümde, din değiştiren kimliğini açıklamak üzere, din değiştirenlerin kendilerini (öznel tecrübelerini) referans alan teorik bir pratik sunulacaktır. Din değiştiren bireylerle yapılan görüşmeler sonucunda elde edilen somut görünümler ve bunun ötesinde kimliğe ilişkin tahayyüllerin harmanlanmasıyla hasıl olan bölümdeki argümanlar vasıtasıyla, kimliğin bir süreç içindeki koşulların konumuna ve niteliklerine uygun bir akışkanlık göstererek nasıl sürekli olarak biçimlendiği ve yeniden biçimlendiğine vurgular yapılacaktır.

Din değiştiren kimliğinin durağan ve olumsal koşullar içinde form kazanması neredeyse olanaksız bir durumdur. Nitekim yüksek ölçekli bir gerilime işaret eden, daha doğru bir ifadeyle bu gerilimin bizatihi kendisi olan din değiştirme hareketleri, şiddetli ve kimliği tahrip etme yönünde programlanmış koşulları beraberinde getirmekte, bir nevi kurmaktadır. Bu bakımdan, din değiştirenler için kimlik algısı temelde bir mücadeleyi çağrıştırmakta ve kimliğin doğası, mücadelenin tansiyon değerleri arasında bir denge kurma çabasına dönüşmektedir. Çünkü din değiştirme, kendiliğinden bir sorundur ve bu sorun rezerv durumda bekletilen toplumsal refleks kodlarını otomatikman harekete geçirmektedir. Bu süreç itibariyle koşulların nasıl bir veçheyi takip edeceği, sürecin failleri dahil kimsenin kestiremediği okunaksız bir kripto halini almaktadır. Çünkü din değiştirme, özellikle Türkiye'de, çoğu birey ve toplumsal çevresi için ilk kez karşılaşılan, tecrübe edilen bir durumdur. Geleneksel referanslarla temellendirilmesi zor olan bu tecrübenin oldukça yeni olan 'gerilimi', kimlik hedefli tazyiklerin artmasına ve korunaklılığın azalmasına neden olmaktadır. Araştırma boyunca sözü edilen kimlik meselesi, çalışmanın bu bölümünde yukarıda kısaca tarif edilen bir bağlam çerçevesinde ele alınacak ve bu koşullarla ilişki kurmaya zorlanan bir kimlik türünün anatomisi tartışılacaktır.

Bu bölümdeki metin, genel hatlarıyla üç ana kısımdan oluşmaktadır. İlk kısımda, din değiştirenlerin ortak paydası olan yabancılaşma süreci ve sonrasında gelişen 'ben' ve 'öteki' tahayyülleri odağa alınacaktır. İkinci kısımda, kimliği yeniden kurma ile kuramama arasında gidip gelen din değiştirenlerin sahip oldukları kimliklerin kurulum kodları, birbirleriyle belirli bir ilişkiyi tesis edecek şekilde yer alacaktır. Üçüncü kısımda ise, heretik olma halinden kaynaklanan yıkıcı etkilerden kurtulmak ve tanınma sorunsalına çözüm üretmek için kurgulanan direnç mekanizmaları açıklanacaktır.

Yabancılaşma, Kimlik ve Öteki Tahayyülleri

Kimliğin nüvesi yalnızca bir şeyin 'kim' ya da 'ne' olduğuyla ilişkili bir tanımlamadan ibaret değildir. Kimlik esas itibariyle bir gerekçe ve amaçtır. Sosyal bedenlerin yaşamak için başvurduğu en meşru gerekçe ve nihai amaçtır. Örneğin; bir bireyin sahip olduğu 'kadın' ya da 'erkek' kimliği, yalnızca onun mevcut dirimsel durumunu tasvir eden bir sembolik açıklayıcı değil, aynı zamanda onun toplumsal konumunu belirli bir gerekçe ve amaca bağlayan bir pekiştiricidir. Çünkü bir kimliğe sahip olan birey, aslında o kimlikle değil, o kimlik için ve kimi zaman o kimliğe karşın var olmaktadır. Bunun için birey toplumsal normalleri taban kabul etmek suretiyle ayrıcalıklı kimlik idealinin gereği olan olumsal kimlik biçimini yeğleyerek onunla bir özdeşleşme ve kabul görme mücadelesine girmektedir. Çünkü bir kimliğin geçerlik parametrelerinden en belirleyici olanı olumsallıktır. Olumsallık Connolly'e göre (1995: 224), doğallık ve meşrulaşmadır. Normallik, bütünleşme, kendi kendinin farkında olma ve kendini fark ettirme standartları ancak kimliğin olumlanması ile mümkün hale gelmektedir. Doğallaşan kimliğe dayalı performanslar, toplumsallığın organik bir parçası olarak işleyişin bütünleşik yapısına katkıda bulunmaktadır.

Kimliğin sorunsallaşması bağlamında meydana gelen kavramsal düğümlenme, kimlik açmazlarının yalnızca onun tanımlanması ya da anlamlandırılması düzeyinde sabit kalmamasına, kimliğin birey ve toplum hayatındaki konumuna nasıl ulaştığı hususlarına sirayet etmesine neden olmaktadır. Bu yönüyle kimliğin, doğuştan var olan bir belirteç mi, yoksa bireyin tikel ve kolektif performansları vasıtasıyla tesis edilen sosyal bir yapı mı olduğu tartışmaları, ilgili disiplinlerin odak noktalarından birini oluşturmaktadır. Kimi yaklaşımlar kimliklerin toplumsal kurumlarca kurularak hazırda bekletildiği ve bireylere 'giydirildiği' üzerinde dururken, kimi yaklaşımlar bireyin doğduğu andan yaşamının sonlandığı ana dek bir kimlik keşfinde olduğu ve kimliğini kendi performansları ekseninde biçimlendirdiğine ilişkin bir yargıyı benimsemektedir. Bu tezat yaklaşımların ortak noktasını ise, kimliğin bireyin dışında ve sosyal sistem dahilinde var olabilen bir yapı olduğu oydaşması oluşturmaktadır.

Giydirilmiş kimlikler teorisi üzerinden bir kimlik açıklamasında bulunan Aşkın'a göre (2007: 216), kimlikler birer kıyafet gibi giyilebilen ve çıkartılabilen yapılardır. Giydirilmiş kimlikler kavramı, toplumun bireyleri milli, dini, siyasal ve ekonomik kalıplara girmeye yönlendirmesiyle ortaya çıkmakta, yani toplumsal üretim araçları belli kimliklere sahip insanlar üretmektedir. Bu yaklaşıma göre ortaya çıkan katı ve esnetilmesi zor olan kimliklerin, bireyin diğer kimliklerinin de yönünü tayin ettiğini ve bir türevine dönüştürdüğünü söylemek mümkündür.

Toplumsal organizasyonların gerçekten de Aşkın'ın sözünü ettiği türden bir 'kimlik giydirme' işlevselliği bulunmaktadır. Ancak bu işlemin tüm kimlikleri kapsamadığı ve kapsayamayacağını belirtmekte fayda vardır. Çünkü kişinin sosyal mensubiyetinden doğan zoraki kimlik yapılarıyla donatılması toplumsallığın doğal bir sonucu iken, farklı opsiyonların mevcudiyetini de göz ardı etmemek gerekir. Toplumsal kurumlar yalnızca genel yapıyla uyumlu kolektif kimlikler ve bu kimliklerle uyumlu türevlerden oluşan bir spektrum sunmakta, birey bu spektrum içerisinde görünüşte özerk olan bir seçim yapabilme olanağına kavuşmaktadır. Ancak bu konuya karşıt bir tez sunan Mardin'e göre (2009: 61), kimliğe ilişkin halk arasında yaygın olan bir gömlek gibi giydirilen bir nesne fikri, konuyu doğru bir ele alış biçimi değildir. Çünkü kimlikler bir müzakere sonucunda ortaya çıkmaktadır. Mardin'in sözünü ettiği müzakere hayat boyu sürmekte ve bireyin toplumsal olan her şeyle diyalogunu içermektedir. Bu yönüyle müzakere kimi zaman asli bir mutabakat ve entegrasyon sürecine aracılık ederken, kimi zaman ise bir çatışma ve kimlikle ilintili bir direnişe dönüşmektedir. Nitekim birey ilk doğduğu anda yalnızca dirimsel olarak vardır ve bir kimliğe sahip değildir.

Bedenin benlik haline dönüşmesi ve bir kimlik kazanması Mead'a göre sosyal deneyim bağlamı içinde bir zihinsel yapı tesis etmesiyle mümkün olmaktadır (Altunoğlu, 2009: 200). Bu zihin yapısından doğan bilinç, kimliğin tüm bileşenlerini anlamlandırmaya yardımcı olmakla birlikte toplumsal eylemliliği de kontrol etmektedir. Toplumsal süreçlerin akışkanlığı ve devingenliği, toplumla ilişkili bir olgu olan kimliği de başlı başına statik bir yapı olmaktan kurtararak inşa edilen bir süreç ve toplumla kurulan kümülatif bir ilişki pratiği haline getirmektedir. Bilgin'in ifadesiyle (2007: 59), artık sosyal bilimlerde kimliğin tarihsel, kültürel ve sosyal bir inşa olduğu fikri üzerinde bir konsensüs sağlanmıştır. Bu nedenle kimliğin mutlaklığından söz etmek ve onun salt değişmezliği üzerinde diretmek, sonuçsuz bir çabaya dönüşmektedir. Çünkü toplum içerisinde akıp gitmekte olan her şey kimliği de içine almakta ve kimlik, gerek bireysel gerekse kolektif gayretlerle, yaşamın geneline yayılan bir biçimlenme ve yeniden biçimlenme sürecini mütemadiyen geçirmektedir.

Kimliğin toplumsal bir inşa olduğu fikrinin kabul görmesi ve yaygınlaşmasında, içinde bulunulan modern çağın kimlikler üzerindeki soyutlaştırıcı müdahalelerinin etkisinin bulunduğu kuşkusuz bir gerçekliktir. Zijderveld'e göre (2001: 90), modern toplum esasında soyut bir toplum olup, kişinin kendiliğinden haberdar olması, anlam, realite ve özgürlük gibi kavramlar noktasında kişiye yardımcı olma niteliklerini giderek yitirmektedir. Toplumsal kurumların soyut bir yapıya bürünmesi, kimliklerin defolu sosyal programlamaların sızıntı noktalarından dışarı taşmasına ve gündelik hayat içerisindeki soyutluk kargaşasından türeyen belirsizlik dehlizinde sonsuz bir içe kıvrılma geçirmesine neden olmaktadır. Nitekim soyut toplum tarafından üretilen içeriksiz rutinler, ahlakdışı bir yapıya sahiptir, kişilikdışılığın kişiliği yutması fikri de modern toplumlar açısından oldukça geçerli bir fikirdir (Giddens, 2012: 106). Bu durum kimliği geleneksel toplumlardaki görünümlerinin aksine, başlı başına bir soruna dönüştürmektedir. Assman'ın görüşüne göre (2001: 130), kimlik artık bilişsel bir sorun olarak kişinin kendisi hakkında bilinçsizce meydana gelen algılarının bir tasavvurudur. Bu görüş, kimliğin bilinçsel bir pratik olma halini yitirdiği ve bilinç kaybına dönüştüğünü savunmaktadır.

Kimliğin oluşumu ile ilgili sosyolojik paradigmaya bağlı yaklaşımların odaklandığı temel noktalardan biri, kimliğin sosyal ilişkiler ve grup mensubiyetleri bağlamında nasıl biçimlendiğidir. Çünkü her birey, sosyal niteliğinin bir gereği ve zorunluluğu olarak belirli bir gruba mensup olmakta ve bu grup mensubiyetine bağlı olarak sosyal etkinliklerde bulunmaktadır. Dolayısıyla, kimliğin de bu sosyal etkinlikler içerisinde ortaya çıkan bir yapı olduğu fikri sosyolojik yaklaşımlar tarafından pekiştirilmiş bir perspektif olarak kabul görmektedir. Bu görüşü destekleyen bir bakış açısı ortaya koyan Göker'e göre (2015: 87), bireylerin sosyal konumları ve mensubu oldukları çeşitli gruplar içerisindeki rolleri onların kimlikleri üzerinde etkili olmaktadır. Kimlik, rollerle alakalı anlamların dışında, beceri, davranış ve donanımları içermektedir. Bu görünüşe göre, kimlikler toplumsal ilişkilerden bağımsız bir düzlemde düşünülememektedir. Bu yönüyle kimlikle ilintili olarak öne sürülen yaklaşımlar arasında, Tajfel ve Turner tarafından formüle edilen 'Sosyal Kimlik' kuramı üzerinde durmakta fayda vardır. Çünkü bu kuram, kimliğin disiplinler bağlamında algılanışını değiştirmiş ve kavramı yalnızca bilişsel faktörler evreninde değerlendirme sorunsalına çözüm üretmiştir.

Kişisel kimlik algılanışından farklı olarak konumlandırılan sosyal kimlik çoğu zaman kişisel kimlikler ile farklılıkları üzerinden tanımlanmaktadır. Bireyin genel davranışsal eğilimleri, kişiliği, düşünceleri, beğenileri ve becerileri temel alınarak yapılan bir tanımlama girişimi kişisel kimliğe işaret ederken, bireyi bir toplumsal grubun üyesi olarak, o grubun üyelerine özgü niteliklerle tanımlama girişimi ise sosyal kimliği betimlemektedir (Demirtaş-Madran, 2012: 78). Kişisel kimlik ve sosyal kimlik arasında bu tarz bir ayrıma gidilmesi, kişisel kimliklerin sosyal kimliklerden bağımsız yapılar olduğunu göstermemektedir. Aksine, grup mensubiyetinden doğan kolektif bilinç kategorisi, bireyin öz anlamlandırma sürecinin her bir halkasında efektif bir güç olarak varlığını hissettirmektedir. Nitekim Kağıtçıbaşı'nın ifadesiyle (1999: 278), sosyal kimlik kuramına göre, bireyler kendilerini ve diğerlerini çeşitli gruplara ait olarak algılama ve grup mensubiyetleri çerçevesinde tanımlama eğilimindedir. Bu ifadeden de görüldüğü üzere, kimlik olgusu, yalnızca grupsal ve gruplar arası düzeyde anlamlandırılan bir niteliğe sahiptir. Bireyin kimliğe dayalı algısal pratikleri, bu görünen düzeyin kenarlıkları içerisinde gerçekleşmektedir. Turner de bu duruma dikkat çekerek (1978: 105), bir bireyin benlik algısı ve dolayısıyla benliğine duyduğu saygının, onun sosyal bir sınıfa mensubiyetine, yani taşıdığı sosyal kimlik üzerine sabitlendiğini ifade etmektedir.

Sosyal kimlik kuramı özelde, bir sosyal sınıf olarak grup bilincinden doğan 'biz' ve 'biz'in maiyetindeki 'ben' algıları ile grup mensubiyetinin dışında kalan 'onlar' ve 'onlar'ın maiyetindeki 'o'na dair algılar arasındaki farklılaşma ve çatışmayı baz alan bir kimlik düzeneğine odaklanmaktadır. Bu odaklama sürecinde gerek grup içi özdeşim ve bağdaşıklık devimleri gerekse gruplar arası çatışıklıklar üzerinden teorik bir açıklamada bulunulmaktadır. Kuram çerçevesinde bu duruma sıklıkla değinen ve birbiriyle ilişkili bazı elzem kavramsallaştırma pratikleri ortaya konulmuştur. Kuramın kategorik nitelendirme içeren aşamalı kavramları şunlardır: Sosyal Kimlik, sosyal kategorizasyon, sosyal karşılaştırma, sosyal yapı, en küçük grup dinamiği ve iç grup kayırmacılığı (Tajfel, 1982: 23-27; Meşe, 1999: 17-24; Demirtaş-Madran, 2003: 127).

Tajfel ve Turner'e göre (1986) kimliğin inşası öncelikle bireyin, sosyal etkinliklere dâhil olma yoluyla sosyal bir nitelik kazanması ile başlamaktadır. Sosyal bir kimlik olarak da tanımlanabilen bu nitelikle, bireyler çevrelerindeki sosyal organizasyonu kategorilere ayırmakta ve kategorik bir algı geliştirmektedir. Ortaya çıkan kategoriler arasında karşılaştırmalar yapan birey, kendisi için en uygun olacağını düşündüğü bir kategoriye yani gruba dâhil olmaktadır. Bu aşamadan sonra birey için artık ait olunan grup ve ötekiler vardır. Birey sosyal kimliğini grup içi sosyal etkinlikler vasıtasıyla biçimlendirirken, öteki ile sürekli karşılaştırmalarda bulunmakta ve bu karşılaştırmalar genel hatlarıyla bir çatışma ekseninde gerçekleşmektedir (Tajfel ve Turner, 1979: 33). Birey bu süreçte grup içindeki sosyal paydaşlarının kimlik yapılarını ve sosyal eylemlerini koşulsuz bir şekilde kayırırken, ötekilerin kimlikleri ve kimliğe dayalı performanslarını sürekli olumsuzlamakta ve kendinden aşağı bir yapıda görmektedir.

Sosyal kimlik kuramında, sosyal sermaye kavramı kadar 'kimlik sermayesi' (Cote, 2005: 221) kavramının da ehemmiyeti üzerinde durulmalıdır. Çünkü kimlik sermayesi bireye sosyal işlemlerinde bir ayrıcalığa sahip olma olanağı sunmaktadır. Bireyin tanımlandığı ve maiyetinde olduğu kimlik kategorisinin toplumsal değeri, bireyin sosyal performanslarının efektif yönünü kuvvetlendirmektedir. Birey kimliğinin sermayesi, bir diğer ifadeyle toplumsal birikimi vasıtasıyla sosyal konumunu ve ilişkilerini idare etmektedir. Bu nedenle, ayrıcalıklı bir kimlik kategorisi sunan gruplara ait olma fikri, çoğu bireyin sosyal gayelerinin ana temasını oluşturmaktadır.

Din değiştiren birey ya da gruplar üzerinde yapılan çalışmalar incelendiğinde, bu gerilimli karara etki eden koşulların farklılığı hasebiyle birbirlerinden nitelik olarak farklılaşan çok sayıda neden ve sonuçla karşılaşmak mümkündür. Çünkü gerek dinlerin özlerindeki farklılıklar, gerek toplumsal çevrenin kurulma biçimleri, gerekse dini inanç düzeyindeki birey faktörüne bağlı anlamlandırma farklılıkları bir araya getirildiğinde, her bir din değiştirme ediminin bir diğeriyle benzeşen aynı zamanda tamamen özgünlük arz eden bazı özellikleri kendinde barındırdığı kuşkusuz bir gerçekliktir. Ancak din değiştiren bireylerin deneyimleri her ne kadar farklılaşsa da hepsi tarafından ortakça paylaşılan tek bir özellikleri bulunmaktadır: yabancılaşma. Din değiştirme deneyimi, aynı zamanda bir yabancılaşma deneyimidir. Çünkü din değiştirmek, bir dine yabancılaşmayı ve nihayetinde onu reddedecek kadar ileri gitmeyi gerektirir. Nitekim yabancılaşmanın söz konusu olmadığı dini bir pratikte, din değiştirme ediminin ortaya çıkması imkânsızdır (zoraki koşullar haricinde). Bu yönüyle, din değiştiren kimliğinin anlaşılması için, din değiştirenlerinin yabancılaşma serüvenine değinme gerekliliği bulunmaktadır.

Bu bölüm çatısı altında tartışılan yabancılaşma kavramı, psikanalitik bir süreç olarak, yani bilişsel bağlamda değil, sosyolojik bağlamda ele alınacaktır. Çünkü çalışmanın temel prensibi gereği din değiştirenin bilişsel performanslarından çok, toplumsal bir unsur olan kimlik performansları önemlidir. Dolayısıyla telaffuz edilen yabancılaşmadan kasıt; bilinçli bir yabancılaştırma ve ötekileştirme pratiğidir. Çünkü günümüzde nasıl ki cinsiyet konusu yalnızca biyolojik bir farklılığı tanımlamak için kullanılamıyorsa, yabancı konusu da yalnızca basit bir bilişsel, biyolojik ya da kültürel durumdan çok daha fazlası, var olmanın genetik kodlarını içeren mücadelenin mutlak öğesidir.

Yabancı ya da yabancılaşma gibi kavramlar günlük hayatta oldukça sıradan ve nötr gibi görünen sembolik bir pratiğe dönüşmüştür. Sıradan gündelik aktiviteler içerisinde bir başkası için 'yabancı' terimini kullanan bireyler, genellikle kavramın ideolojik altyapısı ve tarihsel kökenlerinden habersizdir. Bu bakımdan, kavramın tarihsel birikimini çözümlemek için retrospektif bir okuma yapmak, ayrı bir deyişle kavramın etimolojik kökenlerine inmek gerekmektedir. 'Yabancı' kelimesi Latince 'Alienera' kökünden türemekte ve 'başkasının kılmak' anlamına gelmektedir. İngilizcede ise Tanrıdan ya da bir topluluktan koparılma, kopma ve bir malın mülkiyetinin devredilmesi gibi anlamlarda kullanılmaktadır (Ünaldı, 2011: 6). Görüldüğü üzere, kelimenin kökenlerinde 'başkası' ve 'kopuş' vurguları yer almaktadır. Bir topluluktan veya Tanrıdan kopma, başkası olma durumu, kopuşu yaşayan kişi ya da gruplar için arzu edilmeyecek sonuçlar doğuracaktır.

Kavramın tarihsel bellekteki olumsuzluğu, 'Alienus' kelimesinin Fransızcada 'Aliene', İspanyolcada ise 'Alinedo' halleriyle 'ruh hastalığı' anlamında (Akyıldız, 1998: 164) kullanılmasında da görülmektedir. Çünkü ruh hastalıkları eski dönemlerde, belirli bir lanetlenmişliği, insan dışılığı ve aşağılık olma halini çağrıştırmıştır. Dilbilimci Levi-Strauss'un kavrama yönelik yaklaşımında da benzer bir sonuç ortaya çıkmaktadır. Levi-Strauss'a göre (2010: 26), yaban sözcüğü, insan kültürüne karşıt olan hayvansı yaşam biçimini ifade etmektedir. Yaşamı düzenleyen normlarla uyuşmazlık gösteren her şey kültürün dışına, doğaya atılma yönünde bir tutumla karşılaşmaktadır. Yabancı bu özellikleriyle sürekli ötelenmesi ve toplumsalın dışına atılması gereken rahatsız edici bir unsur olarak addedilmektedir. Bu rahatsız edici unsur günümüz Amerikan sosyolojisinde patolojik bir durum tanımıyla, etkisizlik, geri çekilme, kararsızlık, duyarsızlık, normsuzluk, anomi, yalıtılmışlık gibi anlamlara karşılık gelecek şekilde (Gold, 1969'dan akt. Karaca, 2016: 46), bir bakıma tıpkı hastalıklı bir durumu tasvir edercesine yer edinmektedir.

Yukarıda tarif edilen türden olumsuz anlamlar barındıran bir kavram olan 'yabancılık', doğal olarak dışarıda olmayı gerektirmektedir. Dışarıda olma hali, gerçekten dışarıda olan, ayrı bir ifadeyle toplumun coğrafi sınırlarının dışında kalan bir kişi ya da topluluk için olağan bir durum iken, içeriden birinin yabancıya dönüşmesi, belirli tereddütleri ve toplumsal gerilimleri doğuran sancılı bir duruma işaret etmektedir. Bu durumda yabancılık, olağanın dışında geliştiği için olağan dışı süreçlerin yaşanmasına neden olmaktadır. Çünkü içeriden birinin yabancılaşması, başkası olmak ya da başka birine dönüşmek demektir (Timuçin, 1992: 16). Bir 'yerli'nin, başka biri olması, onun artık 'yerli' olmaktan kaynaklanan toplumsal paydaşlık ve haklara sahip olamayacağı anlamına gelmektedir.

Cevizci (2002: 345) içeriden birinin yabancılaşma deneyimini, bir şeyin ya da bir kimsenin, başka bir şey ya da kimseden uzaklaşmasını sağlayan, yabancı kılan edim ya da gelişme olarak tanımlamaktadır. Bu tarz deneyimlerde, toplumsal doku içerisinde yabancılaşan bireyin bağışıklık sistemini tehdit etmesi ve belirli mekanizmaları harekete geçirmesi kaçınılmazdır. Çünkü birlikteliği tesis eden ahengin kurulması, güçlü bir özdeşleşme ve yerlilik duygusunun oluşması için yerleşik normlara büyük oranda uyulması ve temel sosyal değerlerin içselleştirilmesi salt bir toplumsal zorunluluktur (Ergil, 1994: 193). Birey ya da grup bu durumun dışına taştığında, genel kabullerin dışında kalan bir sapma davranışı gösterdiğinde, sistem içindeki varlığı ve algılanışı yabancılık eksenine kaymaktadır.

Yabancılaşmanın özgül niteliklerine bakıldığında, kişi ya da grupların yaşamlarını ilgilendiren birçok şeye karşı yabancılaşabildiği sonucuna ulaşılmaktadır. Bir birey ya da grup, kendisini çevreleyen koşullar içinde, topluma, toplumu kuran değerlere, toplum içindeki işbölümü ve paylaşım ilişkilerinden kaynaklanan bölüngülere, kurumlara, kurallara, ekonomik değerlere, dine ve neticesinde kendi varlık gerekçelerine yabancılaşma potansiyeline her zaman sahiptir. Ancak bu çalışmanın kapsamı gereği yabancılaşma ve din ilişkisine özellikle odaklanmak gerekmektedir. Çünkü dini yabancılaşma olarak adlandırılan durum, kişinin parçası olduğu toplulukla olan aidiyet ve varoluş bağlarını ciddi şekilde zedelemekte ve çoğu zaman kopma noktasına getirmektedir. Bu durumun temelinde, dini saiklerin toplumsal hayattaki yerleşik konumu ve toplumun dinle ne derece yakın ilişkiler kurduğu hususları bulunmaktadır. Arıca'ya göre (2011: 57), birçok toplumsal sistemde toplumsal değerler ve bu değerlerin içeriğindeki meşruluk ve bastırma olanakları, merkezi inanç sistemleri tarafından desteklenmektedir. Bu süreç, psişik ve ilkesel inanç biçimlerini gerçeğin salt bir yorumu içinde kaynaştıran bir dünya görüşünde gerçekleşmektedir. Toplumsal kurumlar ve egemenlik ilişkileri, sözü edilen dünya görüşü ile meşruluk kazanmaktadır. Böyle bir toplumda, organizasyonu orkestra eden dini enstrümanlara yabancılaşmak, toplumun kendisine yabancılaşma ile eşdeğer düzeydedir. Çünkü din ve toplumun ayrı tutulamayacak kadar iç içe geçtiği durumlarda, bağlılaşık bir birliktelik söz konusudur.

Alman idealizminin son temsilcisi olarak addedilen ve dini, yabancılaşmaya karşı kurtarıcı bir figür olarak konumlandıran Hegel, konuyu 'kendi bilincinde olmak' ve 'mutlak yaratıcı Töz'e' yabancılaşma gibi yaklaşımlarla bilinç düzeyinde, Alman varlıkbilimci Feuerbach ise Hegel'in aksine dine karşı durarak, Tanrıyı insanın kendine yabancılaşmasının temel aracı olarak yanlış bilinç düzeyinde tartışmıştır. Marks ise iki ünlü düşünürün görüşlerini harmanlayarak dini salt bir 'yanlış bilinç mekanizması' olarak tanımlayıp, yabancılaşmayı emek düzeyine indirgemiştir. Ancak yaklaşımın niteliği her ne olursa olsun, yabancılık kavramının bilimsel disiplinler tarafından ele alınması din ile ilişkisi bağlamında gerçekleşmiştir.

Din değiştirmenin yabancılaşma ile açıklanmasının bir diğer nedeni de değişim ve yabancılaşma arasındaki yakın ilişkidir. Değişim ile yabancılaşma iç içedir ve değişimin olduğu her yerde yabancılaşma olanakları kendiliğinden vardır. Değişen her şeyin önceki haline göre farklı olduğu, ayrı bir ifadeyle yabancı olduğu hesaplandığında, değişimin bir bakıma yabancılaşma olduğu, yabancılaşmayı doğurduğu söylenebilir (Kiraz, 2011: 161). Burada değişimin kuvveti ve neleri değiştirebileceği konusu önemlidir. Çünkü köklü sayılmayacak değişimler, bireylerin yabancılık deneyimlerini belli sınırlar içinde tutarken, din algısındaki köklü bir değişim, güçlü bir yabancı olmanın önünü açacaktır.

Din değiştirenler açısından yabancılaşma, iki farklı şekilde tecrübe edilmektedir. İlki, kişinin kendinde, yani öz bilincinde meydana gelen ve sınırları yalnızca kişinin kendisini içine alan öznel bir yabancılaşma pratiğidir. Bu pratikte din değiştiren birey etken bir konumda, hayatındaki değişimi sezmekte ve çoğu zaman yönlendirmektedir. Tamamen kişisel bir yabancılaşmaya işaret eden bu tarzda, dini yabancılaşma süreci ile din değiştirme sonucu arasında çoğu zaman güçlü bir bağ bulunsa da kimi zaman kişinin dini yabancılaşması ile din değiştirme kararı arasında somut bağlar kurulamamaktadır.

[B]enim açımdan dinler hiçbir zaman çok büyük bir öneme sahip değildi. Ben Müslüman olduğum dönemlerde de aslında bir Müslüman gibi hissetmiyordum. Yani açıkçası hiçbir zaman bir Müslüman gibi olmadım. Açıkçası dini bir arayış içerisinde de değildim. Ben dinleri insan hayatında önemli bir yere koymuyorum. Kimlik olarak Müslüman'dım ama hiçbir şekilde bir aidiyetim yoktu. Açıkçası dindarlık fikrini o zamandan beri saçma buluyorum. Bunda ailemin yapısının da etkisi var. Çünkü ailemde dindar biri yoktu. Bu yüzden Müslümanlık bana her zaman uzak bir kavramdı. Bunun yanında diğer dinler de uzak mesafedeydi. Bu sözlerimden dinlere inanmadığım çıkarılmasın. Çünkü dinlere saygım var ama ben onlara fazla anlam yüklendiğini düşünüyorum. Ha, şimdi diyebilirsin ki neden Hıristiyan oldun o zaman diye. Ben batı müziğini çocukluğumdan beri çok sevdim. Şimdi de batı müziği sanatçısıyım. Ben düşündüm ki bu müziği çok seviyorum ve bu müziğin kökeni Hıristiyanlar, o zaman bir Hıristiyan olarak bu müziği çok daha güzel icra edebilirim. Yani diğer din değiştirenlerin gerekçesi nedir bilmiyorum ama ben Hıristiyanlığı tanıdıktan sonra Müslümanlıktan soğumadım. Ben dinlerin hepsine eşit mesafedeyim. Ama şimdi bile dindar değilim. Beni ilgilendiren, açıkçası kişinin kendini rahat hissetmesi. Çünkü ben böyle rahatım. Öncesinde ise hep bir eksiklik vardı. Ama bu dini bir eksiklik değildi. Çünkü din benim hayatımda hiçbir zaman çok önemli bir yerde olmadı. Şimdi bile… [Markos, Din Değiştiren]

İkinci yabancılaşma türü ise, yabancılaşmadan daha çok yabancılaştırma ile ilintilidir. Yabancılaşmayı tetikleyen bir refleks olarak toplumsal mekanizmalar tarafından uygulanan yabancılaştırma faaliyetleri, yabancılaşan kişinin tamamen edilgen olduğu bir süreçte meydana gelmektedir. Yabancılaştırma, sürecin nedeni, yabancılaşma ise sonucudur. Kişinin herhangi bir neden olmaksızın kendiliğinden bir yabancılaşma temayülü göstermesi oldukça zor bir ihtimaldir. Kişi genel olarak yabancı olmaya itilmekte ve telkinler kişiye gerekli motivasyonu sağlama noktasında yetersiz kalmaktadır.

[B]en Sofu çocuğuyum. Benim babam, bizim köyde nesillerdir süren bir geleneğin temsilcisiydi. Ben daha çocuk yaşta Kuranı Kerim'i ezbere biliyordum. Ama anlamını değil ha sadece öyle ezbere okunan ayetler. Anlamını sorsak bilen yoktu. Köyde Kuranı Kerim öğreten kursun hocalığını babam yapıyordu. Bizim yaşımız gereği çocukluğumuzda şimdiki gibi imkanlar yoktu. Babam çok katı bir adamdı. Derste kafamıza vura vura öğretirdi. En ufak bir yanlışta dayak yerdik. Elinde uzunca bir sopası vardı. Düşün ki herkesin kafasına yetişirdi. Bir hata mı yaptık, ya da güldük mü hemen kafamıza inerdi. Korkumuzdan altımıza kaçırdığımız olurdu. Babam bize dinin hiç güzel yüzünü göstermedi. Ta o zamanlardan içimde bir soğukluk oluştu. Nerede bir Müslüman görsem beni dinden daha fazla soğuttu. Çünkü çevreme bakıyorum ne kadar vicdansız, kötü, pis iş varsa ne kadar ölüm varsa bizde. İçimde fırtınalar kopuyor. Diyorum ki ya böyle olmaz. İşte o zaman arayışa başladım. Çok araştırdım. Sonunda Rab beni İsa Mesih ile karşılaştırdı ve onun yolunda gerçek sevgiyi buldum. [Luka, Din Değiştiren].

Dini yabancılaşma konusunu işleyen bilimsel yaklaşımların üzerinde konsensüs sağladığı hususlardan biri, modernite fikrinin dinlere yabancılaşmanın temel aracılarından olduğudur. Nitekim yabancılaşma kavramı bugünkü anlamına modernite ile birlikte kavuşmuştur (Giddens, 2000: 137). Çünkü bu dönemin karakteristikleri arasında yer alan aklın öncülüğü, rasyonalite ve bireyselleşme gibi kavramlar, geleneğin üzerine kurulu olan din gibi mentörlerin sunduğu değerlere tezatlık sergilemekte ve onlarla güçlü bir uyuşmazlık göstermektedir. Ancak din değiştirmeye neden olan anlam krizi Berger'e göre sekülerlikten değil dini çoğulculuk fikrinden kaynaklanmaktadır. Çünkü modern toplumlarda dini değerler sistemi, anlamsal kodlar ve bilgi stokları toplumun geneli için ortakça paylaşılma özelliklerini yitirmiştir (Tekin, 2014: 39). Bu görüş etrafında ifade edilmelidir ki, din değiştirme edimi gerçekten de sekülerlik ile yakın bir ilişki içinde değildir. Çünkü sekülerliğin sebep olduğu bir dini yabancılaşma kişiyi başka bir dine değil, dinsizliğe sevk etmektedir. Bu bakımdan modernite ve din değiştirme arasındaki anlamlı ilişki, dini çoğulculuk fikrine işaret etmektedir.

[Y]ıllarca başka dinlerin geçersiz ve değişmiş oldukları fikri ile yetiştirildik. Örnek vermek gerekirse, ben dahil milyonlarca Müslümanın Hıristiyanlık hakkında bildiği şeyler, işte dinin değiştirilmiş olduğu, insanların İsa'ya Allah'ın oğlu diye taptıkları gibi fikirlerdi. Ben öncelikle kendi dinimi sorguladım. Baktım ki dünyada çok sayıda din var. Hepsinin inananları da kendi dinlerinin hak din olduğuna inanıyorlar. Burada bir çelişki vardı. Çünkü bana göre bir din diğerinden üstün olmamalı. Örnek vermek gerekirse, şimdi ben bir giysi mağazasına gidiyorum diyelim. Çok sayıda markanın güzel ürünleri var. Ben bakıyorum ve kendime en çok yakışanını alıp çıkıyorum. Şimdi buradaki soru şudur: benim aldığım marka diğerlerinden daha mı kaliteli? Hayır. Hepsi aynı kalitede. Belki diğerleri daha kaliteli. Ben sadece üzerime en çok yakışanı, bana en uygun olanı alıp giydim. Tercihimi böyle açıklayabilirim. Ben baktım ki İslam dini bana uymuyor. Çünkü benim Tanrı fikrim ile İslam dinindeki fikir arasında farklar vardı. Ben araştırmaya başladıkça diğer dinlerde farklı fikirler olduğunu gördüm. Hıristiyanlığı tanıdıktan sonra ise, kafamdaki fikri buldum. Dünyada çok sayıda din var. Bence insanlar kendilerinde soru işareti bırakmayacak olan dine inanmakta özgür. Bence din doğuştan gelmez. Kişi kendi dinini seçer. Dünyadaki hiçbir şeyin bir diğerine üstünlüğü olmadığı gibi, dinlerin de diğerlerine üstünlüğü yoktur. Bence değer açısından biri diğerine üstün değildir. Sadece Allah'tan olup olmadıklarını sorgulamakta fayda vardır. [Peter, Din Değiştiren].

Din değiştirenler, tıpkı çağdaşları olan diğer insanlar gibi modern çağın sebep olduğu bunalımları derinlerde hissetmektedir. Varlık ve aidiyet sorunsallarının gün yüzüne çıkması açısından itici bir güç olan yabancılaşma, çoğu zaman kişide kriz yaratacak derecede yoğun bir bunalım evresiyle birlikte tezahür etmektedir. Kiraz da (2015: 134-137) yabancılaşma ile bunalım arasında güçlü bir ilişki olduğunu savunmaktadır. Çünkü gerek çağın özgül nitelikleri gerekse varoluşsal nedenlerden kaynaklanan geniş çaplı bunalımlar, kişinin kendine ilişkin sorularına somut ve tatmin edici yanıtlar kuramamasına ve neticesinde tanımsız ve içi boşaltılmış bir nesneye dönüşmesine neden olmaktadır. Heirich çalışmasında bu noktaya atıfta bulunan sonuçlar elde etmiştir.

[D]ünyadaki varlığımı iki bölüme ayırıyorum. İsa Mesih'ten öncesi ve sonrası diye. Ben çok uzunca bir dönem kendimi kaybetmiş bir vaziyetteydim. Dini bağlılığım yüksekti. Her şeyde Allah'a sığınırdım. Ama sanki dünya üzerime geliyordu. İntihar etmeyi düşündüğüm anlar bile olmuştur geçmiş dönemlerde. Çünkü bakınca her

Heretik

şey yolunda gibi görünüyor ama aslında içinde hep bir sıkıntı var. Hiçbir şeyden keyif almıyorsun. Artık öyle bir raddeye geldi ki işler, hayatta yapmaktan en çok keyif aldığım şeyler bile bana itici gelmeye başladı. Çünkü çevremde resmen bir kaos vardı sanki. Bakıyorum insanlara, sevgi, vicdan, insanlık adına hiçbir şey kalmamış. Aklımda sorular var. Daha doğrusu bir şeylerin eksikliği var ama adını koyamıyorum. Bu durum beni en mutlu anlarımda bile rahatsız ediyor. Düşünebilir misin, en sevdiğim insanlardan bile kaçar olmuştum. Resmen tutunacak bir dala ihtiyacım vardı. Arkadaş, sevgili, eş, dost, bunlar dolduramıyordu. Karanlıkta ışıksız kalmış gibi ilerliyordum hayatta. O ışığı bir gün bulabileceğimi hiç sanmıyordum. [Yuhanna, Din Değiştiren].

Din değiştirenlerin buraya kadar olan tanıklığı, kişisel yabancılaşma biçimlerini kapsayacak biçimde tartışılmıştır. İleriki tartışmalarda, yabancılaşmaya ilişkin tanıklıklar, bir kimlik siyaseti bağlamında ve ötekileştirici bir pratik olarak ele alınacaktır. Çünkü din değiştiren kimliğinin kurulmasına etki eden ve kimliği büsbütün bir ötekilik sarmalıyla çevreleyen kodlar, bilinçli bir yabancılaştırma sistematiği tarafından üretilmektedir. Yukarıda başvurulan tanıklıklar projeksiyonunda görünür olan yabancılaşma, davranış düzeyinde ortaya çıkmaya başladığında 'kural ihlalleri' gerçekleşmekte ve artık yabancılık deneyimi kişiye özgü bir hal olmaktan çıkmaktadır. Bu aşamadan sonra yabancılığın toplumsal bir tarafı vardır ve toplumsal olan hiçbir şey kişiye ait değildir, toplumsaldır. Aslına bakılırsa toplum tarafından topyekun üretilen yabancılık, topluma da ait değildir. Çünkü nihayetinde yabancılığın özü, dışlanma ve dışarı atılmadır.

Kimlik Belleğindeki Yabancılaşmanın Seyri ve Algısal Uğraklar

Din değiştirme süreci, birey için yalnızca inanç düzeyinde bir yabancılaşmayı değil, aynı zamanda toplumsal düzeyde kolektif çabalarla üretilen 'biz' algısından kopuşu, daha doğrusu bir 'öteki/heretik' olmayı ifade etmektedir. Bu bakımdan 'yabancı' kavramı ile 'öteki' kavramı arasında anlamsal bir özdeşlik ilişkisi bulunmaktadır. 'Öteki' nihayetinde 'biz'den olmayandır. Din değiştirme sürecindeki farklılaşma/sapkınlaşma seyri de kişinin 'biz'den biri iken 'biz'den biri olmayana doğru evirilişini ihtiva etmektedir. Ancak bu eviriliş daha çok dışarıdan bir algılamayı, toplumun nazarındaki durum tasvirini temsil etmektedir. Nihayetinde toplumsal bilinç düzeyinde 'öteki'nin 'yabancı'dan, ötekileştirmenin ve öteki olarak görmenin de yabancılaştırmadan bir farkı yoktur (Kiraz, 2011: 157). Her iki kavram arasında niteliksel bir fark gözetilememesi, kavramların birbirlerini tamamlayıcı yönlerinden kaynaklanmaktadır. Çünkü 'öteki', ben'in dışında kalan, ben'e yabancı olan şeklinde tarif edilmektedir ve ötekileştirme yabancılaştırma ile mümkün olmaktadır (Kiraz, 2011: 157). Nitekim yabancılaştırma, ötekileştirme için gerekli olan 'uzak'lığı ve 'başka'lığı sağlamak için oldukça elverişli bir yöntemdir. Ancak bu başka olma hali, her zaman aşağıda tutulan, patolojik, kusurlu ve sapkın bir kimlikle bütünleşmektedir. Bu nedenle toplumca 'iyi' olduğu kabul edilen bir kişinin yabancılığından ya da ötekiliğinden söz edilemez. Çünkü ötekilik hemen her zamanda ve koşulda, ruhun birliğini lekeleyen bir yabancılaşma bağlamında değerlendirilmiştir (Kearney, 2012: 87). Leke, çağlar boyunca günahı çağrıştıran bir kavram olarak kullanılmıştır. Bu nedenden ötürüdür ki, İsa'nın günahsızlığına vurgu yapmak isteyen Hıristiyanlar onun için 'Lekesiz' yakıştırmasında bulunmaktadır. Yabancı lekeyi organik olarak kendinde bulundurmuyorsa bile, her daim lekeli olduğu gerçeği ile yüzleşmeye zorlanmaktadır.

Yabancılıkla ötekilik arasında kültürel düzeyde bir bağıntı saptayan Çelik'e göre (2001: 146), yabancılaşma kavramı özellikle 1970 sonrası neoliberal fikir akımlarıyla birlikte yerini ötekinin mistik ve gizemli haline bırakmıştır. Çelik tarafından öne sürülen bu kavramsal özdeşleşme ya da yer değiştirme, bir bakıma kültürel hegemonyanın tesisi için gerekli olan sembolik failleri tasvir etme yordamlarını genişletecektir. Dolayısıyla yabancı, sistem içi varlığı tamamen hegemonyanın başat aktörlerini ayrıştırmaya ve toplumsal nüfuzun kesin sınırlarını tayin etmeye yarayan işlevsel bir nesneye dönüşecektir.

Ben ile öteki'si arasındaki karşılıklı kurma, var etmeye dayalı diyalektik ilişki, yabancı ile yerli dikotomisinde de benzer şekilde doğal olarak ortaya çıkmaktadır. Ünsaldı'ya göre (2016: 8), nasıl ki yerli olan yabancıyı kuruyorsa, yerliyi kuran da yabancıdır. Çünkü yabancı, bir grubun nazarında dışarıda kalan ancak varlığıyla ve grubun kendisiyle kurduğu ilişkiyle gurubu biçimlendirendir. Bu noktada yabancının konumu, hem içeride hem de dışarıda olma arasında sıkışık bir vaziyettedir. Yabancı nitelik olarak dışarıdadır, ancak Freud'un ifadesiyle, 'bize bizden daha çok benzeyecek' kadar içeridedir. Esasında yabancının, yabancı olan bir tarafı yoktur (Kearney, 2012: 98).

Dini tınıların hissedildiği bir toplumsal organizma içerisinde dini farklılaşma nitelikli bir teşebbüs, teşebbüste bulunan kişinin toplumsal varlığını dönüştürecektir. Bu dönüşüm ya da 'başka biri' olma durumu her ne kadar dönüşümü tecrübe eden kişi tarafından inkâr edilse bile, o artık 'başka biri'dir. Çünkü toplum nazarında, bir kimsenin gerçekte kim olduğu ya da özsel niteliklerinin yüksek derecede geçerliliği yoktur. Toplumsal değerlikler ve ayırt edici yönler, kişinin toplumsal niteliği ile ölçülmektedir. Kısacası toplum, iyi ya da kötü olmayı değil, aynı ya da uygun olmayı önemsemektedir. Toplumsallığın bir lütuf olarak sunduğu değerleri ve kimliği reddetmek, 'başka biri' olarak algılanmak için 'başka' bir sebep aranmasına gerek bırakmayacaktır.

> [E]n yakınımdaki insanlar bile benim öncesine göre çok değiştiğimi beni tanıyamadıklarını söylüyorlar. En çok kızdığım nokta bu. Beni

gerçekten tanımayan birinin bana bir yabancı gibi bakması, biraz rahatsız etse de, bu bir yere kadar. Ama annem bile en ufak tartışmamız da bana 'sen çok değiştin, seni tanıyamıyorum' gibi ifadeler kullanıyor. Geçtiğimiz bayramda, gerçekten bir yabancı olduğumu hissettim. Bizde bayramlarda erken kalkılır ve bayramlaşma merasimi yapılır. Bizim evde her zaman beni de kaldırırlardı. Ama bu bayramda evdeki insanların bana karşı davranışı soğuktu ve sanki başka biriymişim gibi davranıyorlardı. Annemin elini öpmek istediğimde yüzünde garip bir soğukluk vardı. Acaba katil mi oldum ben yoksa hırsız mı diye düşündüm. Ben hiç kimseyi kendimden uzaklaştırmadım. Bayram artık benim bayramım olmasa da onları sevdiğim için onlarla birlikte olmak istedim. Ama onlar artık beni kendileri gibi görmüyorlardı. Oysaki ben değişmedim. Hala aynı insanım. Onların çocuğu, kardeşi, arkadaşıyım. Biraz değiştiysem bile bu iyi yönde bir değişimdi. Çünkü ben sadece daha iyi bir insan oldum. Ama her zaman yürüdüğüm yollarda, mahallemde sanki bir yabancı gibiyim. İnsanlar bana doğrudan bir şey belli etmiyor. Ama her geçen gün biraz daha yabancılaştığımı hissediyorum. Artık benim evim, benim mahallem diyemiyorum. Sanki bir misafirim [Leonardo, Din Değiştiren].

[B]enim hayatta en çok istediğim şey çocuklarımın dini bütün yetişmesiydi. Nerden bu çocuk böyle oldu aklım almıyor. Önceden beni namaza uyandıran çocuk gitti yerine başka biri geldi. Benim gözümün nuru bu çocuk. İçim kahroluyor. Tanıyamıyorum. İlk zamanlar çok kızdım ama Rabbime bıraktım doğru yolu göstersin diye. Biz Hıristiyan deyince hep yabancıları (Avrupalı ya da Amerikalılar) düşündük. Oğlum gitti onlardan oldu. Bu çocuk namazında niyazındaydı. Tespihini aksatmazdı. Kitabını bilirdi. Şimdi namaz kılmıyor. Kitap bilmiyor. Gâvurların adetlerini edinmiş. Sanki o çocuk gitmiş yerine başkası gelmiş.

- *Size karşı olan tavırları değişti mi?*

O konuda hiçbir şey demem yavruma. Günahını almam. Sözümden çıkmaz hiç. Saygısını esirgemez. Bana kırıcı hiçbir söz söylemez. Ama yavrum biz Müslüman doğduk. Müslüman olarak yetiştik ve öyle öleceğiz. Benim çocuğum Müslüman gibi değil. Başka biri oldu. Ben kendi çocuğumu tanıyamıyorum daha ne söyleyeyim. Ya o dini bütün çocuk gitti başkası geldi yerine. Kardeşleri de hep aynı benim gibi. Abisi de bana diyor ki 'Anne ben kardeşimi tanıyamıyorum' diyor. Aralarında hep bir soğukluk var. Ben kahroluyorum. Bazen teyze çocukları ile bir araya geldiğinde mecburen bizimkini çağıramıyorlar. Utanıyorlar çünkü. Eskisi gibi değil ki. [Gülsüm, Leonardo'nun Annesi, 61].

Yukarıdaki tanıklıklardan da anlaşılacağı üzere yabancılık durumları ve yabancılaştırma eğilimleri karşılıklı bir ilişki biçimi olarak kurulmaktadır. Yabancılık bir süre sonra yalnızca birer kimlik yakıştırması değil, taraflar arasında yaşayan, canlı bir ilişkiye dönüşmektedir. Bu ilişkinin ihtivası, yabancılık deneyimlerinin kimlik üzerindeki denetleyici etkilerini belirlemekte ve kimlik odaklı temasları daha kırılgan bir zemine oturtmaktadır. Kearney'e göre (2012: 15), birbirine yabancı olan iki taraf için de "bu yabancı kim" sorusunun sorulması olağan bir durumdur. Yabancılar birbirlerinin nazarında neredeyse tamamen öteki olarak yer edinmektedir. Bu görüşten ilhamla, bir yabancı için, onu yabancı olarak gören kişinin de aslında bir yabancı olduğunu ifade etmek mümkündür. Bu yüzdendir ki tanıkların ifadelerinde hep bir 'ben/biz' ve 'o/onlar' vurguları yer almaktadır. 'ben' var olmanın doğal hali iken, 'o' çoğu zaman bir ithamdır.

Din Değiştirme Öncesi Kimlik Algıları: 'Biz'den Biri Olmak

"Ardımdan gelmek isteyen kendini inkar etsin"
İncil/Matta (16: 24)

Varlığın temel göstergesi olan kimlik de din değiştirenin öz varlığı gibi yabancılaşmanın içine aldığı ve beraberinde sürüklerken yeniden biçimlendirdiği bir olgudur. Nihayetinde yabancılaşma, kavram olarak insanın öz niteliklerinden vazgeçmesi sonucunda ortaya çıkan kişilik ve kimlik kaybı argümanlarıyla da açıklanabilmektedir (Horney, 1994: 167). Burada temel nokta, kişinin yabancılaştığı değerlerle kurulan kişiliğini ve kimliğini reddetmesinden doğan bir boşluktur. Ancak bu boşluk değişimin seyri içinde yeni bir değerle baştan doldurulmakta ya da kimi zaman yamalanmaktadır. Din değiştirme sürecinden kaynaklanan bir kimlik kaybı, yeni dinin kodlarıyla örüntülenen bir kimlik değişimi sürecini doğal olarak doğurmaktadır. Alpman (2015: 77) kimlik değişimini, kimliğin kendi içindeki anlamların çeşitli hareket ve manevra imkânları bağlamında ele almaktadır. Ancak Alpman'ın sözünü ettiği bu değişim, bir kimliğin iç dinamiklerini kapsamaktadır. Din tabanlı bir değişimde ise, kimlik öncelikle yapıbozuma uğramakta, sonrasında ise koşullara uygun bireysel ve kolektif performanslar vasıtasıyla yeniden konfigürasyon süreci geçirmektedir.

Paloutzian ve arkadaşları (1999: 1066-1067), din değiştirenlerin kişilik özellikleri ve bilhassa kişiliğe ilişkin algılarının dönüştüğüne işaret etmektedir. Kimlikle yakın ilişki içinde olan kişiliğin dönüşmesi, kimliğin de en azından önemli sekanslarında değişikliklerin meydana gelmesine ön ayak olmaktadır. Din değiştirenlerin, din değiştirme sürecinden önceki dönemlere ilişkin bellekleri soruşturulduğunda, kimlik ve ötekilik tahayyüllerinin neredeyse taban tabana farklılaştığı görülmektedir. Din değiştirenlerin önceki kimliklerine ilişkin 'biz' ve 'öteki' algıları birbirinden farklı dini bağlılık düzeylerinde dağılsa da temelde çoğu için ortak olan şey, İslam dininin kimliği kuran fragmanlar arasında önemli bir yer tuttuğudur. Ancak bazı din değiştirenlerin önceki kimlik algılarında dine özel bir parantez açmadıkları görülmektedir. Buna karşın kimliğe dair algılar, tam bir kesinlik içerisinde tanımlanmasa da 'biz'den biri olduklarını ortaya koymaktadır.

[G]eçmişte dinin bütün vecibelerini yerine getiren çok dindar biri değildim. Ancak dini bağlılığım yüksekti. Belki çoğu zaman dini ibadetlerimi yerine getiremezdim. Yine de sorsalar 'Elhamdülillah Müslümanım' derdim. Her ne kadar dini büsbütün bir insan olmasam da bağlılık hissediyordum. Bizim ülkemizde ne olduğumuz sorulsa, Türklüğümüz, dini inancımız ve siyasi görüşümüzü öne çıkarırız. Benden önceki halimi tanımlamamı istediğiniz için, 'sen kimdin' diye sorarsanız, vereceğim cevap, sosyalist, insancıl, Türk gibi sözler olur. [Roberto, Din Değiştiren].

[D]in değiştirmeden önceki beni, hayattan pek bir beklentisi olmayan biri olarak tanımlarım. Bunun dışında o dönem bana biri çıkıp da sen kimsin diye sorsaydı. Yani yabancı birisi gelip bana kendini anlat deseydi, işte doğuluyum, Müslümanım, hayvanları severim diye açıklardım. [Tom, Din Değiştiren].

[B]en kim olduğumu sorgularken geçmişte hiçbir zaman klasik şeyler üzerinde durmadım. Benim için insanların ne oldukları, nereli oldukları falan önemli değildi. Ben karşımdakinin insan olup olmadığına bakarım. Ben geçmişte insandım ve bugün de insanım. Karşımdakinin de beni böyle kabul etmesini isterim. Geçmişte müziği, çok severdim. Soranlara söyleyeceğim ilk şey müzisyenliğim olurdu. Dünyada müzikten sanattan daha güzel bir kimlik olabilir mi? [Matta, Din Değiştiren].

Din değiştirenlerin kimlik belleklerinde geçmişe dönük bir okuma ihtiva eden bu tanıklıklar arasında, oldukça karakteristik bir durum sergileyen Ricardo'nun kimlik serüveni, farklı ve üzerinde durulması gereken özelliklere sahiptir. Çünkü Ricardo uzun bir süre kendini 'biz'den biri olarak algılarken, esas itibariyle hiçbir zaman 'biz'den biri olmamıştır.

[A]nnemle babam ben çok küçük yaştayken ayrılmış. Biz ayrılıktan sonra başka şehre göç etmişiz. Annem ikinci bir evlilik yaptı ve evlendiği adam Müslümandı. 15 yaşıma kadar onu öz babam olarak bilirdim. Benim kimliğim büyüyene kadar annemdeydi. İsmimi Erdem[3] olarak bildim hep. O ismi de üvey babam bırakmış. 15 ya-

---

[3] Erdem ismi mahlas olarak kullanılmıştır.

şına kadar Müslüman gibi yaşadım. Bir Müslüman gibi hissettim. Çok dindar değildim ama orucumu tutardım. Sonra bir gün kimliğimi görünce çok şaşırdım. Çünkü ismim yerine Ricardo, din bölümünde de Hıristiyan yazıyordu. Çocukken vaftiz edilmişim. Annem durumu açıklayınca tam bir şok yaşadım. Üvey babamın akrabalarından tepki gördüm. Annem bana destek oldu. Annem üvey babamdan ayrılınca döndük ve ben kiliseye gitmeye başladım. Döndüğümde çok garip hissetmiştim. Çünkü ben Erdem'dim ama aslında değildim. İnsanlara açıklayamıyordum. Hala annemin akrabalarından çoğu beni Erdem diye çağırır. Erdem olarak doğdum ama aslında Ricardo'ymuşum. O dönem yaşadığım şoktan dolayı bazen konuşurken kekelerim. Annem bile bana hala çoğunlukla Erdem der. Düşünüyorum da Erdem iken olduğum kişi ile Ricardo iken olduğum kişi arasında çok fark var. Çünkü birinde Müslümandım, diğerinde Hıristiyanım. Aslında hep Hıristiyanmışım. [Ricardo, Din Değiştiren4].

Ricardo'nun tanıklığı, din değiştirmenin inanç düzeyinde bir değişimden daha çok kimlik düzeyinde bir değişimle, farklılaşmayla ve tanınma biçimiyle, ayrı bir deyişle yabancılaşmayla ilintili olduğunu göstermektedir. Çünkü o köken olarak Hıristiyandır, ancak yine de kimliğini bir tanınma mücadelesi çerçevesinde kurmaya çabalamaktadır. Bir kimliğin kabul görmesi için onu 'anlatmak' zorunda olmak, aslında o kimliğe tam anlamıyla sahip olunamadığının somut bir göstergesidir. Çünkü daha öncede zikredildiği üzere kişinin gerçekte kim olduğu değil, toplumun onu hangi kodlarla tanımladığı önemlidir.

Din değiştirenlerin belleklerinde bulunan 'ben/biz' algıları kadar, din değiştirme süreci öncesinde 'onlara/ötekine' dair algılar da önemlidir. Çünkü Hıristiyanlık ve Hıristiyanlar, Müslümanlık orijinli bir 'ben/biz' algısının olağan ötekilerinden biridir. Müslümanlık ve Müslümanlar da, Hıristiyanlıktan besle-

---

[4] Ricardo esasında din değiştirmediği halde, tecrübesi bir din değiştirenle çok benzer olduğu için araştırma içinde din değiştiren olarak tanımlanmıştır.

Heretik

nen 'ben/biz' algısının olağan ötekileri arasındadır. Bu bakımdan ötekiyi kurmak ve kendi varlığını onun konumu üzerinden açıklamak rutin bir durumdur. Din değiştirenlerin 'ben' ve 'öteki' arasında seyreden kimliklerinin dönüşüm performanslarını değerlendirmek için, onların din değiştirme öncesinde Hıristiyanlığa ve Hıristiyanlara karşı kurguladıkları kimlik tahayyüllerini saptamak yerinde olacaktır. Çünkü 'öteki'yi net olarak bildiği ve tanımladığı halde, bir 'öteki' olmaya teşebbüs etmek, toplumsal bir intihar vakası ya da bunun da ilerisinde birçok kişinin şuursuzluk olarak açıklayacağı bir olaydır. Ancak buradaki temel husus, 'ben'in yıkılmasında, inkârında saklıdır. Yabancılaşma ile birlikte yıkılan 'ben' algısı, beraberinde bağlı olduğu 'ötekisi'ni de yıkmaktadır. Nitekim 'ben' ve 'öteki', var olma düzeyinde birbirlerine ne kadar bağlı ise bu bağlılık yok olma düzeyinde de güçlü bir şekilde kendini göstermektedir.

[B]ize hep ne öğretildi. Hıristiyanlar puta tapar, kitapları değişti, haçlı seferleri falan bu örnekler uzar gider. Ben de önceden Hıristiyanlara bu gözle bakıyordum. O dönemlerde din değiştirmeyi aklımın ucundan geçirmezdim. Hatta şunu itiraf edeyim ki din değiştiren birine karşı olumsuz gözle bakardım. Hıristiyan deyince aklımıza hep zulüm gelirdi. Ben bırakın Hıristiyan olmayı, Hıristiyanları pek sevmezdim. Çünkü onlar bize hep vatanımızda gözü olan kişiler olarak öğretilmişti. Hıristiyanları gördüğümüzde uzaylı görmüş gibi şaşırırdık. Bir de açık söylemek gerekirse, biri bana bir gün din değiştireceğimi ve bu dinin Hıristiyanlık olacağını söylese gülerdim. Çünkü neden değişmiş olan saçma bir dine inanayım ki. O kadar din varken neden aşağıda gördüğüm dalga geçtiğim bir dine inanayım. Hıristiyan deyince aklımıza Rusların kızları falan gelirdi. Antalya'da olduğum dönemlerde hep şaşırırdım onları gördükçe. Ama insan sorgulayınca gerçeği görüyor. Ben kendi tabularımı yıktığım zaman aslında o zamana kadar bildiklerimin, tanıdıklarımın doğru olmadığını öğrendim. Ben bugün zamanında dalga geçtiğim bir dine inanıyorum. O dinin bir parçasıyım ve bununla gurur duyuyorum. Hatta çoğu zaman dua ederken Allah'tan af dilerim önceki fikirlerim için. Yani düşünebiliyor musunuz, benim gibi din değiştirme konusunda katı bir adam, gitti Hıristiyan oldu. Bence asıl mucize budur biliyor musun. Mucize dediğin şey böyle denizin ikiye ayrılması falan değil. Asıl mucize böylesine değişmek, kendini yenmektir. İncil'de 'Beni takip etmek isteyen kendini inkâr etsin' diye bir ayet vardır. İşte ben kendini inkâr edenlerdenim. [Michael, Din Değiştiren].

Başvurulan tanıklıkların bilimsel bir veri olarak sunduğu temel göstergeler, standardın dışında bir kimlik tahayyülü olmadığına dikkat çekmektedir. Çünkü kimliğin tarihsel bellek içindeki konumu, kimliğe sahip olanın 'ben/biz' ve 'öteki' algılarını sürekli olarak kontrol etmekte ve yapılandırmaktadır. Kişinin kendi ve belki de gerçek anlamda hiçbir biçimde aşina olmadığı bir inanç ve grup hakkındaki düşünleri, belirli bir kimlik mekanizması tarafından düzenlenmektedir. Çünkü kimlikler çoğu zaman hazır haldedir ve kurum adı verilen yapılanmaların temel fonksiyonlarından biri, önceden düzenlenmiş kimlikleri toplumsallaşma adı altında kişiye kabul ettirmek, bir başka ifadeyle kişiyi kimliğe uygun hale getirmektir. Din değiştirenlerde belirli bir noktaya kadar ilerleyen bu süreçten bir sapma gözlenmekte ve kimliğe karşı bir başkaldırı ile birlikte kimlik, bir mücadelenin doğasına dönüşmektedir.

Din Değiştirme Sürecinde Kimlik Algıları: 'Biri' Olamamak

> *"Bir kimliğe sahip olmaktan daha kötü olan tek şey,*
> *Bir kimliğe sahip olmamaktır"*
> Terry Eagleton (2005: 81).

Din değiştirme süreci, değişimi yaşayan kişi açısından en sancılı, gerilimli ve kimlik üzerinde kalıcı izler bırakan dönem olarak değerlendirilebilir. Çünkü gerek kişinin içsel çatışmaları gerekse toplumsal çevreye karşı girişilen tanınma mücadelesinin en şiddetli yaşandığı dönem, değişim sürecidir. Bu dönemin önemli bir diğer özelliği ise, kimlik algısı açısından çifte yokluğun, Araf'ta olma hissinin oldukça yoğun yaşanmasıdır. Göker (2015: 142), bu durumu marjinalleşme olarak tanımlamaktadır. Kişi hem kökenini ifade eden kültürü hem de temasta bulunduğu ev sahibi topluluğun kültürü benimseyemediğinde tecessüm eden ve genellikle bir uyumsuzluk olarak addedilen marjinalleşme, özellikle gençler arasında yaşanan bir problem olarak görülmektedir. Park'a göre (1928'den akt. Stonequist, 2016: 85) 'marjinal insan', iki farklı kültürel ortam ve bu ortamları biçimlendiren gelenekler içinde yakın sayılabilecek ilişkiler kurarak yaşayan, ortamı ve gelenekleri doğrudan paylaşan, geçmişi ve gelenekleri ile olan bağlarını izin verilse dahi koparmaya pek de istekli olmayan ve kendisine bir yer edinmeye çalıştığı yeni ortamda ırksal önyargılar yüzünden tam anlamıyla kabul edilmeyen insan tipine verilen genel bir addır. Bu adla anılan tiplerden biri olan din değiştirenler, marjinalleşen varlıklarının da etkisiyle müphem bir kimliği açık seçik hale getirmek, bir bakıma olumsallaştırmak için mücadele etmektedir.

Marjinallik süreci, toplumla bütünleşmenin (ya da bütünleşememe) en önemli sonuçlarından biridir. Var olan kimlikleriyle birlikte kazanma yolunda oldukları kimliği tam olarak benimseyemeyen din değiştirenler, melez bir kimliğe bürünmekte ve her iki kimlikleriyle de çatışma halinde olmaktadır. Fırat'a göre (2003: 81), günümüzde melez kimlikler genellikle gençlerin aileleri ve toplum tarafından sunulan kimlikler arasında bir tercih yapmak yerine yeni bir kimlik türünü geliştirmeleriyle ortaya çıkmaktadır. Ancak din değiştirenler için melezleşme ya da 'biri' olamama durumu, demografik değişkenlere bağlı bir seçenek değil, süreci tecrübe eden tüm bireyleri doğrudan etkileyen bir zorunluluktur. Dolayısıyla bu süreçte kimliğe ilişkin net bir algının gelişmesi ya da oturmuş bir aidiyetin kimliğin kurucu unsurları arasında yer alması beklenememektedir.

[B]enim için vaftiz olana kadar, yani tam bir Hıristiyan olana kadar geçirdiğim süreç zorluklarla doluydu. Çünkü aklımda din değiştirme fikri tam olarak oturmamıştı. Kiliseye gidiyordum ama Hıristiyanlık hakkında tam bir bilgi sahibi değildim. Kilise içindeki ibadetler, insanların davranışları falan bana garip geliyordu. Ama bu durum yakın çevrem için de geçerliydi. Çünkü Müslüman gibi de değildim. Daha doğrusu hissedemiyordum. İyice uzaklaşmıştım. O süreçte Müslüman değildim ama Hıristiyan da değildim. Daha doğrusu Hıristiyan olmaya, Hıristiyan biri gibi düşünmeye ve davranmaya çalışıyordum. İçimde böyle bir istek vardı. Daha çok gizli tutuyordum çevremden. [Leonardo, Din Değiştiren].

Marjinalleşme sürecine doğru bir örnek olması açısından örnekleme dahil edilen Kevin, henüz vaftiz olmamış ve çifte yokluğu halihazırda tecrübe eden bir bireydir. Kevin'in tanıklığı da sürecin benzer bir melezleşme hissi içerisinde yaşandığını göstermektedir. Ancak melezleşme daha çok çapraz bir etki yaratmaktadır. Yamalı gibi duran kimlikler birbirine zıt ortamlarda fark edilmektedir. Din değiştirme sürecindeki birey, bir Müslümanın yanında Hıristiyan, bir Hıristiyanın yanında da bir Müslüman olduğu hissini sürekli tekrarlayarak kurmaktadır. Bu durumun çözümü, yeni kimliğin yerleşmesi için yeni ortama uyumun sağlanmasıdır. Çünkü yabancılaşan birey, kendisine olanak verildiği takdirde, toplumsallığını yeni ortamında kurmakta ve ait olduğu yeni toplum tarafından yenilenmektedir (Beaud ve Noiriel, 2003: 18).

[B]enim için süreç çok zor ilerlemiyor. Ben Müslümanlığı kafasından çıkaran bir insandım. Ama şimdilik aşmaya çalıştığım temel problem, Müslüman olarak yetiştiğim ve İslam kültürüyle büyüdüğüm için Hıristiyanlığa uyum sağlamamın zorlaşması. Çünkü Hıristiyanlık daha çok Avrupai tarzda ve Latin kültürüne odaklanmış durumda. En azından benim ait olduğum cemaatte bu böyle. Her ne kadar Hıristiyan gibi hissetsem de bazen insanları görünce, Müslüman'mışım gibi hissediyorum. Müslüman arkadaşların yanında ise onların davranışları bana yabancı geliyor ve kendimi daha çok Hıristiyan gibi hissediyorum. Ama bu his giderek azalıyor ve kendimi daha fazla Hıristiyan gibi hissediyorum. Şimdilik eksikliğini hissettiğim tek şey vaftiz olmamak. [Kevin, Din Değiştiren].

Din değiştirenlerin marjinalliği, kimlikleri kadar aldıkları kararın niteliğinden de kaynaklanmaktadır. Çünkü din değiştirme fikri, çoğu din için marjinal kabul edilmektedir. Üstelik bu kabul, Müslümanlar kadar Hıristiyanlar arasında da yaygındır. Araştırma sırasında Hıristiyan bireylerle yapılan informel görüşmelerde, çoğu Hıristiyanın, bir Müslümanın din değiştirerek Hıristiyan olmasına karşı bir tutum sergilediğine şahit olunmuştur. Üstelik gözlem sahasındaki bir kadın, *"İnsan diniyle doğar. Din değiştirmek de nedir. Ben bu insanları anlamıyorum. Macera mı arıyorlar?"* ifadesiyle, aslında din değiştirmenin 'macera' içerikli bir marjinalleşme biçimi olarak kabul gördüğünü kendince doğrulamaktadır.

Din değiştirenlerin marjinalleşme dönemlerindeki öz kimlik algıları kadar, dışarıdan nasıl algılandıkları da önem arz etmektedir. Çünkü neticesinde kimlik, karşılıklı kurulan bir etkileşim ve inşa olarak çoğunlukla dışarıdan algılandığı şekliyle geçerlik kazanmaktadır. Melezleşen/marjinalleşen yabancılarla kurulan ilişkiler üzerine bir süreç okuması yapan Bauman, bir bakıma din değiştirenlerin de nasıl algılandıklarını açıklamıştır. Bauman'a göre (2009: 65-66), melezleşen yabancılar, görülen ve dinlenilen, iletişim kurmak zorunda kalınan fakat zihinlerde bir yere yerleştirilemeyen kişilerdir. 'Biz'e ne yakındırlar ne de uzak, ne 'biz'in tam bir parçası olabilmektedirler ne de 'onlar'ın. Böyle bir durumda şaşkınlık, kaygı ve dehşet vericidirler. Onlara karşı nasıl davranılacağı, onlardan ne bekleneceği bilinemez. Bu sebeple genellikle onlardan uzak durulur.

[Ş]imdi bizim Leonardo ilk zamanlarda çok değişikleşmişti. Çocuk bizimle birlikteyken bizim gibiydi. Bir gün beni davet etti, birlikte kiliseye gittik ve ben şok oldum. Orada çok başkaydı. İçimden bir an ikiyüzlü olduğunu düşündüm. Çünkü ben bu çocuğu tanıyorum ta küçüklükten beri. Neredeyse yediğimiz içtiğimiz ayrı gitmedi. Sonra bir bakıyorum hareketleri, konuşmaları falan değişmeye başlıyor. Karar aldığını ve Hıristiyan olacağını söylüyor. Ha şöyle bir gerçek var Leonardo, Kuranı Kerim'i benden çok daha iyi bilir. İlk din değiştirme zamanlarında hatırlıyorum Ramazan Ayı'nda oruç tuttuğu oluyordu. Birlikte Teravi Namazına gitmiştik. Ama söylüyordu hep kendini garip hissettiğini. Ailesini kırmamak için olabilir tabi ama ben şaşırıyordum. Sonraları orucu falan da bıraktı tabi. Yani içimden hep soruyordum bu çocuk ne şimdi. Çünkü o zamanlar ailesi de bilmiyordu diye çok belli etmiyordu. Sohbet ettiğimizde hep bu konuyu konuşuyorduk. Bana hep çelişkilerinden bahsediyordu. O dönem ona tavır aldığımı hatırlıyorum. Çünkü hareketleri bana değişik geliyordu. Bir süre uzaklaştım. Hani Satanist olur ya çevrenizden biri, böyle bakınca bir tırsma olur. Korkutur sizi. Ben o dönem Leonardo'dan garip bir şekilde korkuyordum. Çünkü davranışları garipti. En sonunda patladım gerçi. Ya adam gibi Müslüman ol ya da Hıristiyan ol dedim. Çünkü biraz ondan, biraz diğerinden olmaz. Bana bir heves gibi geliyordu. Ama şimdi görüyorum ki heves değilmiş. Kardeşim bu yolu seçti kendine. Keşke olmasaydı ama iyi ki seçti. Çünkü o halleri çok kötüydü. [Mustafa, Leonardo'nun Arkadaşı, 24].

Marjinalleşme süreci bir geçiş kimliği olarak görünse de din değiştirenlerin kimlik problemleri tam olarak bu süreçte ortaya çıkmaktadır. Çünkü bu yüksek gerilimli süreç hiçbir zaman geçmemektedir. Nihayetinde bu süreci atlatarak bir Hıristiyan olma ereğindeki din değiştirenler, tam bir Hıristiyan olamamakta ve marjinal kimlikleri bu süreçte üzerlerine daha sıkı bir şekilde dikilmektedir. Onlar için çifte yokluk ya da Araf'ta olma hali, mütemadiyen süren bir kimlik serüvenine dönüşmektedir. Din değiştirme teşebbüsü, din değiştirenler nezdinde ilk aşamada her ne kadar bir kimlik göçünün ilk adımları olarak görülse de zihinlerinin en mahrem köşesinde muhteşem bir arzu ve istekle tahayyül ettikleri Hıristiyan olma hali, çölde yolunu arayan bir seyyahın hedefe ulaşma hayalleri ya da haz veren bir vaha gibi olmanın ötesine geçememektedir. Bu bakımdan din değiştirme, sürekli yolda olmaktır. Görünen ancak dokunulamayan ve ulaşılamayan menzile doğru alınan yolun karakteristiği ve sunduğu koşullar, din değiştiren kimliğinin kurulma biçimlerini belirlemektedir. Kısacası din değiştiren kimliği 'yolda' kurulmaktadır.

Eski çağlarda Hıristiyanların sembolik kimlik ritüellerinden biri olan vaftiz geleneği, din değiştirenlerin 'biri' olamama hallerine ışık tutmaktadır. Özellikle ilk çağa ait kiliselerin vaftiz bölümlerine bakıldığında, aşağı doğru inen üç basamak ile yukarı doğru çıkan üç basamağın arasına yerleştirilmiş su çukuru göze çarpmaktadır. Bu dizaynın, bir değişim sürecini tarif eden gizli bir anlamı bulunmaktadır. Çünkü batı ile doğu yönleri doğrultusunda konumlandırılan vaftiz alanlarında, batıdan başlayarak merdivenleri inen kişi, indiği her bir basamakta 'kötülükten, şeytandan ve nefsinden' vazgeçtiğini ifade ederek suya batmaktadır. Bu suya batış anında kişinin önceki yaşamının ölümü gerçekleşmektedir. Sudan yeni bir insan olarak çıkan kişi, doğuya doğru merdivenlerden çıkarken yeni bir hayata kavuşmakta ve inancına olan imanını vurgulayan ifadeler sarf etmektedir. Doğunun yaşamı simgelemesi nedeniyle ortaya çıkan bu konsept, din değiştirenlerin kimlik serüvenlerinde geçmeleri gereken aşamalara atıfta bulunmaktadır. İlk üç basamağı adımlayan din değiştirenler suya batmakta ancak o sudan çıkamamaktadır. Neredeyse tüm yaşamları o suyun içinde geçmektedir. En iyi ihtimalle yukarı doğru birkaç basamağı adımlamayı başarabilenler bile doğudaki güneşi görememektedir.

Din Değiştirme Sonrası Kimlik Algıları: 'Onlar'dan Biri Olmak

> "İsa ona bakarak, 'Sen Yuhannna oğlu Simon'sun.
> Kefas (Kaya) adıyla çağrılacaksın' dedi"
> İncil/Yuhanna (1: 42).

Bir dönüşümü perçinlemek için başvurulacak yöntemler arasında belki de en uygun olanı, varlığı anlamlandıran sembolik değerlerin yapısını bozmak ve yeni bir yapı kazandırmaktır. Bu sebepten ötürü, İsa kendisini takip eden havarisi Simon'un adını değiştirerek ona yeni ve kendi yüklediği anlamla modellenen sembolik bir isim vermiştir. Dönüşüm neticesinde kazanılan yeni kimliği anlamlandıran semboller, din değiştirenlerin kimliği kurma süreçlerinde de kullanılmaktadır. Din değiştirmenin en meşru ve nihai aşaması olan vaftiz işlemi sırasında, kişiye Hıristiyanlıkla ilintili yeni bir ad verilmekte ve yeni bir anne ile baba ona eşlik etmektedir. Bu sembolik ritüel aslında, din değiştiren kişinin 'yeni' halinin kurulmasının ilk adımıdır. Çünkü isimler, kimliğin en önemli bileşenlerinden biri olarak, özellikle çağrılma, tanınma ve hatırlanma hususlarında kimliği temsil etmektedir. Her din değiştiren yeni bir isme sahip olsa da dikkat çeken ayrıntı, hemen hiçbirinin yeni isimlerini ne gündelik hayatta ne de Hıristiyan sosyal çevreleriyle kurdukları temaslarda kullanmamasıdır. Sembolik olarak verilen isim yalnızca kişinin belleğinde kalmakta, 'yenileşmek', 'yeni biri' olmak istese de eski kimliği ile çağrılmaktadır.

> [B]en adımla ilgili problemler yaşadım. Adım Bekir5, İslam dini ile özdeşleşmiş bir isim. Ben ise Hıristiyanım ve Hıristiyan arkadaşlarım bana Bekir diye sesleniyor. Zıtlığı fark ediyorum. Vaftiz adım var ama onu kullanmıyoruz. O öylesine sembolik bir şey gibi. Ama ben-

---

[5] Bekir ismi mahlas olarak kullanılmıştır. Ancak kişinin gerçek adı, İslam dini kapsamında öne çıkan bir şahsiyete aittir.

ce isim konusu çok önemli değil. Önemli olan yürektir. Bir de şöyle bir durum var. Ben zaten öyle borazan çalarak kendimi duyurmak istemiyorum. Şimdi bir Hıristiyan adıyla insanların karşısına çıkıp durumu anlatmak zor olur. Ama gel gör ki Bekir deyince bir Hıristiyan değil Müslüman akla geliyor. Hadi diğer arkadaşların isimleri öyle bir dine ait değil diye zıtlık yaşamıyorlar. Ama benim adımla dinim arasında bir çelişki var. [Michael, Din Değiştiren]

Din değiştirme süreci, daha önce de tarif edildiği üzere, kişinin 'biz'in bir parçası iken 'öteki'ye dönüşme deneyimini içermektedir. Bu dönüşüm, sürecin kaçınılmaz sonuçlarından biridir. Kişi kimlik düzeyinde bir dönüşümü tamamlayamamış olsa da bilişsel performanslarını yeni kimliğinden sağladığı motivasyonla düzenlemektedir. Bu açıdan kimliğe dayalı aşınmaların telafisi ya da en azından bu aşınmalara karşı bir direnç seti oluşturmak için kimliğin algısal bağlamda kurulması şarttır. Çünkü yabancı olma hali bunu gerektirmektedir. Sayad'a göre (2003: 27) yabancı (din değiştiren), terk ettiği yerden getirdiği kimliğinden tamamen soyunmak ve yeni kimliğini her gün yeniden üretmekle mükelleftir. Düşünsel arkaplanı her nasıl olursa olsun yabancının davranışları, yeni formla uyumluluk göstermelidir. Çünkü yabancının temel ihtiyacı, mevcudiyetini meşrulaştırmaktır. Bunun için yabancı olmayı göze alan din değiştirenler, bir zamanlar 'onlar/ötekiler' dedikleri kişilerden olabildikleri sürece bir kimlik algısı kazanmaktadır. Üstelik bu algı, bir zamanlar 'ben/biz' denilen şeyin inkârını ve nihai potada 'onlara/ötekiye' dönüştürülmesini telkin etmekte, şart koşmaktadır. Aksi takdirde bir kimlik dengesini bilişsel manada kurmak ya da idame ettirmek imkânsız hale gelmektedir.

[B]en bir Hıristiyanım. Nokta! Ben Müslümanlara bunu anlatmaya çalışıyorum. Ben Hıristiyanım! Benim onlarla (Aile/Müslüman sosyal çevre) hiçbir problemim derdim yok ki. Onlar beni problem ediyorlar. Benim ne Müslümanlığa ne de Müslümanlara dediğim hiçbir şey yok. Ben Müslümanlarla da diğerleriyle de geçinebilecek

bir adamım. Bir kere anlayışlıyım. Müslümanlardan da çok arkadaşım var benim. Ben hiçbir ayrım yapmam. Müslüman olsun diğer inançlardan olsun, kim olursa olsun ben insanlığa bakarım [Luigi, Din Değiştiren].
[K]imse kusura bakmasın. Benim iki tane kızım var. İkisi de güzeller güzeli. Benim kızlarım kimi isterse onunla evlenir. Özgürler. Ama ben kızımı bir Müslümana vermek istemem. Müslümanla evlenmelerini istemem. Çünkü biliyorum ne olacağını. Benim kızlarım İsa Mesih'in yolunda yetişecek. Müslüman biriyle nasıl anlaşabilir ki. Benim kızlarımı değiştirmek isteyecek. Ben kızlarıma hiçbir şeyde karışmam belki ama tutup da bir Müslüman ile evlenmek isterse üzülürüm. Ama yine de engel olmak doğru değil.[Roberto, Din Değiştiren].

Din değiştirenlerin genel kimlik tahayyülleri üzerinden bir okuma gerçekleştirildiğinde, dini saikleri kimliklerinin kurucu unsuru olarak konumlandırdıkları ve büyük çoğunluğunun kimliğe referans olarak dini atıflarda bulunduğu göze çarpmaktadır. Dolayısıyla din değiştirme süreci, kişilerinin neredeyse hepsi için bir dindarlaşma sürecini beraberinde getirmekte, diğer bir yandan da kişinin kimliği dini bir nitelik kazanmaktadır. Din değiştirme sürecinde yaşanan dönüşümün en somut ve önemli göstergelerinden biri budur. Üstelik bu dindarlaşma eğilimi, din değiştirme fikrine karşı bir olumsuz tutumun gelişmesine de ön ayak olmaktadır. Bu durum, bir tür olarak insanın sürekli içinde bulunduğu bir paradoksa işaret etmektedir. Çünkü din değiştiren bir insanın din değiştirme fikrine karşı durması, ancak bir paradoks ile açıklanabilmektedir. Öte yandan bu paradoks, ideolojik bir biçimde kendi haklı gerekçelerini üretmekte ve kişi nezdinde, durumu normalleştiren bir bilinç mekanizması işlemektedir.

[B]en din değiştirdim ama benim haklı gerekçelerim vardı ve asıl gerçeklikten uzaktım. Ben gerçeği buldum. Hayatımı Rabbin ellerine bıraktım. Benim İsa Mesih'e olan imanımdan başka bir hazinem yok. Ben bir Mesihi'yim (Hıristiyanım). Benim için tek gerçek bu.

Ben Rabbin izinden gitmekten dolayı gururluyum. Soranlara da bunu gururla söylüyorum. Gerçekten dünya malı, güzellik, statü falan umurumda değil. Benim tek gerçeğim Mesih'i olmak. [...] Benim yarın öbür gün yakın çevremden biri din değiştirmek istese tabiî ki mücadele ederim. Ona gerçeği anlatırım. Hatasından döndürmeye çalışırım. Bakarım, eğer kararlıysa karşı çıkmam. Çünkü herkes kendi gerçeğini aramalı. Yine de bence en son durak İsa Mesih'tir. Ben bir insanın Hıristiyan olduktan sonra din değiştirebileceğini düşünmüyorum. Değiştirenler var. Bence onlar gerçeği bilmiyorlar ve okumuyorlar. Çünkü İsa Mesih'i bilen ve tanıyan biri ondan asla vazgeçmez. O yol, gerçek ve yaşamın kendisidir. Ondan başka bir gerçeklik yok. Arayışta olan herkes onu bulacaktır [Peter, Din Değiştiren].

Kimliği Yeniden Kurmak ya da Kuramamak: Tanınmanın Paradoksal Tavrı

> *"Kimlik, kısmen tanınma ya da tanınmama yoluyla çoğunlukla da başkalarının yanlış tanıması yoluyla (...) biçimlenir"*
> Charles Taylor (2005: 42).

Modern dünyada kimlik, varlığı tasvir etme ve güçlü bir nedene bağlama açısından yalnızca kişinin öz algılarıyla teşekkül eden bir yapı değildir. Bu nedenle var olmanın salt koşulu yalnızca bir kimliğe sahip olmak değil, 'tanınan' bir kimliğe sahip olmaktır. Ancak çoğu zaman bir dizi farklılıklar ve farklılaştırma faaliyetleri ile anlam kazanan kimlikler, güçlü olanın, gücünü pekiştirmek için kurguladığı 'ötekileştirici' farklılıkları, kendinden farklılaşma eğiliminde olanlara yüklemesiyle somutlaşmaktadır. Connolly'e göre (1995: 93), kimlik, farklılığı kurma yetisine bağımlı olan ve farklılık olarak tanımladığı kendiliklerin, onlara atfedilen farklılık tanımlarına karşı gelme, direnç gösterme, alaşağı etme ya da tersyüz etme temayüllerine karşı güven duyulmayan, zayıf, kırılgan ve kaypakça bir deneyimdir. Bu bakımdan din değiştirenlerin farklılaşmaya yönelik teşebbüsleri, yalnızca kendiliğinden doğan basitçe bir farklı olma hali değil, güçlü olanların kendilerine işlevsel bir 'öteki' yaratabilmesi için uygun koşulları sağlayan farklılaştırıcı tutumların odak noktasıdır. Çünkü doğal bir içsel kimliğin mümkün olmadığı durumlarda, dışlayıcı kimlikleri tanımlayan yapay farklılıklar ve bu farklılıklarla kurulan ilişkiler her zaman bir iktidar (güç) boyutu içermektedir (Connolly, 1995: 94). Dolayısıyla, 'farklı' olan din değiştirenin tanınma düzeyleri, ayrı bir ifadeyle kimliği yeniden kurma çabaları, failin tikel pratiklerini ya da özsel perspektiflerini değil, faili çevreleyen toplumsal setlerin kolektif pratiklerini ve farklı olana karşı tutumlarını içermektedir. Farklılığa dayalı bir tanınma biçimi olarak 'öteki/yabancı', neticede 'ben'in eksik halinden başka bir şey değildir. 'Öteki' ancak bu farklılıkla kabul görmekte, değiştirilmesi mümkün olmayan bir 'aşağıda' olma hali kıskacında hareketsiz kalmaktadır.

> [Y]üzyıllardır Hıristiyan olan biriyle, bir din değiştiren aynı olabilir mi?. Biz çocukluktan bu yana hep bu kültürle yaşadık. Din değiştirenler kusura bakmasın benim gözümde bir Hıristiyan gibi (kuşaklardır Hıristiyan olan) olamazlar. Bu zaten mantığa aykırı. [Maria, Ortodoks]
>
> [B]ak, normal şartlarda bile bir Hıristiyan cennete giremeyecek. Müslüman biri, ne kadar günahkâr olsa da cennetle ödüllendirilecek. Ancak bir Hısirtiyan cennete gidemeyecek. Kaldı ki din değiştirme çok daha büyük bir günah. Bunun kurtuluş yolu yok. Ben kardeşimi çok seviyorum. Ama benim gözümde dini bütün bir Müslüman, daha değerlidir. Çünkü dinin gereği budur. Benim kardeşim isterse dünyanın en güzel insanı olsun, cennete giremeyecek. Benim başka kardeşlerim de var. Ben tutup ikisini bir tutmam. Benim gözümde Müslüman olan kardeşim daha üstün ve değerlidir. Peter'inki moda. Kolaya kaçmak. Dünyanın en güzel dini dururken o bunu kabul etmedi. Din değiştirdi. Gözümden düştü. Bir nevi basitleşti gözümde. Şimdi ben bu adama nasıl eski saygıyı göstereyim? [Recep, Peter'in Ağabeyi].

Heretik

Din değiştiren bireylerin öz kimliklerine ilişkin algıları, sosyal çevrenin onları tanıma ve anlamlandırma biçimleriyle farklılıklar göstermektedir. Benlik ve kimlik algıları, sosyal çevrenin onayına sunulmakta ve ancak çoğunluğun tasdiki ile olumsallık kazanmaktadır. Aksi takdirde kimliğin sosyal yapıyı kuran birimler arasındaki temaslarda bir geçerliliği olmamaktadır. Bu yönüyle din değiştirenler, kendilerine her ne kadar birer Hıristiyan anlamı yükleseler de sosyal çevre nazarında durumun pek de öyle olmadığı görülmektedir. Çünkü özellikle dini kimliklerin doğuştan verili olduğu hususundaki yaygın inanış, sonradan gerçekleşen bir inşayı reddetmekte ve inşa sürecindeki teşebbüsler, kimliğin dışarıdan algılanışında temel kurucu işlevler üstlenmektedir. Sonradan Hıristiyan olan bir bireyin, ailevi köken olarak Hıristiyan olan bir birey gibi doğal şekilde algılanması için, bir dine sonradan inanabilmenin de doğal kabul edildiği kültürel kodlara ihtiyaç vardır. Eğer bu kodlar toplumsal bilinç içerisinde tanımlı değilse, sonradan bir dine inanmanın doğal kabullere dayanması zorlaşmaktadır. Bu nedenle anormal bir davranış, olağanın dışına çıkma ve yasak olanı ihlal etme gibi kalkışmalar, niteliklerindeki sıra dışılıkla anılmakta ve sıra dışılık, 'öteki'yi kuran bir kimlik türü olarak sosyal ilişkiler yoluyla sürekli yeniden üretilmektedir.

[P]eter ilk Hıristiyan olduğunu söylediğinde bana komik geliyordu. Sonra gel zaman git zaman alıştık. Sadece ben değil, bizim arkadaşların hepsi alıştı. Sıkıntı başkalarının yanında ortaya çıkıyor. Peter'in Hıristiyan olduğunu duyanlar bana gelip, 'Bu nasıl Hıristiyan, ailesi Müslüman değil mi, Türk'ten Hıristiyan mı olur?' gibi sorular soruyorlar. Mecburen din değiştirdiğini söylüyorum. Şimdi adamlar da haklı. Peter Hıristiyan gibi hissediyor ama onunla Avrupalı bir Hıristiyan bir olur mu? Yani aradaki fark bence budur. Peter, din değiştiren biri yani. Biz bu fikri ne kadar yenmiş olsak da başkalarına mecburen bunu anlatıyoruz. Çünkü adam haklı olarak garipliği fark ediyor. Ailede herkes Müslüman, bu nasıl Hıristiyan olur?

- Sizce Peter ile Avrupalı bir Hıristiyan arasındaki fark nedir?
[...] Ben Peter'e bakınca bir yabancıdaki gibi Hıristiyanlık görmüyorum. O din değiştirdi sonuçta. Öyle bir Hıristiyanlığı da yok yani. Çünkü birçok Müslümanım diyen kişiden daha çok Müslüman gibi yaşıyor. Ama ona sorsan Hıristiyan. Benim gözümde tam oturmuyor. Din değiştirdiğine o kadar alışmışım ki bu fikri göz ardı edemiyorum. Kısacası doğal bir Hıristiyan değil yani. Din aileden, kökten gelir. [Ali, Peter'in Arkadaşı].

[B]enim arkadaşlarım arasında çok fazla din değiştiren var. Ben bazıları gibi olumsuz bakmıyorum. Sadece bazen istismar etmek isteyenler oluyor. Onlara sinirleniyorum. [...] Din değiştirenler benim gözümde Hıristiyanlar tabiî ki. Ama bizim gibi kökten gelenlerle onlar arasında fark var. Çünkü bizim kültürümüz Hıristiyanlık, onlar ise sonradan bu kültürü benimsiyor. Bu fark hissediliyor. Bir de yaşadığımız şehirde çok fazla Hıristiyan yok. Çoğumuz akrabayız. Bir akrabam bana yanımdaki arkadaşımın kim olduğunu sorduğunda ben mecburen din değiştirdi diyorum. Çünkü Hıristiyan desem, bana kimlerden ya da kimin çocuğu gibi sorular soracak. O yüzden mesela ben kendimi mezhebimle tanıtırım. Ben Ortodoks asıllıyım derim. Bizde aslının kimlere dayandığı önemseniyor. Din değiştirenlerin böyle bir aslı olmadığı için onları din değiştiren olarak tanıtıyoruz. Aslında böyle bir ayrım hoş değil ama inkâr edilemeyecek bir gerçek var ortada. Bizden bir farklılıkları var. Onlar din değiştirdi. Bu karara saygı duyuyorum. Hiçbir zaman da hissettirmem. Din değiştiren birine direkt Hıristiyan diyemem. Çünkü sorarlar hemen aslını. Hem ben din değiştirsem, bana böyle bir şey söylendiğinde rahatsız olmazdım. [Ester, Ortodoks].

Tanıklıkların çevresinde şekillendiği temel önerme, dini kimliğin belirli bir tarihsel köken ve akrabalık ilişkileri ekseninde kurulduğudur. Bu nedenle tarihsel kökenden yoksun ve kopuk bir kimliğin, doğal biçimde tanımlanması imkânsız hale gelmektedir. Bu durum, tıpkı ilk nesil göçmenlerin yaşadıkları problemlere benzemektedir. Çünkü ilk nesil göçmenler göçtükleri ülkelerdeki kültürlere tarihsel köken bağıyla bağlı olmadıkları için sürekli 'göçmen' kimlikleri ile tanınmaktadır. Ancak

Heretik

sonraki nesillerde bu tanımlama giderek azalmakta ve gereken tarihsel köken kademeli şekilde kurulmaktadır. Bu bağıntıdan yola çıkarak, din değiştiren kimliğinin sonraki nesilleri, şimdiki kadar güçlü bir şekilde kapsamayacağını ve 'doğal' Hıristiyan olma halinin süreç içerisinde sağlanacağını ifade etmek mümkündür.

Taylor (2005: 42) kimlik meselesini bir tanınma ya da tanınmama ve yanlış tanınma ekseninde ele almaktadır. Özellikle modern çağda kimliğin bireylerin tikel anlamlandırma pratikleriyle doğrudan bir ilişkisi kalmamıştır. Kimlik meselesi bireysel katmandan, çok daha fazla kademeyi bir arada bulunduran toplumsal katmanlara aktarılmıştır. Bu açıdan kimlik bireyden daha çok toplumu ilgilendirmekte ve toplumsalın işleyişi, kimliğe niteliklerini atfetmektedir. Dolayısıyla din değiştirenlerin yeni kimliklerini bireysel bağlamda kurmaları mevcut koşullar içinde olanaksız bir durumdur. Üstelik onların işlevsel bir öteki olma karakteristikleri, elverişli bir 'ben' ve 'öteki' diyalektiği yaratacağı için tanınmamadan çok yanlış tanınma pratikleri yaygınlaşmaktadır. Çünkü din değiştirenler, 'ben' odaklı dini kimlikleri kurmak ve güvence altına almak için o kadar güçlü bir 'ötekilik' içermektedir ki, onları yok saymak olumsal kimliklerin ihtiyaç duyduğu varlık gerekçelerini göz ardı etmek anlamına gelecektir. Nitekim kimlikler üzerine doğruluk damgası basma yönündeki çeşitli dürtüler, farklılıkları ötekiliğe, ötekiliği de doğru kimlik görünümlerini güvenceye almak için yaratılan olumsuzluklara çevirme işlevi görmektedir (Connolly, 1995: 96). Bu durumda geriye kalan tek sonuç, din değiştirenlerin birer 'öteki' olarak yanlış tanınmalarıdır. Bu yanlışlık bir yanılgıyı ya da yanlış anlamlandırmayı değil, bilinçli bir çarpıtma pratiğini ifade etmektedir. Yanlış tanıma, kusurlu ya da bilinçli bir biçimde çarpıtılmış bir varoluşa atıfta bulunarak çoğu zaman bir baskılama ve tahakküm aracına dönüşmektedir (Satıcı, 2016: 176-177).

Din değiştirenlerin içinde bulunduğu 'yanlış' var olma hallerine karşı yapılacak tek doğru şey, 'mücadele' etmektir. Özellikle 'biz' ve 'öteki/onlar' arasındaki farklılığa dayalı kutuplaşmaya meydan okumak, kimlik ve meşruluk krizleri tarafından sakat bırakılan modern çağda acil bir göreve dönüşmektedir (Kearney, 2012: 17). Çünkü din değiştiren kimliği, toplumlar nezdinde doğal kabul gören ve doğal olarak sunulan olumsal kimlik reçetelerinin çok dışındadır ve kabul alanına girmesi seküler toplumsal formlar haricinde oldukça zor görünmektedir. Üstelik bu tarz toplumsal formasyonlarda dahi, sekülerlikten dindarlaşmaya doğru akan bir kimlik geçişi, inanç değişikliğinin farklı bir türü olarak farklılaştırmayla yüz yüzedir. Dolayısıyla din değiştirenler için kimlik, var olmak için girişilen güçlü bir mücadeleye eşdeğerdir. Din değiştirenin bu noktadaki varlığı, tanınma ya da yanlış tanınma aksı arasında gergin biçimde kurulan bir mücadelenin en yoğun yaşandığı alanlarda donup kalmaktadır. Netice olarak, bir kimlikle yaşamak için var olan tanınma gerekliliği, hayati tehlikeler içeren bir mücadeleye dönüşme riskini her zaman taşımaktadır (Kiraz, 2011: 155-156).

[B]en artık mücadele etmekten yoruldum. 20 küsur yıldır Hıristiyanım ama hala insanlara kendimi anlatmakla uğraşıyorum. Müslüman da Hıristiyan da kabul etmiyor ya. Bir gün rahat edemedim. Kim görse, 'neden din değiştirdin' diye soru soruyor. Sanki bir kabahat mi işledim. Hırsızlık mı yaptım. Ya bunca yıldır Hıristiyanım ama bir günüm rahat geçmedi. Beni tanımayan biri, yolda geçerken durdurup soru soruyor. Neymiş efendim, birisinden duymuş. Sana ne kardeşim. Seni ne ilgilendiriyor. Uzatmamak için evet 'evet Hıristiyanım' diyorum. Adam bana 'sen din değiştirmişsin' diyor. Adama anlatamıyorum. Ne fark eder. Sonuçta Hıristiyanım. Bıktım ben aileme, arkadaşlarıma, beni tanıyan ve tanımayan herkese, kökten gelmelere (Hıristiyanlar) kendimi anlatmaktan. [...] Ya ben kardeşlerime, yeğenlerime anlatamıyorum. Bir keresinde annemin evinde kardeşimle boğaz boğaza yapıştık. Öldürüyorduk neredey-

Heretik

se birbirimizi. Adam kabul edemem diyor. Oturup anlatıyorum, dinlemiyor bile. Hala yeğenlerimi görmek için mücadele ediyorum. Adamlar yok sayıyor beni. 'Benim öyle bir kardeşim yok' diyor. Neredeyse öleceğim, yaşım kemale erdi. Yine de insanların tuhaf bakışlarını hissediyorum. Bütün konuşmalarım kendimi anlatmak için. Ben akşama kadar insanlara kendimi anlatmak zorundaymışım gibi bir muamele görüyorum. Ama Rab bir gün onların da kalbini açacak ve beni anlayacaklar. [...] Keşke çevremdeki herkes Hıristiyan olsaydı. Gerçi o da çözüm değil. Onlar da kabul etmiyor. Keşke ben kökten gelen bir Hıristiyan olsaydım. Hiç olmazsa en azından böyle şeylerle sürekli uğraşmak zorunda kalmazdım [Luigi, Din Değiştiren].

Luigi'nin tanıklığı, bir mücadelenin mütemadiyen yeniden üretilen koşullarına ışık tutmakla birlikte, bir din değiştirenin ütopik dünya tasavvurlarını da içermesi bakımından önemlidir. Çünkü Luigi, mücadelenin son bulmasına çözüm olarak, 'kökten gelen bir Hıristiyan' olmayı düşlemektedir. Bu durum aslında, 'öteki'nin aşağıda olma halini kabullendiğini ve 'ben/biz' kimliğine sahip olmayı bir ayrıcalık saydığını göstermektedir. Neticesinde, egemen fikirler, 'biz' kadar 'öteki'lerin de üzerinde oydaşma sağladığı bir fikirsel bağlamda yükselmektedir. Çünkü 'ben/biz' ancak öteki ile mücadele ettiği ve nihayetinde öteki tarafından tanındığı takdirde kendini egemen bir özne olarak konumlandırabilmektedir (Kearney, 2012: 29). Ayrıca bu tanıklığın 'biz' ve 'öteki' ilişkisine ışık tutan başka bir tarafı daha bulunmaktadır. Luigi her ne kadar kendini Hıristiyan olarak tanımlasa da, içinde bulunduğu marjinal kimlik durumu, Müslümanlar kadar Hıristiyanları da 'onlar'a dönüştürmektedir. Dolayısıyla tanınma mücadelesi çifte yokluğun yaşandığı tarafların her ikisini de kapsayacak şekilde sürdürülmektedir.

Din değiştirenler açısından tanınma mücadelesi her ne kadar kimliği olumsal bir tabanda yeniden kurmak ya da farklılaştırıcı tutumların kimlik üzerindeki aşındırmalarını ve yıpratıcı etkilerini ortadan kaldırmakla eşdeğer olsa da aslında onların da kendilerine yakıştırılan, ayrı bir ifadeyle giydirilen olumsuz, aşağı ve defolu kimlikleri, bilinçlerinin derinliklerinde benimsedikleri ve bu durumu zaman zaman bir direnç mekanizmasına dönüştürdükleri gerçeği göz ardı edilmemelidir. Connolly'nin ifadesiyle (1995: 93), olumsal 'ben'in kimlik iddiasını yıkmaya çalıştığı bir öteki, belki de 'ben' onun bazı yönelimlerini negatif kimliğin ayrılmaz bir parçası olarak tanımlasa bile, kendisi bunları pozitif kimliğiyle bağdaştıran biridir, belki de kendisine 'ben' tarafından dayatılan negatif kimlik tanımlarını, 'ben'in bir kimlik türü olarak tanımlamayı reddettiği sefil bir varoluş biçimini içselleştiren biridir.

> [B]en de diğer din değiştirenler de cesur davrandık. Ben dinimi değiştirecek kadar cesur davranmışım. Din değiştiren biri olarak bundan gocunmuyorum. Aksine gurur duyuyorum. Kim ne derse desin. Bana neyi yakıştırırsa yakıştırsın. Din değiştirenler onların sandığı gibi kaypak insanlar değil. Bizim beynimiz falan yıkanmadı. Biz gerçeği sorguladık. İnancımızı sorguladık. Bugün bunu ne bir Müslüman yapıyor ne de bir Hıristiyan. Müslüman birine sor bakalım sorgulamış mı? Ya da Hıristiyan birine. Sorsan ikisi de küçük görüyor. Kabul etmiyor. Öyle aileden gelen dini kabul etmek kolay. Onlar için bir gelenek olmuş din. Açıp bir gün okumamışlar. Biz gerçeği onlardan daha iyi biliyoruz. Ben İncil'i sayfa sayfa aklımda tutarım. Onlardan çok daha inançlı biriyim. Çünkü biz sorguladık, kendi isteğimizle seçtik. Başkası bize vermedi. Bence biz onlardan daha şanslıyız. Ben onlar gibi bilgisiz olmak istemezdim. Şükürler olsun ki Rabbi tanıyorum. Bunu kökten gelmelerde bulamazsınız. Onlar için her şey Pazar günü kiliseye gitmek. Bir Müslüman da günde beş vakit namaz kıldı mı tamamdır. Hangisi bizim gibi cesur olmuş. Ben yanlış yoldaydım ve Rabbi buldum. İnsanlar bunu hor görse de yaratıcının katında ödülümüzü alacağız. Çünkü biz zor olanı yaptık. Ben dinimi değiştirdiğim için utanmıyorum, aksine gururluyum [Tom, Din Değiştiren].

Din değiştirenlerin gerilimli tanınma ya da tanınamama mücadelelerinde kimlik, toplumla kurulan bir ötekilik ilişkisi bağlamında inşa edilmektedir. Bu ötekiliğin toplumsal projeksiyonları ya da türevleri, din değiştiren kimliğini kuran kodlara dönüşmektedir. Bu açıdan, din değiştiren kimliğini daha iyi anlayabilmek için, kimliği kuran kodları incelemek ve bu kodların kimliği kurma işlevini nasıl yerine getirdiklerini saptamak önem arz etmektedir. Aşağıda sunulacak başlıklar, din değiştiren kimliğini kuran gerilimli ilişkisel kodları ve tanınmanın 'öteki' yüzünü görünür kılmaktadır.

Din Değiştiren Kimliğini Kuran İlişkisel Kodlar

Kimlik, topluma özgü bir kavram olarak sosyal süreçlerden ve bu süreçlerin niteliklerinden bağımsız bir değerlendirme biçimiyle düşünülememektedir. Çünkü kimlikten söz edildiğinde, mutlaka bir ilişki biçimine ve kimliği kuran sosyal dinamiklere atıfta bulunma zorunluluğu vardır. Öz kimliklerin 'kendinde kimlik' olma hallerinin günümüz çağdaş formasyonları içerisinde çok fazla bir anlamı içermemesi, kimliğin toplumsal dolayımla kurulduğunu ve her gün yinelenen toplumsallığın, kimliği de belirli bir uyumla ve periyodik olarak düzenlediği fikrini anlamlı kılmaktadır. Nihayetinde toplumsallık belirli temaslar yoluyla kurulmaktadır ve kimlik bu temasların kimi zaman faili, kimi zaman ise bizatihi kendisidir. Dolayısıyla kimlik kişiyle birlikte, ancak kişiden çok daha uzun yaşayan bir olgudur.

Kimliğin etkileşime dayalı bir inşa olduğu fikrine yoğunlaşan Berger ve Luckmann'a göre kimlik, birey ve onun ait olduğu toplum arasındaki diyalektik ilişkilerin doğal çıktısı, süreçlerin genel görünümüdür. Bu bakımdan ikilinin kimlik yaklaşımının temelinde sosyal süreçler bulunmaktadır. Kimlik bir kez somutlaştığında, sosyal ilişkiler yoluyla sürdürülür, değişime uğratılır ve bunun da ilerisinde yeniden form kazandırılır. Kimliğin oluşması ve bir gerçeklik olarak sürdürülmesi için gerekli olan sosyal süreçler, sosyal yapı tarafından sağlanmaktadır (Berger ve Luckmann, 2008: 250). Sosyal niteliğin tarihsel blok içindeki biçimlenme tarzları ve geçmişten bugüne taşıdığı miraslarla birlikte tesis edilen sosyal yapı, ihtivasındaki meşrulaşma eğiliminin bir sonucu olarak karşıt ilişkileri kimlikler düzeyinde tanımlamakta ve olumsal bir tanınmanın reçetesi, ilişkiler yoluyla üretilen kodlarla yazılmaktadır. Bu bakımdan din değiştiren kimliği, fail ve onun sosyal işlem çevresinde yer alan gruplarla kurulan ilişkileri biçimlendiren kodlara göre kurulmakta ve ilişkilerin idamesiyle sürekli yeniden kurulmaktadır. Bu açıdan din değiştiren kimliğini anlamak için, din değiştirenin sosyal ilişkilerine odaklanmak ve bu ilişkilerin temelinde gömülü halde duran kodları okumak gerekmektedir. Aşağıdaki alt başlıklarda, failler arası etkileşimin kümelendiği ilişki biçimleri ve kodlar açıklanmaktadır.

Din değiştiren kimliğini kuran temel kodlar arasında, din değiştirenin sosyal niteliklerinden doğan *yabancılık deneyimi*, farklılığa dayalı bir ilişkinin kaçınılmaz sonucu olan *günah keçiliği*, din değiştirenin sosyal varlığını sembolik bir gösteren ile sürekli göz önünde tutmak için uygulanan *damgalar/yaftalar* ve 'başkalaşan' yabancının sıkıştığı 'başkalaşmış' mekânlarla kurulan ilişkileri tarif eden *heterotopik var olma* biçimleri yer almaktadır.

Bir Yabancı Olarak Din Değiştiren: İçerideki Düşman

"Yabancı [...] aynı anda hem yakın hem uzaktır"
Georg Simmel (2016: 33).
"Gitmek, biraz da ölmektir"
Alfred Schütz (2016: 60).

Din değiştirme deneyimi, sürecin nitelikleri göz önünde bulundurulduğunda öncelikle bir inanç göçü, sonrasında ise bir kimlik göçüdür. Bu nedenle din değiştirenler için birer 'kimlik göçmeni' yakıştırmasında bulunmak mümkündür. Çünkü özellikle kimlik bağlamında, din değiştirmenin faillerinin tıpkı birer fiziki göçmen gibi, ayrıldıkları ve yerleşme hedefinde oldukları toplumsal yapılarla kurdukları 'yabancılık' ilişkileri oldukça benzerlik göstermektedir. Esasında burada kastedilen yabancılık bir 'karşılaşma' ya da "temas' ile ilintilidir. Çünkü herhangi bir karşılaşma olmaksızın yabancı, kesin bir tanıma oturtulamayan ve 'biz'den olmayan herkesi kapsayan muğlâk ve genel bir var olma biçimidir. Varlığı kestirilen, tasavvur edilen ancak tam olarak saptanamayan, belirli bir bağlama oturtulamayan bir bilinmezliktir, ayrı bir deyişle anonim bir varlık ya da en basit haliyle 'şey'dir. Yabancı ile karşılaşma gerçekleştiği andan itibaren ise, 'biz' ile kesin sınırların çizildiği ve tamamıyla 'biz'e içkin, 'biz' tarafından tanımlanan bir kimlik türünden söz edilebilmektedir. Yabancı ile 'biz'in yabancısı arasındaki fark bu nüanstan kaynaklanmaktadır. Din değiştirenler, biz ile 'öteki' arasındaki kesin sınırları belirli bir 'yabancılık' deneyimi ile kurmaktadır. Nitekim Kearney'e göre (2012: 15), Yabancı figürü, *xenos* gibi oldukça eski bir kategoriden çağdaş bir kategori olan yabancı istilacıya kadar, kendilerini başkaları aracılığıyla ve başkalarıyla zıtlıkları üzerinden anlamlandırma çabasındaki insanlar için işlevsel bir sınır deneyimi olarak kullanılmaktadır.

Din değiştirenler, birer gezgin/göçmen olma vasfını, içinde bulundukları doğal 'hareketlilik' (Simmel, 2016: 29) ile kazanmaktadır. Çünkü Simmel'in ifadesiyle (2016: 27), yabancılar, bugün gelip yarın giden gezginler gibi değil, bugün gelip yarın kalan adamlar gibi olarak, tabiri caizse daha ilerilere gidemediği halde, gelme ve gitme hürriyetinden de tam anlamıyla kopamayan potansiyel birer gezgin olarak değerlendirilmektedir. Bu açıdan din değiştirenlerin konumları ve aidiyetleri bütünüyle kestirilememektedir. Çünkü onlar ne tam olarak 'giden', ne de tam olarak 'eve geri dönen' sınıflandırmasında net bir yere oturtulamamaktadır. Onların varlıkları gitmek ve dönmek arasındaki ince ve kırılgan çizgi üzerinde sürekli kendini tekrar etmekte ve kimlikleri uzak ile yakın arasında mekik dokumaktadır. Simmelci bakış açısına göre sürekli hareket halinde olan kimlik, 'gezginin' ya da 'yabancının' doğası gereği özgür olmasıyla, ayrı bir ifadeyle herhangi bir noktaya bağlı kalamayan varlığıyla ilişkilidir. Yabancı hem teorik hem de pratik olarak serbest olan insandır (Park, 2016: 76). Ancak bu serbestlik istençli bir tercih değil, aksine yabancı olmanın dayattığı pek de istenmeyen bir zorunluluktur.

> [B]enim açımdan çok sağlıklı bir durumun olduğu söylenemez. Çünkü ben dinimi, dinimin geleneklerini özgürce yaşayamıyorum. Yaşadığımız ülkenin çoğunluğu Müslüman. Bizim Hıristiyanlarla da çok fazla münasebet kurmadığım için hala sosyal çevremin çoğunluğunu Müslüman arkadaşlardan oluşuyor. Dışarıda bir Hıristiyan arkadaşla –gerçi onlar da din değiştiren- görüşüyorum, sonra eve geliyorum, arkadaş ortamına giriyorum. Yani Hıristiyanların yanındaki Fransua ile Müslümanların yanındaki Fransua farklı. Hıristiyan oldum ama yaşamımda bir şey değişmedi. Çünkü Müslümanların içinde gerçekten kimliğimle yaşamam çok zor. Gün içinde kaçmak için dışarı çıkıyorum. Akşam olunca ise kürkçü dükkanı misali yine bulunduğum yere dönüyorum. Bu durum sadece benim için değil. Türkiye'deki tüm Hıristiyanlar için geçerli. Ya kendine bir sosyal çevre kurup önceki hayatından tamamen kopacaksın ya da önceki hayatın hep seninle birlikte olacak. Gitmek de olmaz. Avrupa'ya gitmeyi bile düşündüm zamanında. Sonra düşündüm, ailem burada, çocukluk arkadaşlarım, doğduğum mahalle. Gidemem ki. Ben ne olursan olayım, beni ben yapanlar bu insanlar aslında. Ama artık ne ben eskisi gibiyim ne de onlar. Gidemiyorum bir yere, sadece kaçıyorum bazen. Kendimi iyi hissediyorum. Sonra mecburen dönüyorum. Haftada sadece birkaç saat Hıristiyan arkadaşlarlayım. Onun dışında eski hayatıma devam ediyorum. Hem mesleğim gereği de Müslümanlarla daha fazla vakit geçirmek zorundayım. Çünkü bu insanlardan para kazanıyorum. Karnımı onlar doyuruyor. Gidersem ne yiyip, içeceğim? [Fransua, Din Değiştiren].

Yabancılık, din değiştirenler kadar onların ilişkili olduğu toplumsal grupların da deneyim stoklarının önemli bir bölümünü oluşturmaktadır. Yabancının gitmek ve gelmek arasında sürekli içe kapanan ve açılan kimlik performansları, 'yerli' olanın mevcudiyetine ilişkin değerleri meşrulaştırma yönelimlerini beslemekte ve 'yerli' olan ancak yabancının varlığı, ayrı bir ifadeyle onu bir yabancıya dönüştüren performansları sayesinde gerçek anlamda bir 'yerli' olduğu algısını sürekli canlı tutmaktadır. Bu durumun temelinde, yabancının bir var olma ya da var etme biçimi olarak anlam kazandığı fikri yer almaktadır. Çünkü nesneler kendilerinin dışında olan 'bir başka' şeyin varlığıyla birlikte varlık kazanmaktadır. Yabancının varlığı birey için kaçınılmaz hale gelmektedir (Doğan, 1996: 345). Bir yabancı algısına sahip olmayan toplumlarda 'yerli' olma fikrinin tanımlanması oldukça zor ve mesnetsiz bir deneyimdir. Bu yüzden toplumlar kendi içlerinden ya da dışarıdan olan yabancıları var etmek zorunluluğuna sahiptir. Kearney tam olarak bu noktada (2012: 103-104), 'başkası' olma halinin başlı başına ya da doğrudan değil, dolaylı olarak verili olduğunu ifade etmektedir. Çünkü ona göre yabancı, egonun yansıtılması ve biraz da çarpıtılarak değiştirilmesi ile eşdeğerdir. Bu yüzden yabancı, yerlilerin 'başkası olarak kendisi'nden başka bir şey değildir.

Din değiştirenlerin tıpkı güneş gibi her gün tekrarladıkları gitme ve gelme edimleri, yersiz yurtsuz bir kimliğe temel oluşturmaktadır. Bu yersiz yurtsuz kimliğin ilk aşaması olan 'gitme'nin yaşandığı yer, yani din değiştirenin 'evine' ilişkin tecrübeler, araştırma kapsamında odağa alınan kimlik serüveni üzerindeki incelemenin başlangıç noktasıdır. Sosyoloji literatüründe 'ev'in ne anlama geldiğine ilişkin değerlendirmelerde bulunan Schütz'e göre (2016: 55-60), ev, kişinin başladığı yer olarak herhangi bir binayı, toprak parçasını ya da uzamsal herhangi bir noktayı değil, kişiden kişiye değişebilir olmak kaydıyla, baba evini, anadili, aileyi, sevgiliyi, arkadaşları ifade etmektedir. Bu nedenle 'evdeki yaşam' genellikle birincil olarak adlandırılan gruplardaki yaşam biçimleri ve yakın ilişkileri kapsamaktadır. Din değiştirme fikri çoğu zaman 'ev'den ayrılmayı gerektirir. Çünkü din, evi kuran değerler içinde ayrı bir yer açılan ve 'ev'in temel taşları arasında görülen bir kurucu değer olma vasfı taşıdığında, dinden vazgeçmek aynı zamanda 'ev'den de vazgeçmek anlamına gelmektedir. Aslında din değiştirenin arzusu evi terk etmek değil, evde 'başka biri' olarak yaşamak, hatta kimi zaman bunun da ilerisinde ev halkını da 'başka birileri' yapmaktır. Ancak bu arzunun gerçekleşmesi çoğu zaman mümkün değildir. Schütz ev'den ayrılanların durumunu şöyle ifade etmektedir (2016: 60);

> "... görünüş evden ayrılan kişi için tamamen değişir. Onun için evdeki yaşam artık dolaysız bir şekilde erişilebilir değildir. Deyim yerindeyse, kişi o evdeki yaşama ifade şeması olarak kullanılan koordinat sisteminin kapsamadığı başka bir toplumsal boyuta adım atmıştır. Kişi, ev gurubunun dokusunu oluşturan pek çok biz-ilişkisini canlı şimdiki an içinde bir katılımcı olarak tecrübe etmez artık. [...] Süregiden yaşam artık durma noktasına gelmiştir. [...] Gidenin kişiliği artık bir birim olarak erişilebilir değildir; parçalara ayrılmıştır. Sevilen kişinin tüm deneyimi, mimikleri, yürüme ve konuşma şekli, şeyleri dinleme ve yazma şekli artık yoktur [...] Gitmek, biraz da ölmektir"

Din değiştirenler her ne kadar fiziksel olarak ev ile olan ilişkilerini kopuk biçimde sürdürseler bile, zihinsel olarak sürekli 'başka' yerdedirler. Bilişsel aidiyetin bir diaspora niteliğinde evden uzaklaşması, din değiştirenin ev içindeki varlığını, tıpkı Schütz'ün belirttiği gibi bir 'ölü' ile eşdeğer kılmaktadır. Çünkü kişi anlamlı kılan 'biz'in ruhu, artık geri dönülmez bir yolculuğa çıkmıştır. Ondan geriye kalan, varlığın posasından başka bir şey değildir. Çünkü giden kişi yabancıdır ve evdeki sisli hava onu görünmez kılacaktır (Schütz, 2016: 68). Bu bakımdan din değiştirenin 'ev'ini ifade eden Müslüman yakın çevresi içindeki varlığının eskisi gibi olması imkansızdır. O tıpkı bir yabancı gibi büyük bir bilinmezi, güven sorununu ve tehdidi doğal olarak üzerinde taşımaktadır. Çünkü yabancı grubun bizzat organik bir unsurudur ve yoksuldan ya da diğer muhtelif 'iç düşmanlardan' farksız –grup içindeki üyeliği hem dışarıda olmayı hem de grupla yüzleşmeyi içeren- bir unsurdur (Simmel, 2016: 28).

[B]en artık eski ben değilim. Ben çarmıhımı sırtıma alıp İsa Mesih'in ardına düştüm. Bak sana İncil'den bir örnek verince daha iyi anlayacaksın. İsa Mesih havarilerini seçerken onları ardı sıra çağırdı. Petrus babasıyla balık tutarken Rab onu çağırdı ve ardım sıra gel 'ben seni insan tutan balıkçı yapacağım' dedi. Petrus annesini, babasını ve kardeşlerini bırakıp onun ardı sıra gitti. Diğer havariler de bunu yaptı. Hatta biri annesinin ya da babasının cenazesi içindi sanırım tam hatırlamıyorum, kısa bir süreliğine izin istedi ve İsa Mesih ona 'bırak ölüler kendi ölülerini gömsünler, sen ardımdan gel' dedi. İsa Mesih bize olacakları önceden haber verdi. Bize çekeceğimiz acıları söyledi. Çünkü o, "benim yüzümden, yani bana olan imanı yüzünden kardeşler, babalar birbirine düşman olacak" dedi. Gerçekten de öyle. En yakınlarımız bize düşman oldu. Bizi düşman gibi gördü. Ancak ben bunu görünce İsa Mesih'in haklılığını görüyorum.[...] Ben tıpkı Petrus gibi ailemden bile vazgeçmeyi göze aldım. Çarmıhım sırtımda Rabbi takip ediyorum. Rab der ki 'kimi benden fazla severseniz onu sizden alırım'. Ben dünyadaki babamdan vazgeçtim belki ama gerçek 'Babamı'[6] buldum. [Luka, Din Değiştiren].

[...][B]u dünyada insanın onuru şerefini belirleyen şeyler nelerdir; aile, vatan, bayrak, din, kız kardeş, eş, namus. Buna kişiden kişiye değişen çok şey ekleyebilirim. Leonardo benim yakın arkadaşım. Eskilere dayanan bir dostluğumuz var. Ona çok kızıyorum. Kendisine de söyledim onu ne kadar sevsem de güvenimi kaybetti. Çünkü din, bir insanın şerefidir. Dinini değiştiren insan, dinini koruyamayan insana nasıl güvenilir. Bunu yüzüne de söylerim. Bana

---

[6] Baba ifadesi, Hıristiyanların yaratıcıya seslenmek için kullandıkları bir terimdir.

eskiden sorsalar ona koşulsuz güvenirdim. Şimdi de yapmayacağına inansam bile tamamen güvenmem. Çünkü bana dinini değiştireceğini söyleselerdi asla ihtimal vermezdim. Ama şimdi bana birini öldürdü deseler inanırım. [...] Dostluğumuz sürüyor belki ama asla eskisi gibi olamaz. Çünkü o eskiden olduğu gibi değil. Gerçi o da bunu kabul ediyor. Elin yedi yabancısının adetlerini getiriyor. Ben onu uyardım benim yanımda yapma yoksa aramıza mesafe girer diye. Gerçi girdi de. Ben kestiremiyorum onu. Ne yapacağını bilmiyorum. Beni o kadar hayal kırıklığına uğrattı ki anlatamam. Onunla ayrı görüşürüm. Eskiden toplanıp hep birlikte akşama kadar vakit geçirirdik. Şimdi onu ayrı tutuyoruz. Çünkü herkes benim gibi kabullenemiyor. 'Bizim için artık öyle biri yok' diyorlar. Hatta onunla görüşüyorum diye beni dışlayan arkadaşlar var. Ben de kabullenemedim ama dost işte atsan atılmaz, satsan satılmaz. [...]Şimdilerde yine iyi, ilk zamanlar düşman gibi olmuştuk. Çünkü o gidip bize asırlardır düşmanlık edenlerin dinini kabul etti.

-Sizce o bir düşman mı?

Düşman gibi demeyelim. Ama derler ya kiminle arkadaşsan onun gibisindir. Bana dostunu söyle sana kim olduğunu söyleyeyim. Leonardo bize düşmanlık etmez. Biz onun yakınlarıyız. Ama inancımıza edebilir. Müslümanlara edebilir. Ben kesin konuşmayayım gerçi. Dedim ya artık ondan her şeyi bekliyorum. Bana bile düşman olabilir. Çünkü din konuları açılınca o düşmanlığı hissediyorum. O yüzden konuşmuyoruz. [...] Ne deyim ki. Ne kadar zaman geçse de eski halini unutmam. Benim için Leonardo odur. Zaten şimdi onun hatırına arkadaşız hala. Şimdiki haliyle karşılaşsaydım zamanında asla arkadaş olmazdık. Tersiz bir kere. O artık başka biri olsa da geçmişin hatırı bazı şeylerin kopmasına izin vermiyor [Mustafa, Leonardo'nun arkadaşı].

Yukarıdaki tanıklıların özü, Schütz'ün 'ev'den ayrılan yabancı metaforunu karşılamakta ve gitmeye yönelik hareketlilikler hem giden, hem de kalan için bir yabancılığa dönüşmektedir. Özellikle din değiştirenlerin 'ev' halkı tarafından 'yok' sayılması, onun varlığının esas olarak bir yoklukla ölçülebileceğini ortaya koymaktadır. Nitekim yok sayılmak çoğu zaman 'bir düşman' olarak var sayılmaktan daha olanaklı bir tercih gibi görünmektedir. Nihayetinde, bir düşman, bir ölüden ya da yok sayılandan daha fazla tehdit içeren bir unsur olarak ev halkının normal şartlardaki kucaklayıcı gücünü 'yok' edici bir takım reflekslere yönlendirmektedir.

Evin yapısı, kültürel mimarisi ve kurulma biçimleri, kimi zaman gitmeyi gerektirmemekte, aksine din değiştireni kalma hususunda motive etmektedir. Din değiştirenlerin deneyim stokları büyük oranda gitme ve gelme arasında sabitlense de özellikle seküler bir temele oturan ve seküler düşüncelerin bir harç görevi üstlendiği evlerde, din değiştirenlerin ev haklından 'biri' olma vasıflarını sürdürdükleri gözlenmektedir. Bu durum, seküler düşüncenin hoşgörü yapısı ya da tolerans eşiği ile bir noktaya kadar ilintili olsa da temel itki, analojik yaklaşımla birlikte ortaya çıkmaktadır. Çünkü din ya da dinler sınıflandırması, seküler bakış açısı içerisinde mukayese edildiğinde, dinler arasında belirgin farklılıklara rastlamak pek de mümkün değildir. Seküler bakış dinleri, özel bir inanç örnekleminde değil, genel bir kavram ya da dogma şeklinde tanımlamaktadır. Bu yönüyle, din değiştirmenin seküler yaklaşımlarda, belirli güçlü mekanizmaları olumlu ya da olumsuz manada tetikleyebilecek etkilerinin bulunmadığını ifade etmek mümkündür. Tanıklıklara göre, dinler arası bir geçiş, seküler insanları çok fazla ilgilendirmemektedir. Seküler bir ev ortamındaki din değiştiren, kimlik paydaşlarından görece daha şanslı sayılmakta, en azından direnme azmini ve enerjisini başka noktalara yoğunlaştırabilmektedir.

[A]ilem laik ve demokratiktir. Ne annem ne de babam için benim inancımın pek bir önemi yoktur. Ben bir Yahudi ya da Budist olsaydım, o da problem olmayacaktı. Yakın çevremdeki arkadaşlarım, akrabalarım, hocalarım beni hiçbir zaman yadırgamadı. Zaten ben de öyle çok imanlı bir Hıristiyan olmadığımı daha önce belirttim.

-Peki, çok yakın olmadığınız insanlarla problem yaşamıyor musunuz? Örneğin, sınıf arkadaşları, mahalleden insanlar gibi.

Ben açıkçası çok fazla insanları önemseyen biri değilim. Zaten çevrem çok geniş değildir. Ben görüşleri bana uymayan insanlarla arkadaşlık etmem, yakın ilişkiler kurmam. O yüzden benim yakın olduğum insanlar beni olduğum gibi kabul eder. Mesela ben bir dindar ile anlaşamam. O yüzden çok dindar bir yakınım hiç olmadı. [Markos, Din Değiştiren]

[O]ğlum hayatı boyunca özgürdür. Ben onun tüm kararlarında arkasında oldum. Dinden dolayı ona tavır almam mümkün değil. Çünkü ben onun hiçbir kararından dolayı ona tavır almam. Benim asli görevim oğluma hayat boyu destek olmak ve daha iyi bir birey olması için çalışmak.[...] Biz Cumhuriyetçi değerleri sahiplenen bir aileden geliyoruz. Ben ve ailem Müslümanız. Ancak dini hayatımızın merkezinde konumlandırmıyoruz. Din bizim için soydan gelen bir gelenek. Bayramı birlikte kutlarız ama bunun ötesine gitmez. Ben kendimi daha çok seküler biri olarak tanımlarım. Hayat arkadaşım da öyledir. Oğlum da öyle. Biz insanlığa faydalı her şeyin doğru ve güzel olduğunu düşünüyoruz. Benim oğlum kendi hayatına yön veren bir karar aldı. Gözümde hiç değişmedi. Bilakis değeri arttı. Gururlandım. Çünkü o küçücük, bebek sandığımız oğlumuz kendi kararlarını alabilecek kadar büyüdü. Benim amacım buydu. Ben sorgulamayan, önüne konulanı yiyen bir birey olmasından ise böyle bir radikal kararı alacak kadar özgüvenli olmasını tercih ederim [Osman, Markos'un Babası].

[M]arkos benim kuzenim. Dünyalar tatlısı bir insan. Ben de onun gibi bir deneyime sahibim. Müslüman bir ortamda doğdum. Ben sorgulama eylemlerim sonucunda Agnostik yorumların doğruluğuna inanıyorum. Markos ise böyle bir tercihte bulundu. Bizim ailemizin geninde özgürlük vardır. Tam anlamda olmasa da seküler bir aile sayılabiliriz. Ben Markos ile sürekli sohbet ediyorum. O bana kendi tecrübesini ve inancını anlatıyor. Ben ise kendi düşüncemi ve din fikrimi. Bu karşı tarafı yargılamak için değil. Tamamen anlamak ve öğrenmek için. O din değiştirerek benim gözümde ne yükselir ne de alçalır. Çünkü benim gözümde bu bir kıstas değil [Neşe, Markos'un Kuzeni, Agnostik].

Din değiştirenlerin ev'den ayrılma nedenleri, onları bir başka yere kavuşma arzusuyla motive eden güçlü bir hedefe işaret etmektedir. Çünkü yeni inanca uygun bir kimliği kurmak için varılması gereken yer, o kimliğin organik kodları üreten ve paylaşan insanların bulunduğu alanlardır. Ancak kimlik düzeyindeki bu göçmenlerin ayrıldıkları yer kadar varmak istedikleri yerde de güçlü bir yabancı olarak algılanması kaçınılmaz bir gerçekliktir. Nitekim din değiştiren birini herhangi bir turistten, gezginden ya da transit geçiş yapan birinden ayıran en temel özelliği, toplumsal yapıya eklemlenme isteği ve sonunda kalıcı olmasıdır. Bu sebeple, din değiştirenler her şeyden önce içeride olmak isteyen bir yabancıdır ve sosyal ilişkileri de bu yabancılık tecrübesine bağlı olarak şekillenmektedir (Göker, 2015: 68). Gitme hedefinde oldukları topluluğun ötekisi olarak tanımlanan ve bu tanımlanmış ötekiliğin karakteristiğini benimsediği ölçüde yaşam alanı edinebilen yabancılar, özgün kimliklerinin yabancılık kıskacında soğurulmasına karşı koyamamaktadır. Topluluğu oluşturan yerliler, yabancılarla kurdukları ilişkilerde, karşıdaki kişinin bir yabancı olduğu fikrini sürekli hatırlamakta ve hatırlatmaktadır.

> [K]iliseye gelen cemaatin yaklaşık %90'ı birbiriyle ya akrabadır ya da uzun zamandır tanışıyordur. Yabancı biri geldiğinde herkes anlar. İlk gelişinde ziyaretçi olduğu için kimsenin dikkatini çekmez. Ama sürekli gelmeye başlarsa dikkat çekmeye başlar. Birileri geliyor. Sonra bir bakıyoruz ki Hıristiyan olmuş. Tanımıyoruz bile. Bir kere bile sohbet etmemişiz. Ama aynı cemaatteyiz. Ben bu kadar açık olmamıza karşıyım. Çünkü elli bin türlü insan var. Din değiştirenlerin de nasıl birileri olduklarını bilemiyoruz. Çünkü anlamıyoruz sürecin nasıl geliştiğini. Çoğuyla fazla muhabbetim olmamıştır. Çoğunu tanımam. İsimlerini bilmem. Aslında benim de eksikliğim var bunda ama sonradan gelen birinin kendini tanıtması lazım. Daha önce hiç görmediğim biri karşıma çıkıp Hıristiyan oluyor. Yani sokakta görsem tanıyamam. Herhangi birinden farkı yok. Normalde aile ortamı vardır bizde ama yabancılar olunca biz de çok rahat davranamıyoruz. [Joseph, Ortodoks].

Terk edilen ev halkı için 'içerideki yabancıya/düşmana' dönüşen din değiştiren, göçme halinde olduğu yerdeki diğer ev halkları için 'kapıdaki düşmandır'. Bauman'ın (2001: 82) yabancıyı ifade ederken kullandığı, *"Yabancı daima 'ante portas'tır (Kapıdadır)"* sözü, toplumsal güvenlik ve kabullenme reflekslerini de açıklar niteliktedir. Kapı aslında somut bir varlık değil, aksine soyutlanan ve görünmez toplumsal faaliyet alanının sınırlarıdır. Kapıyı somutlaştıran şey ise; yabancının, yani sınır ihlali ve işgal için fırsat bekleyen bir yabancının gün ışığına çıkan varlığıdır (Göker, 2015: 69). Yabancının varlığının gün ışığına çıkması, bir karşılaşma/temas ya da sınır ihlali hallerinde mümkün olmaktadır. Anonim bir genelleme olan yabancı, karşılaşma ile birlikte bir şahsiyete, görüş alanı içindeki antagonistik bir kimliğe kavuşmaktadır. Çünkü her yabancı göçmen, onu bu adla adlandıran toplum nazarında, ülke topraklarına girdiği andan itibaren var olmakta ve onu bu biçimde tanımlayan topluma o gün doğmaktadır (Fırat, 2003: 75). Günümüz ağ toplumları toplumsal alanın dışında neler olup bittiği hakkında gerekli güncel enformasyonu sağlasa da toplumsal sınırın ötesi her zaman bilinmezlik içermektedir. 'Güneş', yerlilerin üzerine doğmaktadır. Sınırın ötesi karanlıktır. Bu nedenle sınırın öte tarafındaki karanlıktan çıkıp gelen yabancı tehdittir. Çünkü yanında ne getireceği ve toplum üzerindeki etkilerinin ne olacağı kestirilememektedir.

Yabancı, bir bakıma toplumsal surların kapısına bırakılan 'Truva Atı'dır. Kapıyı açıp onu içeri almanın doğuracağı yıkıcı sonuçlardan kaynaklanan korku, onu her zaman kapı dışında tutma refleksine dönüşmektedir. Bir yabancı ancak kendisine biçilen ve lütfedilen yaşam alanına riayet ettiği sürece kabul edilmektedir. Yerliler, yabancılar için toplumsal alanın içinde yer alan ayrı bir kapı inşa etmektedir. Çünkü içeriye girmiş olan yabancı, dışarıdaki yabancıdan daha büyük bir tehdittir. Özellikle son yıllarda etnik, dini ve siyasi çatışmalara bağlı olarak artan küresel güvensizlik ve tehdit ortamı, sorunlu bölgelerden gelen yabancılara karşı güvensizliğin de ileri boyutlarda yaşanmasına neden olmaktadır. Çünkü küresel bağlamda yayılan korku, yabancının bilinmezliğini, bilinen bir tehdit yönünde dönüştürmektedir. Bu korku aynı zamanda din değiştirenlerin de dahil edilebileceği; göçmenler, mülteciler ve sığınmacılar gibi kategorilere karşı geliştirilen güvensiz tutumun da kaynağını oluşturmaktadır (Yılmaz, 2008: 41). Kendini belirli sınırlar içerisinde dışarıya karşı izole eden ve dışarıyı güçlü bir tehdit olarak algılayan azınlık grupları açısından dışarıdan gelen her yabancı belirli bir sorunu tetiklemekte ve beraberinde sorunlar getirmektedir. Dolayısıyla yabancı içeriden biri olduğunda bile, önyargılar ve karşı tutum şeklinde yükselen görünmez kapıların ardında kalmaktadır.

[İ]steyen din değiştiriyor. Ben din değiştirenlerin çoğunu tanımıyorum. Bir sohbetimiz bile olmadı. İçlerinde ne var, hangi amaçlarla geliyorlar bilmiyorum. Geçmişte onların da içinde sorunlu tipler çıkmış. Bunu dile getirdik. Rahatsızlık var ama yapacak bir şey yok. Din değiştirdi diye hemen iyi biri olmuyor insan. Tanımak lazım. Önceki hayatında bu adam hırlı mı, hırsız mı bilen yok. Belki de bu adam psikopat. Belki de gizliyor. İleride birine zarar vermeyeceğini kim garanti edebilir. Bir de ortam şimdi iyice gergin. Dünyanın başında IŞİD diye bir bela var. O yüzden ben nereden bileceğim dışarıdan her gelenin bu örgütten olmadığını. Ben kendimi güvende hissetmiyorum. Bence herkes alınmamalı içeriye.

-İçlerinde gerçekten iyi niyetli olanlar varsa?

Kumar mı oynayalım yani. İyi niyeti olan iyi kalsın. Ben kimsenin özel alanına gidip dalmıyorum. O da benim özel alanıma gelmesin. Zaten bin bir türlü problem var dışarıda başımıza gelen. Ben ibadetimi bile rahat yapamayacaksam inancımı nasıl yaşayacağım. [David, Katolik].

Din değiştirenlerin varlıklarına ilişkin güvenlik endişeleri, Taylor'un kimlik yaklaşımında tecessüm etmektedir. Çünkü Taylor'a göre (2011: 35) kimlik, kişinin 'kim' olduğu kadar 'nereden geldiği'dir. Din değiştirenlerin geldikleri yer, dışarısıdır. Üstelik dışarısı, göçmek istenen topluluk için çekinilen, korkulan ve sorunların yaşandığı bölgedir. Bu nedenle din değiştirenin bu topluluk içinde kimlik kazanmak adına öncelikle bir yabancılık süzgecinden geçmesi ve kimliği somut biçimde kazandıktan sonra bile bir yabancı olmadığını sürekli kanıtlaması gerekmektedir. Üstelik bu tarz topluluklar için dışarıdan gelen yabancının kimliğinin kendilerininki ile özdeş olması bile önemli değildir. Çünkü dışarıdan gelen herkes bir yabancıdır. Yabancılık yalnızca Müslüman olanlara özgü bir tasavvur ya da yakıştırma değildir.

> [D]üşün bir. Ben normalde kökten gelme bir Hıristiyanım. Babam çoğunun akrabası. Adım sanım belli. Doğal olarak çoğu kuzenim sayılır. Normalde babamı hepsi tanıyor. Ama ben Hıristiyan olduğum halde sonradan geldiğim için din değiştirenlerle aynı muameleyi gördüm, görüyorum. [Ricardo, Din Değiştiren].

> [B]en ilk olarak Protestan kilisesinde vaftiz oldum. Bizim inancımızda bir Hıristiyan diğerini vaftiz edebilir. Bir Papaza ihtiyaç yoktur. Sonra orada sorunlar olduğunu görünce buraya geldim. Ancak vaftizli olmama rağmen tekrar güven ve eğitim sürecinden geçtim. Tekrar vaftiz edildim. Çünkü Protestan vaftizi burada tanınmıyor. Anlayacağın iki defa Hıristiyan oldum [Roberto, Din Değiştiren].

Araştırma kapsamında, din değiştirenlerin Hıristiyan sosyal çevresini oluşturan grubun bağlı olduğu cemaatlere katılım süreci, Türkiye'de yaygın bir biçimde kabul gören misyonerlik fikrinin tam aksini ortaya koymaktadır. Nitekim söz konusu taleplerle başvurup din değiştirmek isteyen bir kişi, asgari üç yıl süren bir sınama, eğitim ve devamlılık testinden geçmektedir. Örneklem biriminde yer alan bazı din değiştirenlerin vaftiz edilme süreçleri on yılın üzerine çıkmıştır. Bu süreç, yabancı ile kurulan ilişkilerde, güveni tesis etme zorunluluğunu göstermesi bakımından önemlidir.

[B]ana kalsa hemen vaftiz olmak istiyorum. Çünkü Hıristiyan gibi hissediyorum. Bana acele etmemem ve doğru karar vermem gerektiğini söylüyorlar. Bu sabır işi. Gerçekten de tam emin olmamı bekliyorlar. Onlar da emin olmak istiyorlar. Çünkü duyduğum kadarı ile geçmişte iyi niyeti suiistimal edenler olmuş [Kevin, Din Değiştiren].

[N]eredeyse 10 yıl oldu. Okul, iş falan derken arada derslere devam edemedim ya da bir süre gidemedim. Vaftiz olmayı çok istedim. Israr da ettim. Bana sürekli dersleri doğru ve tam bir biçimde bitirmemi söylediler. Her seferinde yeniden başladım. Baktım olacak gibi değil, yurt dışında okurken orada devam edip, orada vaftiz oldum. Yine de geldiğimde vaftiz belgem istendi. Güven süreci çok önemseniyor [Yuhanna, Din Değiştiren].

Din değiştirenlerin katılma isteğiyle hareket ettikleri grup tarafından bir yabancı olarak algılanmaları ve güven endişesini çağrıştırmaları, grubun karakteristiği ile ilintili bir durumdur. Bahsi geçen grup, özellikleri ve kurulma biçimleri itibariyle bir azınlık grubu statüsündedir. Giddens'e göre (2000: 225-226) azınlık grupları nüfusun geneline oranla dezavantajlıdır ve bir grup dayanışması ile mensubiyet odaklı bir aidiyet tabanında bir araya gelmektedirler. Bu gruplar genel olarak kendilerini toplumun genelinden yalıtma eğilimindedir ya da dışarıdan bir etkiyle yalıtılmaktadır. Toplumun genelinden hem etnik hem de fiziksel olarak ayrılan bu gruplar, etnisite, ırk ve kültür bileşenleri bağlamında kurulmaktadır. Giddens'in tanımları, araştırma kapsamındaki kilise cemaatini özetler niteliktedir. Bu özetleme pratiği içinde yer alan 'yalıtılma' vurgusu, azınlık grup ile toplum arasındaki gerilimli ilişkiden kaynaklanmaktadır. Marshall'ın ifadesiyle (1999: 53), yalıtılmanın özünde, azınlık grupların fiziksel ya da kültürel farklılıklarından dolayı, farklı ve eşitsizlik içeren bir muameleye maruz kaldıkları toplumsal formasyon içinde diğerlerinden ayrılmaları ve kendilerini kolektif ayrıştırmanın objeleri olarak görmeleri yaklaşımı bulunmaktadır.

Hıristiyanlar Türkiye'de bir azınlık statüsünde olduklarından dolayı, kendilerine doğrudan bir eşitsizlik içeren müeyyide somut şekilde var olmasa da en azından Marshall'ın da ifade ettiği kendilerini ayrıştırılmış bir obje olarak algılamakta ve çoğunlukla kurdukları ilişkide karşı tarafı 'zararlı' bir 'yabancı' biçiminde tasavvur etmektedir. Bu gerilimli ilişkiden korunma mekanizması olarak çoğu Hıristiyan grubun dışarıdan kendini dışarıdan yalıtma eğiliminde olduğu açıkça görülmektedir. Nitekim Türkiye'deki kiliselerin önemli çoğunluğu, içeriyi görmeyi engelleyecek ölçüde büyük duvarlarla çevrilmiştir. Bunun yanı sıra, grubun dışarıdan olanlara karşı somut olmayan duvarlar inşa ettiği de gözlem pratikleri ile saptanmıştır. Çünkü cemaatle doğrudan bir fiziksel temas haline geçmek, ancak onların tutumları ve istekleri çerçevesinde gerçekleşmektedir. Dışarıdan olan bir yabancı, grup içinde bulunduğu süre zarfında bir yabancı olduğunu kati surette hissetmekte ve çok büyük oranda 'yok' sayılmaktadır.

Din değiştirenin yukarıda tarif edilen türden bir azınlık grubuna 'sonradan' katılma yoluyla eklemlenme çabası, ilk ve son aşamada onun bir yabancı olarak algılanmasına yol açmaktadır. Toplumsal bilinç sistemindeki kolektifleştirme temayülü gereği, yabancının dışarıdan olan herkesi kapsayacak şekilde genişletilmesi, din değiştirene özel bir ayrıcalığın sağlanmasının önüne geçmektedir. Schütz bu durumun altında yatan gerçekliğin yabancının katılma yolunda olduğu grubun tarihsel ve kültürel mirasının organik bir parçası olmamasından kaynaklandığını belirtmektedir. Schütz'ün bu husustaki durum tespiti konuya ve kişilerin tanıklıklarına ışık tutmaktadır (2016: 41-42);

Heretik

"Şüphesiz, yaklaşılan grubun kültürünün, yabancının bakış açısından da kendine has bir tarihi vardır ve bu tarih yabancı için de erişilebilir durumdadır. Ancak bu tarih, kendi hane grubunun tarihinde olduğu gibi, onun hayat hikayesinin ayrılmaz bir parçası haline hiçbir zaman gelmemiştir. Yabancı için, yalnızca babasının ve büyükbabalarının yaşam tarzı, herkes için olduğu gibi onun yaşam tarzının da temel unsurlarıdır. Mezarlıklar ne devredilebilir ne de sahiplenilebilir. Bu nedenle yabancı, diğer gruba kelimenin tam anlamıyla bir yeni gelen olarak yaklaşır. Yaklaştığı grupla, [...] şimdiyi ve geleceği paylaşma konusunda istekli ve yetkin olabilir fakat her halükarda geçmişin bu tarz deneyimlerinden dışlanmış olarak kalır. Yaklaştığı grubun bakış açısına göre yabancı, tarihi olmayan birisidir".

[İ]lk geldiğim zamanlar bir şok yaşıyor gibiydim. Çünkü çevremdekilerin gelenekleri, yaşamları, ibadetler falan bana çok uzaktı. Bayram kutlamalarında yabancılık çekiyordum. Ayinde herkes duaları, ilahileri ezbere okuyordu. Ben ise öylece çevremi seyrediyor ve taklit etmeye çalışıyordum. Herkes, annesi, babası, dedesi, eşi, dostu ile geliyordu. Ben kimsesiz biri gibi yalnızdım. [...] Bazen mezarlıklarda dua olur ve oraya katılmaya gideriz. Bakıyorum şöyle, herkes babasının, dedesinin, anneannesinin, babaannesinin mezarına gidip dua okuyor. Hepsinin üstünde haç var. Bizimkilerde ise 'Ruhuna Fatiha' yazıyor. İnsan utandığı için gidip dua edemiyor. [...] Çoğunun isim bayramları var. Her biri, bir Aziz'in isim bayramını kutlar. Ben hiçbirini bilmezdim. Hala tam bilmem. [...] Yani Ayin sonrasında herkes birbirinin ailesini, akrabalarını sorup sohbet ediyordu. Ben ise onların bahsettiği gibi kimsem olmadığı için uzak kalıyordum. Mesela hala yaşlılar bana 'kimlerdensin' diye sorar. Utancımdan 'buralı değilim' diyorum artık. Diyemiyorum onlara 'kimsem yok burada' diye [Peter, Din Değiştiren].

[D]in değiştirenlerle sohbet ederim, halini hatrını sorarım. Bazen öyle bir konuşuyorlar ki, gören onların yıllardır, asırlardır burada olduklarını bizim sonradan geleceğimizi sanır. Bizim geleneklerimiz, örfümüz, ananelerimiz var. Benim Dedelerim burada Hıristiyandı. Belki ayak bastığım taşlarda onların ayak izleri var. Çünkü burası bizim. Ama onlar sonradan geldi, kalacağı da meçhul. Tamam, gerçekten iman edenlere, kalbinde başka bir niyet olmayanlara kapımız açık. Gelsinler. Tanıyalım bir önce. [Thomas, Katolik].

Yaklaşılmakta olan yerdeki ev sahiplerinin din değiştirenlere bakış açısı, günümüz toplumlarının mülteci ya da göçmenlere karşı bakış açısıyla aynıdır. Belirli bir kabullenme toleransı olmakla birlikte, 'yabancı' hiçbir zaman gerçek anlamda ev sahibi olamayacaktır. Çünkü yabancı, doğası gereği toprak sahibi değildir. Burada topraktan kasıt, yalnızca uzamsal bir varlığa değil, aynı zamanda sosyal çevre içinde ideal bir konumda sabitlenmiş yaşamsal varlığa işaret eden metaforik bir anlamdır (Simmel, 2016: 29). Din değiştirenlerin toprak sahibi olmama durumlarını daha iyi anlamak için Türkiye'de zoraki nedenlerden dolayı bulunan Suriye kökenli mültecilerin algılanma biçimleriyle eş düzeyde bir karşılaştırma yapmak faydalı olacaktır. Çünkü onlar da tıpkı din değiştirenler gibi belirli bir tanınma dahilinde kabul görmekle birlikte asla tam bir 'toprak' sahibi olma vasfını elde edememektedir. Yabancının sahip olmaya yönelik teşebbüsü, ev sahibi ile misafir arasındaki konum farkını kendiliğinden gündeme getirmektedir. Derrida'nın bu konudaki 'ev sahibi' metaforu oldukça önemlidir. Çünkü Derrida'ya göre ev sahibinin kimi eve alıp, kimi dışarıda bırakacağına dair bir seçme hakkı bulunmaktadır. Bunun için her yabancının öncelikle kendini tanıtması gereklidir. Ev sahibi böylece istilacı yabancı ile hoş gelen bir öteki olan yabancı arasında seçim yapabilmektedir (Kearney, 2012: 91). Yukarıdaki tanıklıkların da parmak bastığı bu durum, din değiştirenlerin bir konum elde etmek için ev sahibinin merhametine ve inisiyatiflerine ihtiyaç duyduklarını göstermektedir. Bu sebeple, din değiştiren mütemadiyen yabancı bir misafir olarak ev sahibinin gözünde, ev sahibi ile hiçbir anlamda denkliğe ulaşamayacaktır.

Din değiştirenlerin hem terk ettikleri 'ev' kadar ulaşma hedefinde oldukları 'ev' halkı tarafından da 'yabancı' olarak algılanmaları, onları bir yabancı ya da bir ötekinin maruz kaldığı ayrımcılık ve dışlanma reflekslerine muhatap kılmaktadır. Üstelik bir algının ötesinde artık toplumu ve kimliği kuran bir ilişki boyutuna taşınan 'yabancılık' deneyimi, güçlü bir dışlanmanın etkileriyle sürekli ya içe kıvrılmaya ya da onarılması güç hasarlara yol açmaktadır. Etnisite kökenli bir ırkçılıkla bağdaştırılabilecek kadar ileri giden dışlanma pratikleri, öteki olarak konumlandırılan din değiştirenlerin 'doğal olarak' hak ettikleri bir durum çerçevesinde kabul gördüğü için, şiddetin ve tahakkümün boyutları çoğu zaman hesaba katılmamaktadır. Ötekine karşı yöneltilen farklılaştırıcı tutumlar, saldırgan bir şekilde onun reddini öneren özgün bir biçimde ortaya çıkmıştır. 'Ben' ile 'öteki' arasındaki fark, farklı olanın atılması, dışlanması ya da en uç durumda yok edilmesi/sayılması ile kurulmaktadır. Irkçılığın temel mantığı buradan gelmektedir. (Schnapper, 2005: 26). Bu bakımdan din değiştirenler, kimliklerine karşı sürekli hale gelen ırkçı tutumların gölgesinde ya direnme taktikleri geliştirmekte ya da kendilerini dışarıdan gelen ölümcül müdahalelerin insafına bırakmaktadır.

Yabancının koşulsuz bir biçimde dışlanması ile toplulukların ideal meşruluğa erişmesi arasında güçlü bir bağ bulunmaktadır. Çünkü mutlu bir toplumu tesis edebilmek için ödenmesi gereken bedel, çoğunlukla bir yabancının dışlanması ya da 'öteki'nin yabancı için hazırlanan sunakta kurban edilmesidir (Kearney, 2012: 41). Din değiştirenler için dışlanma, kaçış alanları oldukça dar olduğu için mutlak suretle muhatap olunması gereken bir süreçtir. Çünkü hayatları iki 'ev' arasında kurulan din değiştirenlerin, iki taraflı dışlanmadan kaçabilecekleri bir yer bulmak pek de ihtimal dahilinde değildir.

> [E]ve gidiyorum, evdekiler kabul etmiyor. Dışarı çıkıyorum, dışarıdakiler kabul etmiyor. Arkadaş kabul etmiyor, dost kabul etmiyor, patron kabul etmiyor, sevgili kabul etmiyor, akraba kabul etmiyor, kardeş kabul etmiyor. Etmiyor da etmiyor. Bir insan muamelesi görmüyorum. Kaçacak, gidecek bir yer yok. Peşimi bırakmıyor. O

yüzden mecburen katlanıyorum. Yapacak bir şey yok. Rab İsa Mesih en doğrusunu biliyor ve görüyor [Tom, Din Değiştiren].

Dışlama pratiği yabancılara/ötekilere karşı bir savunma biçimi olmaktan öte, onlarla kurulan ilişkinin temel dinamiklerini tesis eden ve güçlü kodlarla desteklenen doğal bir tutumdur. Çünkü kişilerin taşıdıkları sosyal nitelikli kimlikler, onları bir grupla ve o grubum değerleri ile örüntülenen temel dinamiklerle özdeşlik bağı kurmaya zorlamakta ve özdeşleşme algısı grup içindeki performanslarla kendiliğinden üretilmektedir. Michener v.d. (1990'dan akt. Demirtaş-Madran, 2011: 9), bireyde bir iç ve dış grup algısı yaratan sosyal kimliklerin gerekliliği olarak, bireylerin kendilerini güçlü görmek, kendi değerlerini tümüyle doğru ve evrensel bulmak, kendilerini uzman ve kusursuz görmek gibi doğal yaklaşımlar geliştirdiklerini ifade etmektedir. Bu tür yaklaşımları destekleyen güçlü bir grup aidiyeti, üstelik grup, çoğunluğu içine alacak kadar başat bir konumdaysa, tazyikli dışlama faaliyetlerine katılmayı ve bizatihi bu faaliyetleri sürekli yeniden üreten bir fail olmayı beraberinde getirmektedir.

Din değiştirenlerin tanıklıkları ve süreç içindeki gözlemlerin bir sonucu olarak, Müslüman sosyal çevreyle kurulan yabancılık ilişkisinin çoğu için yoğun bir dışlanma deneyimi ekseninde gerçekleştiğini ortaya koymaktadır. Din değiştirenin ve yakın sosyal çevresinin dini konumlandırma biçimlerine göre dışlanmanın ekseni daralsa da genel toplumsal çevre için dışlamanın kaçınılmaz bir sonuç olduğunu ifade etmek mümkündür. Bu anlamda, din değiştirenin toplumsal varlığı özellikle Müslüman sosyal çevre içinde dışarıda tutulmakta ya da bir yoklukla eşdeğer hale gelmektedir.

> [A]ilemden neredeyse hiç kimse ile görüşmüyorum artık. Ben istiyorum görüşmeyi ama onlar istemiyorlar. Annemi, kardeşlerimi, eşimi, çocuklarımı kaybettim. Gördüğün gibi yalnızım işte. Her karşıma çıkan insan bana mikrop gibi baktı. Ben Müslümanlar tara-

fından kabul görmüyorum. Kardeşim bana bıçak çekti. Öldürmekle tehdit etti. Daha ne söylenebilir ki [Luigi, Din Değiştiren].

[B]enim çok sevdiğim bir arkadaşım vardı. Ailesi beni çok severdi. Benim örnek biri olduğumu ve çocuklarının her zaman arkasında durmam gerektiğini söylüyorlardı. Ağızlarını her açtıklarında, kişiliğimi, dürüstlüğümü, duruşumu ve insanlığımı takdir ettiklerini söylüyorlardı. İlk zamanlar arkadaşımla gizledik durumu. Her şey güzeldi. Sonra bir gün duymuşlar. Sonuç ne mi? Çocuğa 'bir daha onunla görüşme' demişler. Bir daha görüşmedik. Din değiştirmek bu kadar kötü bir şey yani. İnsanı bir anda değiştiriyor onların gözünde [Leonardo, Din Değiştiren].

[Ç]ok sevmiştim diyebileceğim bir kız arkadaşım vardı. Gelecek planları kuruyorduk. Din değiştirme kararı aldığımda sağ olsun benimle birlikte istemese de mücadele etti. Arkamda durmaya çalıştı. Ama sonunda karşıma çıkıp, sonumuzun olmadığını ve ayrılmak istediğini söyledi. Bu benim için en ağır şeylerden biriydi [Yuhanna, Din Değiştiren].

[O]turduğum sokakta benim din değiştirdiğim duyulmuş. Önümü kesip sorular soruyorlardı. Beni tehdit ediyorlardı. Evim taşlandı. En sonunda dayak da yedim. Misyonere çıktı adım. Sonunda taşınıp kaçmakta buldum çareyi [Michael, Din Değiştiren].

[B]en akrabalardan falan çok dışlanma gördüm. Benimki çok bir şey değil gerçi. Şimdilerde göremediğim bir ağabey var. Adını bile unuttum. İşte bu ağabeyi fotoğraflamışlar, gazeteye basılmış. Bir okulda hizmetliymiş. Okul müdürü gazetede görünce resmi, adamı işten kovmuş verdikleri lojmandan çıkarmış. Adam ailesi ile sokakta ve işsiz güçsüz kalmıştı. Hala aklıma geldikçe, ben ne yaşadım ki diyorum. [Ricardo, Din Değiştiren]

[B]abam Sofuydu. Beni reddetti. Kardeşlerimin benimle görüşmesini yasakladı. Çok bedduasını aldım. Doğduğum şehre gidemedim o günden sonra. Anamı göremedim. Kahroldu kadın. Bizim hepimiz için durum bu. [...]Arzu[7] vardı bir gencecik kız. Yanımıza gide gele Hıristiyan oldu. Ailesinden gizli. Babası öğrenince kafasında sopalar kırmış. Kızın hareketleri garipleşmişti. Yediği dayak-

---

[7] Arzu ismi, mahlas olarak kullanılmıştır.

tan akli melekeleri zayıflamıştı. Ona sonradan ne oldu bilmiyorum. Gencecik kızdı. Görmedim bir daha. [Luka, Din Değiştiren].

Din değiştirenlerin sosyal hayatlarını çevreleyen farklı dışlanma pratiklerine ilişkin tanıklıkların bazıları kişilerin kendi tecrübelerini, bazıları ise şahit oldukları tecrübeleri içermektedir. Görüldüğü üzere din değiştirenler açısından dışlanma, yeniden kurma çabasında oldukları hayatın ayrılmaz parçalarından biridir. Ancak bu noktada, dışlayan tarafın da gerekçelerini değerlendirmek önem arz etmektedir. Çünkü Müslüman sosyal çevre için din değiştirenleri dışlamak, yalnızca yok etme mücadelesi değil, kimi zaman geri kazanmaya yönelik bir taktiktir. Sonuçta İslam dininde, diğer İbrahimi dinlere benzer şekilde, din değiştirmeye karşı kesin kurallar bulunmakta ve din değiştirenlerin, 'öteki dünya' inancı kapsamında 'cehennem' ile cezalandırılacakları düşünülmektedir. Bu bakımdan, din değiştirenler ile yakın ilişki kurmayanlar açısından dışlama pratikleri yabancıya karşı gelişen doğal bir kod iken, yakın çevre için din değiştiren 'yoldan çıkan' ve 'geri döndürülmesi' gereken kişiyi kazanmanın yollarından biridir.

Araştırma kapsamındaki tanıklıklar incelendiğinde, Müslüman sosyal çevrede ortaya çıkan dışlama pratiklerinin iki kısma ayrıldığı göze çarpmaktadır. İlk kısımda, bu pratiklerin yakın sosyal çevre nazarında genelde, din değiştirme karşıtı dini tanımları baz alan tutumlar ve bir terbiye etme mekanizması şeklinde kodlandığını söylemek mümkündür. Bu yaklaşımda, din değiştirenin 'ev'e geri dönme umudu her zaman canlı tutulmakta ve geri döndüğünde tekrar 'biz'den biri olma ihtimali güçlenmektedir. Diğer kısım ise, yakın olmayan genel çevrenin, din değiştirene karşı uzlaşmaz ve tamamen yabancılaştırıcı tutumlarıdır. Din değiştirenin duygusal bir yakınlık ilişkisi içinde olmadığı, 'ev'in dışında kalan kamusal alanı ifade eden sosyal çevre, din değiştiren kimliğini bir 'sapkınlık' ile eşdeğer düzeyde yorumlamaktadır. Bu nedenle din değiştiren kamusal alanda genel dokuyu tehdit eden bir virüs gibi algılanmaktadır. Din değiştiren birine karşı gelişen pejoratif söylemler, çoğu zaman dışlayıcı bir davranıştan daha etkili olabilmektedir.

[A]slen Konyalıyız. Bizim oralarda herkes muhafazakardır. Dine bağlı büyüdük. Ben tesettürlü bir bayanım. Namazımı kaçırmamaya dikkat ederim. Dinimize bağlıyız. [...] Ağabeyimin olayını (din değiştirme] ilk duyduğumda şok olduk. Bizim dinimiz, dinlerin sonuncusu. En güzel, en mantıklı din. Herkes Müslüman olmak için akın akın gelirken, kardeşim mürtet oldu. Mürtetliğin dinimizde cezası sonsuz cehennem. Buna izin verip onaylarsak bizim de sonumuz cehennem. İlk zamanlar hepimiz tepki gösterdik. Ben uzun süre konuşmadım. Eşim, ağabeyimle görüşürsem benden boşanacağını bile açıkça söyledi. Onunla görüşmedik. Baskı yaptık. Eşiyle konuştuk. Eşim gidip kavgalar etti. Yolundan ne yaptıysak döndüremedik. Ben ağabeyimin cehenneme gitmesine göz yumamam. Çok mücadele ettim. Kızdım olmadı. Güzel konuştum, olmadı. Arayı açtım, olmadı. Şimdi eşim o kadar katı değil. Yeğenlerimin, yengemin hatırına ara sıra görüşürüz. Hala ona doğruyu anlatmaya çalışıyorum. Her namazdan önce ağabeyimin doğruyu bulması için dualar ediyorum. Ama o daha fazla uzaklaşıyor. Sözleri çok kırıcı. Böyle giderse, onunla görüşemem. Çünkü ben kabul edemem. İnancımda bu yok. Ben bu durumu normal karşılarsam, tasvip etmiş gibi olurum. Bu çok büyük günah. Ağabeyim hala gerçeği göremedi. Beyni yıkanmış. Hocalara bile gittik. Büyü falan varsa çözsün diye. Üç harflilerden şüphelendik. Bir türlü çare bulamadık. Sonu sonu yollarımız ayrılacak herhalde. Öyle görünüyor [Merve, Michael'in Kız Kardeşi].

[A]ileyle de problem yaşıyoruz dışarısıyla da. İkisinin arasında fark var mı? Var tabi. Ailenin, sadece aile de değil aslında, bunun içinde akraba var, eş, dost var; tavırları seni çok kırsa da anlayabiliyorsun. Gözlerinde merhameti görüyorsun. Kızgınlık var. Şiddet var. Seni kabul etmiyorlar. Ama biliyorsun ki tırnağın taşa değse koşup gelecekler. Dışarıdan olanlarda o yok. Kimsenin umurunda değilsin. Adam sana bir böcek gibi davranıyor. Arkandan konuştuklarını, fısıltıları işitiyorsun. Yahu yolda yürürken, çocuklar bile seni gördüklerinde sapık görmüş gibi uzaklaşıyor, tedirgin oluyor. [...]Her zaman gittiğim berber vardı. Çok samimi değildik ama hep onda kestirirdim saçı, sakalı. Bir gün gittim. Adam, 'buraya gelme bir daha' dedi. Mahallede hep dedikodu yapılıyormuş. Anneme gelip benim hakkımda ileri geri konuşuyorlarmış. Eskiden en az bir selam veren insanlar onu bile esirgiyorlar. Selam veriyorum, almıyorlar. Öyle umurlarında falan olduğum için değil. Aç kalsam, kapılarına gitsem bir lokma ekmek vermezler. Din değiştirdim diye canavar oldum gözlerinde. [...] Yahu çocuğu seviyorum, annesi çağırıyor hemen bir şeyler söylüyor çocuğa. Belli ki 'ondan uzak dur' diyor. Hani anneler yabancılardan, tehlikeli adamlardan kaçırır ya çocuklarını. Artık öyle biriyim [Peter, Din Değiştiren].

Din değiştirenlerin Müslüman sosyal çevreleriyle kurdukları gerilimli ilişkinin sonucu olarak dışlanma refleksleri her ne kadar yoğun biçimde görülse de zaman içerisinde belirli bir toleransın ortaya çıktığı, en azından din değiştirenlerin belirli çevreler nezdinde kabul gördükleri ayrıca belirtilmelidir. Çünkü bir uzay gemisinin şehrin tepesinde gelip durduğu düşünülürse, ilk zamanlar şehir halkında bir korku ve nihayetinde bir saldırganlık oluşacaktır. Ancak o gemi, uzun bir süre boyunca orada durduğunda ve doğrudan bir zararı olmadığı görüldüğünde insanlar yavaşça bu duruma alışacak ve geminin varlığı normalleşecektir. Din değiştirenlerin varlığı da böyle bir normalleşmeye bağlı toleranslar üretmektedir. Yine de bu toleranslar, din değiştirenlerin varlıklarının 'biz' görünümünde değil, 'biz'in altındaki bir konumda algılanmasına engel olamamaktadır. Din değiştirenlerin sosyal varlıkları, toleranslı çevre içinde sabitlenmekte ve bu çevre ile kurulan ilişkiler bir 'ev'i yeniden inşa etme sürecine benzemektedir. Din değiştirenin 'biz'den biri iken çok yakın olmadığı bir kişi ya da grup, kimliğe yönelik toleransla birlikte yakın bağlar kurulan ve aidiyetin temellendirildiği bir habitata dönüşebilmektedir. Bu husus ileriki bölümlerde bir direnme taktiği bağlamında değerlendirileceği için tanıklıklar özelindeki açıklamalar sonraya bırakılmıştır.

Dışlanma, din değiştiren açısından ilk aşamada alışılmadık bir durum olarak bir tepkinin oluşmasına zemin hazırlasa da ilerleyen süreçte kimliğin yüzleşmek zorunda olduğu doğal ve rutin bir süreç gibi algılanmaktadır. Dolayısıyla din değiştirenin Müslüman sosyal çevrenin dışlama pratiklerine karşı yaklaşımı, bir kabullenmişliği ya da alışılmışlığı içermektedir. Bunun da ötesinde, dışlanmanın organik bir ilişki biçimi haline gelmesi, durumu din değiştiren nezdinde meşrulaştırmakta, hatta haklı gerekçelerle bağdaştırma eğilimleri sezilmektedir. Din değiştiren biri, özellikle yakın sosyal çevresinin kendisine karşı tazyikle uyguladığı dışlama reflekslerini kendi deneyimleri ile mukayese etmekte ve belirli bir doğruluk yükleyerek aslında içinde bulunduğu duruma karşı egemen bakış açısını dolaylı olarak içselleştirmektedir.

[...] [O]nlara da hak vermek lazım. Ben yıllar önceki halimi göz önüne alıyorum. Biri din değiştirse belki de şimdi bizimkilerin bana yaptıklarının on katını yapardım. Çünkü onlar gerçeği görmüyorlar. Mesih İsa haç üzerinde ölmek üzereyken, onu çarmıha geren ve eziyet edenlere kötü sözler söylemedi. 'Baba, onları affet çünkü ne yaptıklarını bilmiyorlar' dedi. Gerçekten de öyle. Ne yaptıklarını bilseler, gerçeği görseler böyle yapmazlar. Hem ben de onlar gibiydim bir zamanlar. Ben de aynı şeyleri yapardım. Cahillikten sıyrıldım diye onları hor göremem. Benim amacım onlara gerçeği göstermek olmalı. Mesih'in ışığı bende öyle yanmalı ki onlar bu ışığı görüp aydınlanmalı. [...] Bir de babama bakıyorum şimdi. Adam benimle eskisi gibi değil. Konuşmuyor. Ama ben onu tanırım. Onun en değerli varlığı benim. Onun tek derdi, oğlunun ona göre yanlış olan bir yoldan dönmesi. O benim kötülüğümü ister mi hiç. Bana 'gel dön bu işten ne istersen yapalım' diyor. Onun tüm yaptıkları başımın üstünde. Ona kızamam. Sadece zaman gerekiyor beni anlaması için [Yuhanna, Din Değiştiren].

Yukarıdaki tanıklık, din değiştirenlerin, kimliklerine yöneltilen dışlanmayı belirli normaller düzeyine indirgediklerini ortaya koymakla birlikte, direnmenin referanslarını da görünür kılmaktadır. Çünkü önceki tanıklıklarda da dikkat çeken temel husus, din değiştirenlerin İncil'deki olaylar ve peygamberin yaşamına atıflar yaparak, daha doğrusu bir özdeşleşme kurarak, kimlik üzerinde yıkıcı etkisi bulunan olaylara karşı bir direnç seti oluşturmalarıdır. Eskatolojik düzeydeki bu yaklaşım, öbür dünyayı bu dünyanın bir telafisi olarak görme yönünde bir bilince neden olduğu için, çoğu din değiştiren, mütehakkim kimliklerine yönelik baskı ve şiddeti kabullenmekte, direniş ve mücadele için etkili bir taktik belirleyememektedir. Bu bağlamda, din değiştiren kimliğinin pasif ve dışarıdaki koşulların etkisiyle biçimlenen bir kimlik türüne işaret ettiği söylenebilir.

Din değiştirenlerin dışlanmaya maruz kaldıkları toplumsal alan yalnızca Müslüman sosyal çevre ile sınırlı değildir. Din değiştirenler varma ve organik bir parçası olma hedefinde oldukları Hıristiyan çevre ile temaslarında da kimliklerini dışarı doğru savuran bir dışlama dalgası ile yüz yüze gelmektedir. Birçok din değiştirenden, Hıristiyan sosyal çevre içindeki tecrübelerinin biriktiği kimlik belleklerine yönelik sorular sorulduğunda ve geçmişe iz bırakan olayları anlatmaları istendiğinde, neredeyse tamamının anlattıkları doğrudan ya da dolaylı olarak dışlanmaya işaret etmektedir.

> [Y]ıllar önceydi. Ayinlere gittiğimi görüyorlardı. Ayin sırasındayken her seferinde koluma girip bana 'sen Hıristiyan mısın?' diye soruyorlardı. Biliyordu aslında çoğu. Bence bilerek yapıyorlardı. [Michael, Din Değiştiren].
>
> [E]skiden çok yoğun tartışmalar yaşanırdı. Sesler yükselirdi. Bir grup vardı bizi kesinlikle istemeyen. Kavga edecek seviyeye gelirdik [Luka, Din Değiştiren].
>
> [B]ir etkinlik olur misal olarak. Hep onlar ön plandadır. Bizi çoğu zaman çağırmazlar. Noel bayramında içerideki salonda kutlama

olur. Onlar organize eder. Onların istedikleri müzikler çalar. Biz bir köşede otururuz. İçeceklerin olduğu bölümde onlar vardır. Onlar dağıtır. Biz giremeyiz. Onlar istedikleri masalara oturur. Biz bir köşedeyizdir. Ortaya geçemeyiz. Geçersek biliyorum ki homurtular yükselecek. Herkes gelip sarılır birbirine. Kutlarlar. Bizim yanımıza sadece birkaç tane iyi niyetli olan gelir. Yanımıza gelip kutlamaya tenezzül etmezler [Fransua, Din Değiştiren].

[B]üyük bir şirkette, sahibi Hıristiyanları tanıyormuş herhalde, Hıristiyanlar için birkaç kadro açılacağı geldi kulağıma. Ben de uzun zaman işsizdim. İlk defa Hıristiyan olmam işe yarayacak diye düşündüm. İçimden dedim ki, bizim bir Angelina[8] abla var kökten gelme, sevilen biridir. Onu yanımda götürürsem, bana referans olursa daha iyi olur. Kimliğimde Hıristiyan yazıyor, vaftiz belgem var ama yine de elim güçlü olsun dedim. Angelina ablaya biraz bahsettim ama işin Hıristiyanlara açılacak kadro kısmını söylemedim. 'Tamam' deyip geldi yanımda. İş sahibinin yanına çıktık. Konuşmaya başladık. Adam orada durumu açıkladı. Bizim Angelina ablanın gözleri açıldı. Adam tanıyıp tanımadığını sordu, 'Hıristiyan mı?' dedi. Angelina abla, 'Hayır, Hıristiyan değil, sonradan döndü bu çocuk' dedi. Ben şok oldum. Kaynar sular aktı başımdan. Bana destek olması için götürdüğüm insan orada neler söyledi. İşe alınmadım tabi. Orada, beni Hıristiyan olarak görmediklerini anladım [Peter, Din Değiştiren].

Din değiştirenin Hıristiyan sosyal çevre içindeki varlığı, merkezdeki gücün yörüngesidir ve bu yörünge, merkezin dışa savurucu etkisi ile din değiştirenin savrulamaya karşı direnci arasındaki temel dengedir. Yörüngede kalmak için yeterli direnci gösteremeyenler, geri dönülemez bir biçimde yörüngenin dışına ve bir bilinmezliğe doğru savrulmaktadır. Geçmişten gelen gözlemler ve informel görüşmelerde kayda alınan bilgilere göre, bu dışlayıcı savrulmaya direnç gösteremeyen çok sayıda din değiştiren sonunda pes etmiş ve Hıristiyan sosyal çevre ile olan bağları kesin bir biçimde kopmuştur. Onların şimdi nerede

---

[8] Angelina ismi, mahlas olarak kullanılmıştır.

oldukları ve ne yaptıklarına ilişkin sorulara sunulan yanıtlar ise 'bilmeme/bilememe' merkezinde toplanmakta, gerçekten de varlıkları bir bilinmezliğe doğru kontrolsüzce gömülmektedir. [Y]ıllar önce bizim sayımız çok daha fazlaydı. Şimdi olanın üç belki de dört katıydı. O zamanlar daha güzeldi. Aileler vardı. Çoğu sonradan gelmeyi bıraktı. Kimi istediğini alamadı, kimi dışarıda gördüğü baskıya dayanamadı, kiminin hevesi geçti. Birçok şeyi kaybetmeyi göze alıp geldiler hepsi. Burada da pek kabul görmeyince bırakıp gittiler. İmanları bir yere kadar sabrettirdi.

-Şimdilerde ne yaptıklarını biliyor musunuz? Tekrar Müslüman mı oldular?

Bilmiyorum. Haber almıyorum çoğundan. Kimse de bilmez. Bir gittiler, pir gittiler. Öyle sokakta bile karşılaşmıyorum. Bana sorarsan ya başka şehre taşınmışlardır ya da dönmüşlerdir tekrar eski inançlarına. İnandıkları için değil, kabul görmek için. Çoğu hala Hıristiyandır içlerinde bana göre [Luigi, Din Değiştiren].

Dışlanma husus kapsamında, din değiştirenlerin dışlanma yoğunluğu ile ekonomik durumları ve sosyal statüleri arasında anlamlı bir ilişki kurulabileceğini belirtmek gerekir. Çünkü din değiştirenlerin genel durumları incelendiğinde, çoğunluğunun düşük ekonomik gelirlere sahip oldukları ve meslek, eğitim durumu gibi güçlü belirleyenlerden yoksun bir sosyal statüde yer aldıkları görülmektedir. Gözlemler neticesinde, çoğunun Hıristiyan sosyal çevre içinde yalnızca ücretsiz etkinliklere katıldıkları ve ücret gerektiren etkinliklerde yer alamadıkları saptanmıştır. Bunun yanında, birkaçının zaman zaman düşük ücretler karşılığında cemaat içindeki işlere yardımcı oldukları gözlenmiştir. Din değiştirenlerin genellikle alt gelir grubundan olmaları, onların kabul görme olanaklarını asgari düzeye indirmektedir. Bu tespitte, din değiştirenler içinde yüksek gelir grubunda yer alan Markos'un, Avrupa'da okuyan bir öğrenci ve klasik müzik sanatçısı olarak Hıristiyan sosyal çevre içinde, kimlik paydaşlarına oranla daha fazla kabul görmesinin ve dışlanma reflekslerini düşük seviyelerde hissetmesi etkili olmuştur. Çünkü Markos, neredeyse hiç dışlanmaya muhatap olmadığını ve kişilerle güzel ilişkiler geliştirdiğini dile getirmektedir. Hatta birçok Hıristiyanın konserlerine geldiğini ve sosyal medya üzerinden arkadaşlıklar kurarak haberleştiklerini ayrıca belirtmektedir. Bu tanıklık, sosyal sınıf mensubiyetinin, özellikle ekonomik ve statü göstergeleri bağlamında oldukça önemli olduğu ve yabancının 'hoş' karşılanıp karşılanmayacağı konularına etki edebileceğini net bir biçimde ortaya koymaktadır.

Din değiştirenler, Hıristiyan ev sahiplerinin kimliğe karşı tazyikli dışlama reflekslerini ya da tanınmaya ilişkin bir dizi üstenci taleplerini, Müslüman sosyal çevrelerinin refleksleri ya da taleplerinde olduğu gibi meşrulaştırma ve haklı gösterme eğiliminde değildir. Nitekim Müslüman sosyal çevre her ne kadar terk edilen 'evi' ifade etse de henüz tamamıyla koparılmayan tarihsel bağlar, duygusal katılımı ve anlayışı canlı tutmaktadır. Ancak varılmak istenen 'ev', tarihsel bağların henüz kurulu olmadığı bir alan olarak, din değiştiren nazarında 'yaban el'dir. Bu nedenle 'yaban el'in kimliğe yönelik her teşebbüsü, olduğundan daha kuvvetli bir şiddet ve yıkıcılık kategorisinde anlamlandırılmaktadır. Bu durum, mücadeleyi hafifleten uzlaşma noktalarını yıkmakta, karşılıklı yabancılık tahayyüllerini güçlendirmektedir.

[İ]sa Mesih göğe çıkmadan önce öğrencilerine neyi tembihledi? 'Gidin ve tüm ulusları öğrencilerim olarak yetiştirin' dedi. Bunlar da neticede dönme. Araplar eski çağlarda Hıristiyan mıydı? Ya da Latinler. Putperestlerdi. Demek ki onların da ataları din değiştirdi. Tamam, Müslümanlar bizi kınıyor. Haklılık payları var. Hıristiyanlar İsa Mesih'in öğütlerini bile bile nasıl hala bizi dışlıyorlar? Onların bize sevinmesi lazım. İsa Mesih'in İncil'de anlattığı 'Kaybolan Oğul' benzetmesi var. Oğul geri döndüğünde evde kutlama yapıldı. Biz de kaybolmuş oğullar, kızlardık. Evimize geri döndük. Hani nerede kutlama?. Aksine bizi içeri almamak için çabalıyorlar. Dışarı çıkarmaya çalışıyorlar. Ben bunu anlamıyorum. Bu ya cahillik ya da art niyet. Bunun başka açıklaması olamaz [Luka, Din Değiştiren].

Savaş Keskin

Yukarıdaki tanıklık, yabancıya yönelik, kendi içinde haklı gerekçelerini üreten bir itham olmanın yanı sıra, din değiştirenin kimlik tahayyüllerini ortaya çıkaran detaylar içermektedir. Görüldüğü üzere, kimlik üzerindeki güç ilişkisi ve siyaseti aşmak için dini referanslara başvurma yöntemi sürmektedir. Ancak asıl önemli nokta, din değiştirenlerin kendileri ile özdeşleştirdikleri ve yalnızca kendilerini taraf kabul ettikleri olaylarda, din değiştiren kimliğinden 'ben' diye bahsederek kimliği kendi varlıkları özelinde daraltmaları, meselenin kimlikleriyle ilgili olduğunu kestirdikleri anlar da ise 'biz' diyerek kolektif bir katman yaratmalarıdır. Burada kimliği 'biz' perspektifinden anlatmak, mücadeledeki safları güçlendirmek ve yalnız olunmadığını bilincini taze tutmak için başvurulan bir savunma mekanizmasına işaret etmektedir.

Din değiştirenlerin Hıristiyan sosyal çevre içindeki yabancılık deneyimleri hususunda belirtilmesi gereken önemli bir nokta vardır. Hıristiyan sosyal çevrenin dışlama pratiklerinin failleri iki kısma ayrılmaktadır. Bir grup, din değiştirenlere karşı kesin ve net sınırlarla çizilmiş bir dışlamayı hâlihazırda sürdürürken, diğer bir grup ise din değiştirenlerin varlıklarını kabul etmekte ve onlarla ilişkiler kurmaktadır. Bu ilişkiler nitelik olarak her ne kadar din değiştirenlerin birer 'din değiştiren' oldukları kabulü ile sürdürülse de zaman içerisinde özellikle birlikte yaşama ve toplumsallık ifa etme konusunda güçlü bir toleransın kendiliğinden geliştiği görülmektedir. Gerçekten de saha içindeki gözlemler dikkate alındığında, din değiştirenlerin de dahil olduğu 'yabancı' kategorisine karşı en olumsuz yargılara sahip olanların bile durumu kabullendiği ve din değiştiren varlığının grup nazarında görece meşru bir düzeye ulaştığı söylenebilir. Dışlama pratiklerini zaman içerisinde 'ilişkisizlik' tedbirlerine bırakmıştır. Bu durumun tesisinde, cemaatin dini önderlerinin istikrarlı duruşları ve din değiştirenlere arka çıkarak onları topluma kazandırma çabalarının etkisi büyüktür. Belirli oranda bir bütünleşmeye olanak sağlayan bu çabalar, din değiştirenlerin en azından belirli bir Hıristiyan gurunu tarafından kısmen de olsa tanınan bir statüye geçmesini ve topluluğun kültürel aksiyonlarına birer 'fail' olarak katılmalarının önünü açmıştır. Bu bakımdan yeni bir 'yabancının', din değiştirme fikriyle topluluğa katılmak istemesi, eskiden olduğu kadar güçlü bir reflekse neden olmamakta ve çoğu kişi nezdinde normal karşılanmaktadır.

[C]emaatimiz eski yıllarda tamamen bizim gibi kökten Hıristiyan olanlardan oluşuyordu. Ben de din değiştirenlere karşı temkinliydim. Ancak zamanla, özellikle İncil'i daha iyi okuyup anladıkça onlarla ilişki kurmaya başladım. Şimdi hep birlikte anlaşabiliyoruz. Bazı tatsız durumlar yaşanıyor arada sırada. Ben de yakın çevreme onların aslında bizim gibi olduklarını anlatmaya çalışıyorum. Bizimkiler de yavaş yavaş kabul etmeye başladı. Aslında bizimkilerin asıl sorunu din değiştiren arkadaşlarla değil. Bazıları çok zararlar verdiler cemaate. O yüzden seçici davranıyorlar. İki tarafa da hak veriyorum. Onları bir araya getirip konuşmalarını istiyorum. Zaman ilerledikçe bu sorunu tamamen çözebileceğimize inanıyorum. [Alice, Ortodoks].

[B]en cemaate ilk gelenlerden biriyim. Ben döneli belki 40 sene oldu. Şimdikiler yine iyi. Bizim sayemizde rahat ediyorlar. Biz mücadele ettik zamanında. Çok mücadele ettik. Çok anlattık. Ben ilk geldiğimde hiç kabul görmüyordum mesela. Şimdi yine iyi bakma sen. Şimdi alıştı herkes. Asıl sıkıntıları ben yaşadım. Hey gidi hey! Ben sadece kendim için değil, haksızlık gören hepsi için mücadele ettim. Tabi. Şimdi de bakma, öyle çok büyük şeyler yok ama yine kabul etmiyorlar. Yani gelip yanıma bir kere hatırımı sormaz. Olsun. En azından eskisi gibi değil. Kabullendi herkes bizi. [Luka, Din Değiştiren].

Din değiştirenlerin belki de dışlanma hissetmeden ilişki kurabildikleri ya da daha doğru bir ifadeyle 'din değiştirme' ediminin kurulan ilişkiler boyutunda fazla bir değişikliğe neden olmadığı grup, tıpkı din değiştirenler gibi 'yabancı/öteki' olarak tanımlanan dini inançsızlardır. Dini inançsızlar da çoğunlukla din değiştirenler gibi bir inanca yabancılaşma ve değişim süreci geçirmektedir. Bu bakımdan din değiştirenin, dini inançsız sosyal çevre tarafından kabul görme olanakları çoğalmaktadır. Hatta az rastlanan bu kimlik kategorisi ile kurulan ilişkilerde duygusal bir paydaşlıktan doğan özdeşleşme duygusu yoğun biçimde yaşanmaktadır.

> [P]eter'i çok iyi anlıyorum. Benzer şeyleri kısmen ben de yaşadım. Benim onu dışlamam mümkün değil. Bu benim yaşadıklarımı unuttuğumu gösterir. Hatta çoğu zaman dertleşiriz birlikte. Birbirimizi anlayabiliyoruz. Aynı yoldan geçtik. O Hıristiyan şimdi ben Ateistim. İnançlarımız ayrı. Görüşlerimiz ayrılıyor çoğu noktada. Biz bunu problem etmiyoruz. Etmeyiz yani. Farklılıklar zenginleştirir. Ayırmaz. Hem normalde onun dindar biri olarak beni dışlaması lazım. O da dışlamıyor. Anlıyor beni. Hatta onun dini sorgulamasında ben etkili oldum diyebilirim. Birlikte çok tartıştık. Ona kitaplar verdim. [...] Ailesi beni suçluyor. Ben sadece ona görüşümü anlattım. Eğer ben etkili olsaydım şimdi Hıristiyan değil Ateist olurdu. Ona saygı duyuyorum İnancına saygı duymuyorum. Çünkü inanmıyorum. Onun duruşuna saygı duyuyorum. Ben onu dindar ya da Ateist olduğu için sevmedim. [Mehmet, Peter'in arkadaşı, Ateist].

Bu bölüm çatısı altında din değiştiren kimliğinin bir 'yabancı' olarak içinde bulunduğu koşullar altında nasıl biçimlendiği ve yabancılığın bir ilişki türüne nasıl dönüştüğü, tanıklıklar eşliğinde tartışılmıştır. Tartışmanın sonraki uğrağında, yabancılık deneyimi ile ilintili olan bir pratik olan 'suçlanma, ayrı bir ifadeyle çarpıklıklara ve aksaklıklara sebep olarak gösterilmenin en kullanışlı türü olan 'günah keçisi' ilan edilme konusu üzerinde durulacaktır. Çünkü günah keçiliği, din değiştirenin toplum nezdinde olağan bir suçlu olarak en sık rastlanan görünüm ve var olma biçimlerinden biridir.

Bir Günah Keçisi Olarak Din Değiştiren: 'Tanrı Kuzusu'ndan Olağan Suçluya

"Önce, suçlama vardı. Âdem Havva'yı suçladı, Havva yılanı.
Biz de o zamandan beri bununla uğraşıyoruz"
Charlie Campbell, (2013: 15)
"Benden sebepsiz nefret ettiler"
İncil/Yuhanna (15: 25).

Hıristiyanlığı seçen din değiştirenlerin toplumsal kaderi, kaderden kasıt şimdilik ve sonralığı kapsayan bir süreçtir ve yaşamları için bir yol gösterici ve önder olarak kabul ettikleri, bunun da ötesinde 'Tanrı'ları[9] İsa ile hemen hemen aynıdır. İsa, Hıristiyanlık inancına sahip olan insanların hayatlarının merkezinde konumlandırılmaktadır. Nitekim 'Hıristiyan' ismi eski çağlarda, Hıristiyan olmayanlar tarafından Hıristiyanları tanımlamak için kullanılan bir seslenme ünleminden, 'Christos' sözcüğünden gelmektedir. 'Christos', Türkçede 'İsa'yı tutan' ya da 'İsa'yı takip eden' gibi anlamları içermektedir. Bu bakımdan din değiştirenler, güçlü bir bağ kurdukları İsa gibi, toplumun 'günah keçisi' olma niteliğini, habis kabul edilen kimliklerinde taşımaktadır. Ancak onların günah keçilikleri, kendiliğinden var olan ya da Tanrı tarafından verili bir durum değil, toplumun onları bilinçli bir şekilde 'günah' ya da 'kötü' addedilenle özdeşleştirmesinden kaynaklanan bir ilişkidir.

İsa, Hıristiyan inancına göre 'insanların günahlarının' affedilmesi için kendini kurban eden 'Tanrı Kusuzu', yani günah keçisidir. Yuhanna tarafından yazılan İncil metninde (1: 29), İsa'dan, insanların günahlarını kaldıracak 'Tanrı kuzusu' olarak söz edilmektedir. Anlatılara göre, insanların asırlardır işledikleri sonsuz günahlar için sonsuz büyüklükte bir 'günah keçisinin'

---

[9] Gerek din değiştirenlerin tanıklıkları gerekse İncil'de (Yeni Ahit) yer alan nitelemeler, İsa'nın, Hıristiyan inancında bir peygamber olmanın ötesinde 'Tanrısal' vasıflara sahip biri olduğunu göstermektedir.

kurban edilmesi, beraberinde affedilmeyi getirecektir. Nuh tufanında dünyayı yerle yeksan eden Tanrı, böyle bir yok oluşun bir daha yaşanmaması için insan suretinde dünyaya oğlunu göndermiş, burada oğuldan kasıt biyolojik durum değil, özdeşlik ilişkisidir, İsa, insanların günahlarına karşılık, yine insanların kendisi tarafından haç üzerinde kurban edilmiştir. Böylece, günahlardan ve günahın hükmü olan sonsuz ölümden kurtuluş gerçekleşmiştir. Aslında bu inanç, günah keçisinin ne demek olduğunu ve işlevlerini net bir biçimde ortaya koymaktadır. Çünkü İsa günahsız, lekesiz ve tertemiz olandır. Ancak bir suçlu gibi, suçlularla bir sayılarak ölümcül bir ceza ile cezalandırılmıştır. Buradan yola çıkarak, günah keçisinin, suçu ve günahı olmadığı halde, başkalarının suçları ve günahlarına karşılık cezalandırılan, kurban edilen kişi olduğunu söylemek mümkündür. Din değiştirenler de İsa gibi, doğrudan ilişki içinde olmadıkları suçların, aksiliklerin ve sorunların kaynağı olarak itham edilmekte, asıl suçlular tarafından kurbanlaştırılmaktadır.

    Günah keçisinin tarihsel kökenlerine inildiğinde, dini bir ritüel olarak insanların günahlarından arınmak için kullandıkları bir yöntem olduğu göze çarpmaktadır. Eski Ahit'in (Tevrat) Levililer bölümünde anlatılana göre (16: 20-22), İsrailoğullarının günahlarından kurtulmak için geleneksel hale getirdikleri ve her yıl bir kez ifa ettikleri bir 'günahlardan arınma günü' vardır. Bu geleneğin ilkinde Musa'nın kardeşi ve topluluk önderlerinden biri sayılan Harun, yetişkin bir keçinin başına ellerini koyarak İsrailoğullarının tüm günahlarını itiraf etmekte, günahları hayvana yüklemektedir. Günahla yüklenen keçi, çöle yollanmaktadır. Çöle yollamanın amacı, İsrailoğullarının günahlarını onlardan uzaklaştırmak ve ıssız bir yere hapsetmektir. Böylece toplum, bir sonraki arınma gününe kadar arınmış ve temizlenmiş olmaktadır. Bir yabancı olarak din değiştiren de tıpkı İsrailoğullarının günah keçisi gibi, yabancısı olduğu topluluklarının günahlarını itiraf ettikleri, yükledikleri bir figür olarak dışlanmakta ve ıssız bir yere çekilmeleri istenmektedir. Günah keçisi üretme mekanizması, asırlardır süren ve kadim topluluklardan günümüz çağdaş toplumlarına sirayet eden kurucu bir güçtür. Toplumlar, idealize edilmiş en meşru hallerini kusursuz formda kurmak için genellikle bir günah keçisi üretme yolunu tercih etmiştir. Böylece toplumun hassasında patolojik nitelik sergileyen her ne varsa açık seçik biçimde tanımlanarak, dezavantajlı gruplardan seçilen günah keçilerine yüklenmiştir. Bu yönüyle, bir topluluğun günah keçilerini incelemek, o toplumun hassasındaki patolojik durumları anlamak için yeterince yardımcı olacaktır. Nitekim Kearney (2012: 98), günah keçisi işinin ironik yönünün, şeytanlaştırılan ötekide 'biz'i en fazla korkutan ve tedirgin eden şeylerin 'kendilikler' ya da 'kendilik imgeleri', yani 'biz'in ötekileştirilmiş benliği olduğunu ifade etmektedir. Kısaca, günah keçisinin esasında toplumun kendisi olduğunu dile getirmek yerinde olacaktır. Toplumlar patolojik taraflarını bir günah keçisinin toplumsal varlığında kurban ederken, arınmakta ve kendisinin 'normal' ve 'sağlıklı' olduğuna ilişkin bir desiseye düşmektedir. Çünkü aslında günah keçisi adı verilen oyunun organik bir anlamı yoktur. Bu durum, sadece suçluluk duygusunu başka yerlere yönlendirmek ve sorumluluk duygularını savuşturmak için geliştirilen elverişli bir sistemdir (Campbell, 2013: 15). Bu sistemde günah keçileri, tıpkı birer sülük gibi muktedir kimliklerin günahlarını emmekte, toplumun mutluluğu ve refahı için ihtiyaç duyulan arınma hissini yaratmaktadır. Ancak burada şunu önemle belirtmek gerekir ki, günah keçileri suni ya da tecessüm etmeyen bir suçla değil, bilakis güçlü ve hissedilen bir suçla itham edilmektedir. Şiddet ve kriz gerçektir. Kurbanlar, kendilerine yakıştırılan suçlara karışmaları nedeniyle değil, kurbanlık görünümleri nedeniyle, krizle aralarında bir ilişki olduğu hissi uyandıran işaretler nedeniyle seçilmiştir. Operasyon, bu krizlerin sorumluluğunu kurbanların üzerine atmak ve bahsi geçen kurbanları 'kirlettikleri' toplumdan dışlayarak temizlenmek amacıyla uygulanan sistemli bir aksiyondur (Girard, 2005: 33-34).

Campbell (2013: 40), modern zamanlara özgü ve ritüel dışı iki tip günah keçisinden söz etmektedir. Bunlardan ilki bilinçsizce yaratılan, anlayışsızlığın hükmü olarak felaket durumlarında ortaya çıkan ve tüm toplumun üzerinde oydaştığı bir suçludur. İkincisi ise suçu kendi üzerinden atmak isteyenler tarafından bilinçli olarak yaratılandır. Bilinçsizce üretilenler, felaket durumlarında sorumluluğu olduğu düşünülen kişilere karşı gelişen ani ve ortak suçlama pratiklerinden doğdukları için yalnızca kriz dönemlerinde işlev görmektedir. Ancak bilinçli üretilenler, eski dini rüteller kadar bilinçli bir halde ve kurbanın, yalnızca bir 'kurban' olduğunun unutulduğu, basitçe bir kıyımın, vahşice sürdürülen parçalamaya dönüştüğü süreçler üretmektedir.

Bilinçli günah keçisi üretme sistemlerinde günah keçisi, bilinçsiz üretilenlerde olduğu gibi kendiliğinden ortaya çıkmamaktadır. Bunun için birilerinin bilinçli olarak seçilmesi gerekmektedir. Toplulukların günah keçileri incelendiğinde, hepsinin ortak noktası, patolojik nitelikler sergilemeleridir. Girard'a göre (2005: 25), günah keçileri toplumların 'engellileri' arasından seçilmektedir. Çünkü engelliler toplumsal paylaşımın akışkanlığını sekteye uğratma imkânlarıyla orantısız, bütünüyle ayrıştırıcı ve kurbanlaştırıcı tedbirlerin hedef tahtasına oturtulmaktadır. Ancak buradaki engelden kasıt fiziksel bir durum değil, günah keçisi olarak seçilen grubu toplum nazarında dezavantajlı konuma gerileten 'anormal' özellikleridir. Bu bakımdan, yabancıların, mültecilerin, marjinal tiplerin, alt tabakadan olanların, suçluların ya da fiziksel engellilerin günah keçisi olarak seçilmesi en sık görülen durumlardandır. Din değiştirenler, günah keçisi olarak bilinçli bir şekilde seçilmek için gerekli olan yabancılığı, marjinalliği, suçluluğu, alt tabakadan olma halini üzerlerinde taşımaktadır. Çünkü onlar her şeyden önce en anormal olandır, yani yabancıdır. Nitekim diğer 'aşağılaştırıcı' işlevler, yabancılık ile birlikte kazanılmaktadır. Kearney (2012: 54), çoğu toplumun, yüzlerine kara çalınan bir ötekinin kurban edilmesiyle kurulduğunu savunmaktadır. Toplumu oluşturanların bir arada olması için gerekli görülen asli uzlaşma, tüm suçların toplumun dışında kalan bir yabancıya atılması ile sağlanmaktadır. Din değiştirenlerin hem Müslüman sosyal çevre hem de Hıristiyan sosyal çevre içindeki yabancılıkları göz önünde bulundurulduğunda, güçlü bir günah keçisi kurban etme ritüelinin varlığından söz edilebilir.

Önceki bölümde din değiştirenin yabancıyı olduğu kadar 'içeride' olanı da temsil ettiği konusuna değinilmiştir. Din değiştirenin varlığı hem içeride olmayı hem de dışarıda olmayı gerektirmektedir. Çünkü o, gitmek ve gelmek arasındaki bir yerlerdedir. Bu anlamda, din değiştirenlerin marjinalleşen durumlarından doğan kurbanlık Odyssea mitinin Oidipus karakteriyle benzerlik göstermektedir. Çünkü o da tıpkı din değiştiren kişiler gibi hukuken olmasa da fiilen yabancıdır. Birçok mitik karakter gibi o da yabancının marjinalliği ile yerlinin marjinalliğini kendinde toplamayı başarmıştır. (Girard, 2005: 35). Din değiştirenler için dışarıda olmanın doğal karşılanması, onları içeriden biri olarak günah keçisine dönüştürmeyi ve 'dışarı' salmayı kolaylaştırmaktadır. Çünkü onlar ne de olsa dışarınındır.

Din değiştirenlerin Müslüman sosyal çevreleri ile kurdukları ilişkilere odaklanan tanıklıklar değerlendirildiğinde, günah keçisi ilan etme sisteminin muktedir kimlikleri korumak ve arındırmak için etkin bir biçimde kullanıldığı göze çarpmaktadır. Çünkü din değiştiren, hem bir gerilime (Müslüman sosyal çevre açısından felaket) neden olması itibariyle kimi zaman bilinçsizce üretilen bir günah keçisi, hem de geçmişten süre gelen ya da halihazırda ortaya çıkan problemlerle doğrudan bir ilişkisi saptanamasa da bilinçli olarak üretilen bir günah keçisidir. Her iki durumda da din değiştirenin türdeşi olan diğer günah keçileri gibi uzakta tutulmaya çalışıldığı ve nispi arınma sağladığı göze çarpmaktadır.

[B]izim oğlan bu işe bulaştığından beri çatımızdan sorun eksik olmuyor. Hep bir kavga, hep bir patırtı. Huzurumuz kalmadı. Kardeşleri de babası da psikolojisini kaybetti. Herkesin dengesi bozuldu. Sadece ona değil yavrum, birbirlerine de saygısı kalmadı bunların. Yapma, etme diyorum. Senin yüzünden huzur kalmadı diyorum. Dinletemiyorum. Bana, 'ben kimseye saygısızlık yapmıyorum. Onlar bana saldırıyor' diyor. Tamam o hiç kavga, gürültü çıkarmıyor ama onun yüzünden oluyor bunlar yavrum. Ona diyorum ayrı eve git. Çalış, yolunu ayır. İmkânsızlıktan gidemiyor. Öğrenci sonuçta, ne yapsın. [Gülsüm, Leonardo'nun Annesi].

[A]ğabeyim sayesinde işimiz gücümüz rast gitmiyor. Eşim sebepsiz yere işten çıkarıldı. Soruşturduk sebebini öğrenemedik. Eşim bana, 'ağabeyinin durumunu öğrenmişlerdir kesin' dedi. Cevap veremedim. Kaynanam hiçbir şey yokken yatağa düştü. Eşim beni suçluyor kardeşimden dolayı. Onunla görüştüğüm için oluyormuş. Görüşmediğimiz zamanlar işlerimiz rast gidiyormuş. Evimde huzurum kalmadı. Her yerden kapılar kapanıyor. [Merve, Michael'in kız kardeşi].

[B]enim bir kardeşim var. Olay adam. Bildim bileli işsiz. Girip çıkıyor. Geçenlerde bizimkilerle tartışırken benim yüzümden iş bulamadığını söylüyor. Yahu dedim bir dinleyim, bakayım ne anlatacak. Benim cezamı o çekiyormuş. Yahu kardeşim, senin başvuru yaptığın şirketlerdeki adamlar nereden bilsin beni. Hadi bir olur, iki olur. Hepsi mi benim yüzümden [...] Bu anlatacağım olay daha komik. Bir ara, bizim masaüstü bilgisayarın kasasını tamir etmeye çalışıyor. CD-ROM denilen yerde bozukluk varmış. CD taktı denemek için. Ses geldi. Ben şakasına 'bak bu patlayacak' dedim gülerek. Bana, 'patlamaz merak etme, CD'yi geri verir' dedi. İçeri gidiyordum ki 'paaat!' diye bir ses geldi. CD içinde patlamış. Bana dönüp 'senin yüzünden oldu' dedi. Normalde patlamazmış. Benim gibi bir uğursuz mürted ağzını açınca patlamış. Şom ağzımdan olmuş. [Peter, Din Değiştiren].

Yukarıdaki tanıklıklardan anlaşılacağı üzere, din değiştirenin günah keçisi ilan edilme hali Gülsüm'ün tanıklığındaki gibi gerilimin faili olmaktan dolayı bilinçsizce ya da diğer tanıklıklardaki gibi bilinçli bir pratik olarak tecessüm edebilmektedir. Ancak felaket olarak tanımlanabilecek ani süreçler, din değiştirme kararının alındığı zaman dilimini kapsamaktadır. Bu zaman diliminden sonrasında dahi din değiştireni sürekli suçlamak, bilinçsizce gelişen tutumların bilinçli hale gelmesiyle ilişkilidir. Çünkü suçlayıcı muktedir kimlikler, çoğu zaman meselenin doğal gerilimden kaynaklanmadığının bilincindedir.

Din değiştirenin hem içeride hem de dışarıda olduğu bir diğer toplumsal alan da Hıristiyan sosyal çevredir. Din değiştirenin bu çevre içindeki günah keçiliği, onları hoş karşılamayan bazı hane sahipleri için oldukça faydalı bir çözümdür. Çünkü kurulan yakın bağlar ve akrabalık ilişkilerinden dolayı, doğacak problemler karşısında birbirlerini suçlamak, hane sahiplerinin işine gelmeyecek bir durumdur. Neticesinde onlar, ancak bir mutabakat yoluyla var olmakta ve bu mutabakat mutlu bir şekilde sürdürüldüğü sürece varoluş da sürmektedir. Dolayısıyla din değiştirenin surların ardından çıkıp gelmesi kaçırılmayacak bir fırsattır. Artık insanları birbirine düşürebilecek saldırganlıkları, kabahatler ve şiddet bu yabancının sırtına yüklenerek, onun kurban edilmesi ya da dışarı atılması ile güçlü bir dayanışma duygusunu beraberinde getirecektir (Kearney, 2012: 54).

[N]e zaman dönmeler geldi, elli bin türlü adam eksik olmadı. Her rahatsız eden adam bizi misyonerlikle suçluyor. Biz burada insanların beynini yıkıyormuşuz. Onlar gelmeden önce böyle bir şey yoktu. Gülüyorum sadece. Biz kimsenin gelmesini, din değiştirmesini istemiyoruz. Meraklısı değiliz. Ben mecbur muyum bu adamları görmeye.

-Önceden rahatsız edenler olmuyor muydu?
Olmaz olur mu? Bizimkiler anlatırdı. Dışarıdan taş atarlardı mesela. Ancak ben başka şeyi kastediyorum. Ben böyle bir şeyle suçlanamam. Ben mi adama 'gel, din değiştir' dedim. [David, Katolik, 28].

Yukarıdaki tanıklık, önceki paragraflarda sözü edilen türden bir günah keçisi ihtiyacına işaret etmektedir. Sorumluluk duygusu, bilinçli bir faaliyetle kişilerden alınarak din değiştirenin sırtına yüklenmekte, asıl sorumlu, bulduğu işlevsel gerekçenin rahatlığıyla çelişkiyi görmezden gelmektedir. Bu yönüyle din değiştiren, huzur bozmakla suçlanan ancak varlığıyla huzuru tesis eden kişidir.

Din değiştirenler çoğu zaman birer günah keçisi ilan edildiklerinin farkındadır. Günah keçisi olmak onların nazarında asla kabul edilmez. Çoğu yaşadıkları sorunların suçlusu olarak çoğunluğun kendilerini 'günah keçisi' seçenleri görmektedir. Ancak onlara fikirlerini soran yoktur. Onlar tıpkı bir keçi gibi sessiz ve dilsiz olmak zorundadır. Kendilerini savunma hakları ellerinden alınarak yığınların merhametine bırakılırlar. Merhamet ise, görecekleri en son şeydir. Çünkü din değiştirenlerin 'Rab (Öğretici)' ve 'Efendi' diye seslendikleri İsa bile merhamet görmemiş ve acımasızca katledilmiştir. Öyle ki, Yahudilerin İsa'yı kurban etmek üzere teslim ettikleri Romalı Vali Pilatus, onu affettirebilmek için halkın önüne seçim sunar; ya azılı bir katil ve tecavüzcü olan Barabba'nın affedilmesini tercih edeceklerdir ya da Mesih olarak anılan İsa'yı (Matta, 27: 17). Ancak halk kitlesi yüksek sesle 'Barabba'yı salıver' diye bağırır. Din değiştirenler de kurban edilme yönünde o kadar güçlü bir kabul yaratmıştır ki azılı bir suçlu bile onların günah keçisi olma hallerini hafifletememektedir.

Araştırma kapsamındaki din değiştirenlerin günah keçisi olmaktan kurtulmak için geliştirdikleri etkili bir yöntem vardır: günah keçisi ilan etme. Onlar da tıpkı muktedir çoğunluğun kendilerine yaptığı gibi, kendi aralarında daha güçsüz ve etkisiz olanları seçerek, egemen ağzın dillendirdiği suçları nakletmektedir. Yani azınlıktaki bir din değiştiren, çoğunluk din değiştiren grubunun günah keçisi olabilmektedir. Böylece günahla suçlanan kişi, bir diğerini kendine paratoner yaparak, suçlardan ve günahlardan arınmaktadır. Kimlik için mücadele etmek yerine böylesine bir tedbir almak, aslında kişinin kendi kimliğine karşı tavizi, bir bakıma kırılgan duruşudur.

> [K]ökten gelmeler haklılar. Bir elin parmaklarının hepsi bir değil. Ben bile görüyorum, farklı amaçlarla gelenler, sorun çıkartanlar var. Onlarla biz de görüşmüyoruz, tepkimizi koyuyoruz zaten. Her zaman sorun çıkarma peşindeler. Biz kökten gelmelere bunu anlatmaya çalışıyoruz. Bizle onları bir tutmasınlar. Bizim dışlanmamızın nedeni de onlar. Ben hak veriyorum, eğri ile doğruyu ayırmak şartıyla. [Luigi, Din Değiştiren].

Yukarıdaki örnek tanıklık günah keçisi seçmenin aslında belirli bir gruba özgü bir davranış değil, evrensel düzeyde çoğunluk ile azınlık arasındaki bir mücadele olduğunu gösterir niteliktedir. Gerçekten de azınlık olarak mütehakkim gruplar, çoğunluğu elde ettikleri alanlarda zıt bir şekilde tahakküm eden konumuna geçmektedir. Girard'ın ifadesiyle (2005: 24), kendi azınlıklarını, uyum sağlayamayan ya da ayrı duran grupları ayrımcılığa tabi tutmayan bir toplum yoktur. Girard bu durumu, Pakistan ve Hindistan örneği ile somutlaştırmaktadır. Ona göre Hindistan'da Müslüman azınlık baskı ve zulüm görürken, Pakistan'da Hindu azınlık baskı ve zulüm görmektedir. Din değiştirenlerin de durumu işte tam olarak böyledir. Çoğunluk tarafından günah keçisi ilan edilenler, kendi azınlıklarını günah keçisi seçme eğilimindedir. Ancak aradaki fark, azınlığın yine kendi içlerinden seçilmesi ve karşı tarafın, yani muktedir olanın safının korunmasıdır.

Bir 'Damga'lı Olarak Din Değiştiren: 'INRI'dan 'Dönme'ye

> *"Pilatus, bir de yafta yazdırıp çarmıhın üzerine astırdı. Yaftada şöyle yazıyordu: Nasıralı İsa-Yahudilerin Kralı (INRI)"*
> İncil/Yuhanna (19: 19-20).
>
> *"Ben, dönmeyim"*
> Luka, Din Değiştiren.

Kutsal kitap anlatısında (Eski ve Yeni Ahit), Yahudiler, kral/Mesih olma iddiasındaki İsa'yı, Kudüs'ün o dönemde Roma İmparatorluğu topraklarına dâhil olması nedeniyle Romalı vali Pilatus'un önüne bir günah keçisi olarak ve kesin ölüm cezası talebiyle götürmüştür. Vali her ne kadar gönülsüz olsa da verilen ölüm kararı sonrası askerler ve halk, İsa'nın başına dikenden bir taç geçirerek alaya alan sözler ve küfürler eşliğinde ölüm yolculuğunu başlatmıştır. Çarmıha germeden önce İsa'yı aşağılamak ve halk gözünde küçük düşürmek amacıyla, üzerinde Latince 'INRI- Iesus Nazarenus Rex Iudaeorum', yani 'Nasıralı[10] İsa Yahudilerin Kralı' yazan bir yafta, İsa'nın başının üzerine çakılmıştır (Yuhanna, 19: 19-20). O gün, İsa'yı aşağılamak için kullanılan bu yafta/damga biçimi, günümüzde dezavantajlı ve mütehakkim kimliklerin yüzleşmek zorunda olduğu sosyal bir gerçeklik olmaya devam etmektedir. Araştırma kapsamındaki din değiştirenler de ruhani önderleri ve hayatlarına referans kabul ettikleri İsa gibi, toplumun suçları uğruna kurban edilirken, kendilerini aşağılamak için kullanılan damgalar, belki somut bir biçimde olmasa da kimliklerine çakılı vaziyette bulunmaktadır. Damga, bir vakit sonra din değiştirenin toplumsal varlığına dönüşmekte ve tanınma mücadelesin-

---

[10] Nasıra o dönemin Yahudi bölgesinde bir şehre verilen addır. İsa aslında Beytlehem doğumlu olmasına rağmen o dönemki nüfus kaydı Nasıra şehrindedir. Bu nedenle Nasıralı olarak anılmaktadır.

deki din değiştirenin varlığını kuşatarak içeriğindeki anlama hapsetmektedir.

Damga her şeyden önce muktedir olan 'ben/biz'in, kendinden olmayanı tanımlamak için kullandığı elverişli bir tahakküm aracıdır. Üstelik bu tanımlayıcı, basitçe bir nitelemeyi değil, aşağıda olma halini pekiştirmek üzere programlanmıştır. Çünkü muktedir olanların temel amacı, karşıtı olan kimlikleri kendi ürettiği damgalar altında tutarak, mücadelede her zaman avantajlı olmak ve damgalı olan üzerindeki iktidarını tesis etmektir. Ancak ben ve öteki arasındaki ezeli mücadelede ideolojik silahlar nasıl ki her iki tarafın da kullanabileceği araçlar haline gelmişse, damga da bir mücadele aracı olarak ezilen kimliklerin de kullanabileceği bir silaha dönüşmüştür.

'Ben/biz' ile 'yabancı/öteki' arasındaki ilişkilerle kurulan toplumsallık içerisinde damgalama pratiklerine önemli bir yer açmak gerekmektedir. Çünkü damgalamanın muhtevasındaki tanımlama işlevi, onu kimlikle ilintilendirmekte ve din değiştirenler açısından hayati önem taşıyan tanınma ya da tanımlanma sorunu bir noktada damga sayılabilecek dinamiklerden beslenmektedir. Damga sorununa bir çözüm sunmak ve konuyu kuramsal perspektiften yorumlamak isteyen Goffman, karşıdaki kişiye yakıştırılmak istenen sıfat olarak damgalamayı, güçlü bir sosyal niteleme, daha doğrusu varsayılan bir toplumsal kimlik bağlamında ele almaktadır (2014: 31). Çünkü kimliği kuran fragmanlar arasında sembolik sözel tasvirlerin etkisi, bireysel algıların ötesine geçerek var olma savaşımının tarafları arasındaki güç dengelerini belirlemekte, çoğu zaman muktedirin lehine işleyen bir kimlik bileşenine dönüşerek, dezavantajlı olanın toplumsal durumuna eklenmektedir. Damga da din değiştirenin kimlik mücadelesinin kat ettiği mesafenin yönünü çizen ve onun kimliğini belirli kimlik erklerinin nüfuz alanına sevk eden güçlü bir iktidar kurma aracıdır. Bu özelliği nedeniyle damgalamanın sözel bir ifadeden çok daha fazlası olduğunu ve başlı başına kimliği kuran ilişkiye işaret ettiğini ifade etmek yerinde olacaktır. Nitekim Goffman da (2014: 31) damga teriminin son derece itibarsızlaşmış bir sıfata gönderme yapmak için kullanıldığını ancak aslında ihtiyaç duyulan temel argümanın bir sıfatlar dili değil, güçlü bir ilişki dili olduğunu dile getirmektedir. Burada sözü edilen itibarın, din değiştirenlerin tanınma mücadelelerinin temel eksenini, bir bakıma orijinini betimlediğini belirtmek gerekmektedir. Çünkü itibar, beşeri dünyada bireylerin olumsal bir kimliğe sahip olmak için hayalini kurdukları, var olmanın en ideal ve meşru sınırlarını çizen toplumsal bir kavramdır. İtibarsız bir kimlik, tanınmaya değer görmeyecek kadar alelade ve kişinin varlığını 'yoklukla' eşdeğer kılan cılız bir gösterendir. Bu nedenledir ki, damgalar çoğunlukla itibarsız olduğu hususunda yaygın bir kanı bulunan ya da bizatihi itibarsızlaştırmak istenen kimliklerin organik bir parçası haline gelmekte ve itibarsız toplumsal nitelikler çoğu zaman bir damga yoluyla ya pekiştirilmekte ya da yeniden kurulmaktadır.

Goffman (2014: 33) birbirinden nitelik olarak farklılaşan üç tip damga türünden bahsetmektedir. İlki, bedenin korkunçlukları ve vücutta meydana gelen fiziksel bozulmalar için kullanılmaktadır. İkincisi, zayıf irade, baskıyı hak eden ya da olağan dışı tutkular, sapkın ve katı inançlar ve ahlaksızlık olarak kabul gören bireysel kişilik bozukluklarına atıfta bulunmaktadır. Bunlara örnek olarak, ruh bozukluğu, cezaevine girmek, alkolizm, madde bağımlılığı, eşcinsellik, intihara yatkınlık, işsizlik ya da köklü siyasi davranışlar verilebilir. Üçüncüsü ise, ırk, din ve ulus gibi etnolojik nitelemeleri içeren bir damgalama türüdür. Din değiştirenin toplumsal varlığı ve içinde bulunduğu sapma davranışı göz önünde bulundurulduğunda, ikinci ve üçüncü tip damgaları birlikte barındırdığı açıkça görülmektedir. Çünkü mevcut dini genel sosyal çevre açısından bir üçüncü tip damgaya zemin hazırlarken, patolojik olarak addedilen din değiştirme davranışı ise ikinci tip damgaya işaret etmektedir. Öyle ki bu damgalar, kişinin sıradan ve tertipli bir sosyal ilişki ağında takdir toplayacak nitelikte olmasını gölgeleyerek, üstün toplumsal niteliklerinin göz ardı edilmesine neden olmaktadır (Goffman, 2014: 33). Bu yönüyle bir din değiştiren, toplumların en ideal birey olma vasıflarını kendisinde toplasa bile, din değiştiren kimlikleri nedeniyle daima damgalı ve aşağı varlık olarak algılanacak, asıl vasıfları görmezden gelinecektir. Çünkü din değiştiren kimliği, güzel sayılabilecek her şeyi silen, en güçlü kusurlardan, defolardan ve deformasyonlardan biri olarak kabul görmektedir.

Damga teorisini 'normal' olanlar ile 'anormal' olanlar gibi bir ayrım temelinde şekillendiren Goffman, toplumsalın abat ve gönençli kimliklerinin 'normal' olanlar üzerinden kurulduğunu, anormal kimliklerin ise her zaman bir 'damga' ile yüz yüze olduklarını ifade etmektedir (2014: 35). Buradan yola çıkarak normal olanın sağlık, iyilik, yetkinlik, saygıdeğerlik ve güzellik ihtiva ettiğini, anormal olanın ise, eksiklik, aşağılık, marjinallik, defoluluk ve engellilik ihtiva ettiğini söylemek mümkündür. Kısacası din değiştiren, 'anormal' olandır, toplumun 'bizleri' ise 'normal'.

Bir 'Hıristiyan' kimliğine sahip olmak isteyen din değiştirenlerin, belki de taşıdıkları en büyük damga, 'din değiştiren' damgasıdır. Çünkü onlar bu damgayı toplumsal hayatlarının her anında yoğun olarak hissetmektedir. Bu araştırmada da vurgulandığı gibi, toplum için din değiştiren, ancak bir 'din değiştiren' olarak vardır. Din değiştirenler bu niteleme tarzına bile bir noktaya kadar mukavemet gösterebilse de muktedir olan bununla yetinmeyip, kimliği daha da aşağılara çekecek başka bir damgayı üretmektedir: 'Dönme'.

Din değiştiren birinin gerek Müslüman gerekse Hıristiyan sosyal çevre tarafından damgalanma biçimleri arasında en belirgin ve kapsayıcı olan 'Dönme', yalnızca Türkiye'de değil, tüm dünyada din değiştirenlere yakıştırılan, ayrı bir ifadeyle giydirilen bir sıfattır. Bu duruma örnek sunmak gerekirse, İngilizcede din değiştirenler 'Convert', yani 'Dönme' olarak tanımlanmakta ve damgalama pratiği, dil içindeki organik bir terime, kimliği açıklayan belirtece dönüşmektedir. 'Dönme' damgası, ilk bakışta din değiştirme süreci ile yaşanan 'dönüşüme' işaret ediyor gibi görünse de aslında kastedilen görünenden çok daha fazlasıdır. Çünkü 'Dönme' genellikle kaypaklığı, duruşsuzluğu, samimiyetsizliği tarif eden ve 'dönek' gibi bir muadili bulunan güçlü bir aşağılama ve yerme pratiğidir. Bir kimliği bu tarz bir ifade ile damgalamak ve bu damgayı meşru bir tanınma biçimine dönüştürmek, damgalı bireyin toplumsal vasıflarını ve itibarını tayin etmek demektir. Bu nedenle bir din değiştiren, tüm toplumsal işlemlerinde 'Dönme'[11] ya da 'Döneklik' ihtimali bulunan bir muameleye tabi tutulmakta, daha doğrusu bu muamele ona müstahak görülmektedir.

> [L]eonardo ilk dinden döndüğü zamanlardı yanlış hatırlamıyorsam. Ben biliyorum tabi birileri fitleniyor bunu, aklını çeliyorlar. Bir tanıştır bakalım ben de konuşayım, nedir, ne değildir bunlar. Bir gün aradı beni, 'iki ağabeyle geliyorum müsait misin?' dedi. Dedim 'gel, müsaidim'. Bir baktım yanında iki tane daha dönmeyle geldi. Adamların tipinde meymenet yok. İki kelime bir araya getirip düzgün konuşamıyorlar. Anlatıyorum, bana saçma sapan cevaplar veriyorlar. En son tepem attı, içimden dedim 'kalkıp vurayım iki tane'. Sonra ayıp olmasın diye oturdum yerimde. Dönmeler gittikten sonra Leonardo'ya dedim 'bunlar mı yani, bu adamlar gi-

---

[11] Gözlem sürecinde, 'Dönme' damgasının Müslüman ve Hıristiyan sosyal çevrenin geneline hakim olmadığı görülmüştür. Bu damga yalnızca belirli bir kesim tarafından özellikle zikredilmekte, diğer kesimler 'din değiştiren' demekle yetinmektedir. Ancak 'Dönme' damgasını kullananların sayısı azımsanmayacak düzeydedir.

bi olmak mı istiyorsun?'. Ben onları anlamamışım. Kalbim bağlıymış. Lafa bak. Gerçeği görmek için Hz. İsa'nın kalbimi açması lazımmış. Dedim 'kalbim açılınca ben de mi döneceğim?'. 'Bunu yalnızca Allah' bilir dedi. Sanki dönmek iyi bir şeymiş de ben layık olacakmışım. Dedim 'getirme bir daha bu dönmeleri benim yanıma. Ben anladım seni. Yazılar olsun sana'. [Mustafa, Leonardo'nun Arakdaşı].

[D]önmeleri ikiye ayırmak lazım. Gerçekten iman edenler bir, çıkarı olanlar iki. Biri ile diğeri aynı değil [...] [Marco, Ortodoks]

[G]eçenlerde yemek yiyorum. Babam haberleri açmıştı ben de izliyorum öyle. Neyse, bir siyasi partiyle ilgili bir tartışma vardı. Partide önemli görevdeki bir kadın dönme miymiş neymiş. Bak, siyasette bile durum bu. Neyse konuyu saptırmayayım. Babam bana dönüp espri yapıyor güya kendi aklınca. 'Bak senin gibi bir dönme var. Parti başkanı olmuş' diyor. 'Niye olmasın' dedim. [...] Bize yakışmaz parti başkanlığı onlara göre. Biz bir yere geldik mi göze batar. [Peter, Din Değiştiren].

Din değiştirenler için 'Dönme' damgasının kullanılması, aşağılayıcı bir kimlik kurma kadar dini kimliğin nasıl algılandığı durumuyla da ilişkilidir. Çünkü 'Dönme' damgası, öncelikle eşcinselleri tanımlamak için kullanılmaktadır. Bu kullanımda da aşağılayıcı bir nitelik sergileyen damga, yine bir dönüşüme olumsuz atıflarda bulunmak amacıyla üretilmektedir. Ancak, sesteş olan bu damga türleri her ne kadar farklı dönüşümleri simgeliyor olsa da tıpkı cinsiyet gibi, dinin de doğuştan verili olan bir olgu olduğuna dair yaygın kanaatin, bu eş kullanım üzerinde etkisi bulunmaktadır. Temel vurgunun 'doğru' ya da 'normal' yoldan 'dönmek' temelinde toplanması, her iki kimliğin de doğuştan verili olduğu inancının, damganın ortak kullanıma zemin hazırladığı gerçeğini geri planda tutmaktadır.

Din değiştiren kimliğinin kurulmasında kullanılan damgalar yalnızca muktedir kimliklerin tanıdığı ve kullandığı bir ilişki biçimi değildir. Din değiştirenler de kendilerine yakıştırılan damgaları kabullenmekte ve damgalar, din değiştirenin öz kimlik tahayyüllerine sirayet etmektedir. Goffman'a göre (2014: 35-36), damgalı olanlar, mevcut durumlarından şikâyetçi ya da pişmanlık duyar gibi görünmemektedirler. Çingeneler, serseriler ve daha niceleri, içinde bulundukları damgalama gösterisine alkış tutmaktadır. Bu nedenle, damgalı bireyler kimliğe ilişkin muktedir olan nelere inanıyorsa onlara inanma eğilimi göstermektedir. Gerçekten de Goffman'ın sözünü ettiği damgayı içselleştirme eğilimi, araştırma kapsamındaki görüşmeler ve gözlemlerle tespit edilmiştir. Çünkü din değiştiren biri, kendini ve kendi gibi olanları tanımlamak için zaman zaman üzerindeki damgalara atıfta bulunmakta ve kimliğini bir damga kanalıyla söze dökmektedir. Bu kabulleniş, kimi zaman kimliğe ilişkin güçlü bir başkaldırının sonucuyken, kimi zaman ise muktedir olan nazarında yer edinebilmek için farkında olmaksızın gelişen bir 'uyum' sürecinin sonucudur. Kişiler yeri geldiğinde, onları aşağı kılan damgalarını yeniden anlamlandırma yoluna giderek yapıbozum odaklı bir asilik sergilemektedir. Ancak çoğunlukla, oldukça ideolojik ve sinsice işleyen kimliklendirme işlemi, din değiştirenin farkında olmaksızın durumu kabullenmesi ve damgayı, kimliğinin organik bir bileşeni olarak görmesine neden olmaktadır. Din değiştirenin toplumsal varlığı, bir damganın etkin kullanımı sonucunda yeğlenen düzeyde tahakkuk etmektedir.

> [E]vet dönmeyim. Ben, dönmeyim. Bunu inkâr eden mi var? Sordular da 'hayır' mı dedik. Önemli olan bu değil. Önemli olan senin bunu nasıl kullandığın. Ben biliyorum canım, bana dönme diyen biri, bana laf sokuyor. 'Bak' diyor, 'bu adam güvenilmez, döneklik etmiş' diyor. Yoksa gerçek anlamıyla kullansa itirazım yok. Ben dön-me-yim. Bunu her yerde gururla söylerim. Gerekirse sesim kısılana kadar bağırırım. Kilisenin kurucusu var Aziz Petrus. Sonra İncil yazarları, Matta, Markos, Luka ve Yuhanna. Sonra Aziz Pavlus, yine kendisi İncil'deki mektupları yazdı. Daha nicesi. Bu zatların hepsi önceden Yahudi idi. Hepsi de İsa Mesih'le karşılaşın-

ca döndüler. Ben de İsa Mesih'le karşılaşınca döndüm. Hadi onlara da bize dedikleri gibi 'Dönme' desinler. Öbürküler de aynı. Hz. Ali, Ömer, Hamza, Ebu Bekir. Bunların hepsi eski inançlarından dönmedi mi? Onlara da dönme desinler. Göreyim onları. Bunlar çocuk akıllarıyla beni aşağılayacak güya. Beni onore ediyorlar farkında değiller. Yarın kıyamet koptuğunda ben İsa Mesih'le cennette olduğum zaman da diyebilecekler mi? İsa Mesih der ki ödülünüz öteki dünyadadır. O yüzden kızmıyorum ben bunlara. Ne yaptıklarını bilmiyorlar, düşünmüyorlar ki. Önlerine ne koyarsan yerler. Okumuyor ki kitabını yahu. Bir baksın hele dönme iyi mi kötü mü? [Luka, Din Değiştiren].

[E]sasına bakarsan bizim dönmelerde bitiyor iş. Biz kenetlensek birbirimize, bir olsak derdimizi anlatırız. Yoksa böyle bölük pörçük olmaz bu iş. Herkes kendi derdine bakıyor. Bana dokunmayan yılan bin yaşasın kafasında. Biz birlik olmadıkça sesimizi duymaz kimse. Bizim birbirimize destek olmamız lazım ama nerde... [Luigi, Din Değiştiren].

Din değiştirenler yukarıda tarif edilen damgalar dışında, özellikle Müslüman sosyal çevre içinde geçerli olan, hakarete varabilecek muhtelif damgalara sahiptir. Bu damgalar belirli bir öfke ve kızgınlığın dışa vurulmuş halidir. Ancak genellikle bireysel bağlamda kalan ve kolektif düzeye çıkamayan bu damga türlerine ayrıca yer verilmeyecektir. Bunun yanı sıra, din değiştirenlerin de kendilerini damgalayan kişilere özgü yaygın damgalama biçimleri vardır. Müslüman sosyal çevre için kullanılanlar değişkenlik gösterse de en çok göze çarpanlar 'koyun' ve 'cahil' damgalarıdır. Hıristiyan sosyal çevreye yönelik olarak ise 'kökten gelmeler' damgası üretilmiştir.

Damgalanmış kimlikler, din değiştirenin haiz niteliklerini örten, hatta kendine ilişkin algılarını bile maskeleyen güçlü işaretlerdir. Din değiştiren, bir yabancı ya da öteki olduğunun bilincine vardığı gibi damgalı kimliğini de bilinçsel bağlamına yedirmekte ve damgası her zaman varmışçasına yaşamını sürdürmektedir. Onun için damga, doğuştan gelen bir aksaklık gibi 'Tanrı vergisidir'. Bu nedenle çoğu din değiştiren, yukarıdaki tanıklıklarda da fark edileceği üzere damgalarını, doğuştan engelli bir insanın engellerini içselleştirdiği kadar içselleştirmektedir. Damganın eklemlenmesi esnasında yamalı hale gelen kimlik, kendi onarım mekanizmaları sayesinde yamalanan yeri organizmanın doğal parçası haline getirerek defolarından kurtulma yolunu seçmektedir. Ancak kimlik, yamalarından her ne kadar kurtulsa da kendini muktedir olana tutsak etmektedir. Din değiştirenler ile onların sosyal habitatları arasındaki damgalı ilişkilerin özü aslında bu durumdan ibarettir. Neticesinde damga, bir işaretleme olduğu kadar, işaretleyeni, işaretlenenin egemeni kılan bir ilişki biçimidir. Bu nedenle çobanlar kendilerine ait olanı, diğerlerinden ayırmak için damgalama yöntemini benimsemektedir. Damgayı kabullenmek, aitliğin, ayrı bir ifadeyle karşı tarafın gücü karşısında sinmenin kabulüdür.

Heterotopik Bir Varlık Olarak Din Değiştiren: Başka Yerlere Hapsolmak

Yabancının geldiği ya da gitmekte olduğu yer, onu koşulsuz bir şekilde dışarıda olmaya zorlamaktadır. Kimliğin ilişki boyutunda ayrışması, mekânsal ayrışmayı da beraberinde getirmektedir. Çünkü yabancılardan korunmanın yollarından biri onu ayrı tutmak, başka mekânlara hapsetmektir. Kearney bu durumu (2012: 50), bir canavar gibi kurban edilmek istenilen yabancının mesken tuttuğu, kozmosun kutsallığını bozabilecek tehlikeli, kaotik ve yadırgatıcı uzamın ayrı tutulması olarak tarif etmektedir. Mekâna yüklenen bu anlam, sosyolojik düşüncede, mekânın toplumsal üzerindeki etkilerinin analizi ile daha anlaşılır olmaktadır. Çünkü mekansal dizayn, bir taraftan toplumsalın kurulma süreçlerini biçimlendirirken aynı zamanda topluma karakteristik kazandıran temel nitelikleri üreten yapay bir habitat olma özelliği göstermektedir. Bu nedenle toplumu kuran kültürel aksiyonlar belirli bir mekân içerisinde ve mekânın bizatihi kendisi ile ilişki kurarak hasıl olmaktadır. Mekân aynı zamanda topluluk bilinci uyandıran güçlü birliktelik ve asli mutabakatın üzerinde yükseldiği bir temel olma işlevi üstlenmektedir. Bu yönleriyle değerlendirildiğinde, mekân, üretim ilişkileri ve hâkim ideolojinin yeniden üretildiği alanlar olarak, karşılaşmaların yarattığı etkileşimlerle kimliğin inşa edilmesi noktasında da belirleyici role sahiptir (Alpman, 2015: 149). Farklı olanın dışlanmasının asıl nedeni, mekânın kimliği kurucu yönü ile örtüşmektedir. Çünkü saf, halis ve güçlü bir 'biz' kimliği tesis etme amacındaki toplumlar, etkileşime dayalı aksiyonlar bağlamında sorunlu kimliklerin 'biz' kimliğine karışmasından ya da bir virüs gibi deformasyon yaratmasından endişe duymaktadır. Bu nedenle, mekân içerisindeki karşılaşmaların önüne geçmek için farklı kimlikleri 'biz'den ayırmakta ve onları farklı mekânlarda müşahede altında tutarak kimlikler arasına set çekmektedir. Bu durum, din değiştiren kimliğinin de dâhil edilebileceği farklı kimlik kategorilerini 'başka' yerlerde olmaya zorlamaktadır.

Foucault tarafından kavramsallaştırılan 'Heterotopya', Grekçe bir terim olan 'heteron' yani 'başka' ifadesinden esinlenerek oluşturulan ve tam anlamıyla 'başka yer' olarak çevrilebilecek sosyolojik bir mekân türünü tanımlamak amacıyla kullanılmaktadır (Göker ve Keskin, 2015: 432). Din değiştirenler ve diğer örselenmiş kimliklerin yabancılık ekseninde tecrübe ettiği toplumsallık, onları 'başka' mekânlara doğru dışlamakta ve heterotopyalara hapsetmekte, daha doğrusu heterotopyalar kurmaktadır. Çünkü din değiştirenlere bir kimlik dayatıldığı gibi bu kimliğin ilişki içinde olacağı mekânsal ayrışmalar da dayatılmaktadır. Üstelik bu mekânsal ayrışmalar, kimlik üzerindeki tahakkümü pekiştiren ve onun yeniden tesis edilmesine ortam hazırlayan bir işlev görmektedir (Alpman, 2015: 152).

Foucault biri ilkel, diğeri ise modern zamanlara özgü olmak üzere muhtelif nitelikte iki heterotopya türünden söz etmektedir (2005: 296-297). İlkel toplumlara özgü olan heterotopya türü 'kriz' heterotopyalarıdır. Kriz heterotopyaları, beşeri ortamda kriz durumunda bulunan kişiler için kurgulanmış ayrıcalıklı, kutsal ve yasaklı yerleri ifade etmektedir. İlkel çağlarda, hamile veya adet dönemindeki kadınlar ve yaşlılar için ayrılan özel bölgeler, bu kategoride yer almaktadır. Modern toplumlarda ise kriz heterotopyalarının yerini 'sapma' heterotopyaları almıştır. Sapma heterotopyaları, toplumsal normallere aykırılık gösteren veya genel normlardan sapan kişileri gözetim altında tutmak için ihdas edilmektedir. Günümüzdeki tımarhaneler, hapishaneler, huzurevleri ve psikiyatri klinikleri bu heterotopya türü bağlamında değerlendirilmektedir. Din değiştirenlerin durumları dikkate alındığında, 'sapkın' bireyler olarak tanımlanmaları nedeniyle onların sapma heterotopyalarına sevk edileceklerini söylemek mümkündür. Ancak önemle belirtilmesi gereken husus, heterotopyaların yalnızca fiziksel sınırlar bağlamında ele alınamayacağıdır. Çünkü heterotopyalar hâlihazırda mekansal ayrışmaları ifade etmek için kullanılmaktadır. Mekânsal ayrışma kimi zaman net fiziksel sınırlarla sağlanırken, kimi zaman fiziksel sınırlar olmaksızın bir mekan içindeki etkileşimi kesen görünmez sınırlarla da sağlanabilmektedir. Nitekim bir yabancı olarak din değiştirenin varlığı, dışarıda olduğu kadar içeride olmayı da gerektirmektedir. Simmel'e göre (2016: 27), yabancının varlığı, sınırları belli olmayan bir uzamsal daire ya da uzamsal sınırlara benzeyen bir grup içerisinde sabitlenmektedir. Fakat onun bu dair içindeki konumu, oraya ait olmayan ve beraberinde getirdiği kültürel özellikleri nedeniyle sekteye uğramaktadır. Bir yabancı olarak algılanan din değiştirenin içeride olma hali, içeride kurgulanan somut ya da soyut sınırlar aracılığıyla dışarıya taşınmaktadır. Dışarıda olmaya yönelik bu bilinçli zorlama, din değiştirene heterotopik (başka yere ait) bir kimlik isnat etmektedir. Neticesinde heterotopyalar, heterotopik varlıkların barındığı yerlerdir (Göker ve Keskin, 2015: 433).

Din değiştirenlerin Müslüman sosyal çevre içindeki heterotopyaları, mekânsal uzamın oldukça geniş bir alana yayılması ve çok sayıda uzamı bir araya getiren fraksiyonlar içermesi nedeniyle genellikle fiziksel özellikler sergilemektedir. İlişkisizlik yoluyla kurulan sınırlar her ne kadar birer heterotopyaya dönüşse de din değiştirenin genel yaşam alanını oluşturan Müslüman sosyal çevre içinde katılmaya zorlandığı ya da gönüllü olarak bir kaçış mekânına dönüştürdüğü heterotopyaları vardır. Bu heterotopyaların ortak özelliği, din değiştireni kuşatarak ona bir takım yeni kimlik özellikleri kazandırmasıdır. Din değiştiren, heterotopyası ile aidiyet ilişkileri kurarak varlığını anlamlandırmakta ve kendini orada olmak zorunda hissetmektedir.

> [B]izim oturduğumuz bina aile apartmanı sayılır. Üst katımızca amcam oturuyor. Zemin katı da babaannem için tutmuştuk. Ben Hıristiyan olduktan sonra evde olaylar çıkınca bizimkiler babaannemi bizim eve aldılar ben aşağıya geçtim. Yemek yemeye çıkıyorum bazen ya da annem aşağı getiriyor yemeği. Beni uzaklaştırdılar anlayacağın. Böyle daha iyi oldu bence. Hem o stresten uzağım, hem kitabımı okuyorum. Kavga, gürültü yok. Tek sıkıntı yalnızlık. Ben kalabalığa alışmıştım. Evde yalnız kalıp kafayı yiyorum bazen. Arkadaş falan gelince de laf yapıyorlar. Giderek yalnızlığa alıştığımı hissediyorum. Evden çıkasım gelmiyor. Misafir geldiğinde çağırmazlarsa yukarı çıkmıyorum. [...] Resmen tecrit edildim [Leonardo, Din Değiştiren]
>
> [H]er zaman gittiğim yerlere gidemiyorum artık. Çünkü dedim ya bıktım diye. Bu çarşı merkezde bir sokak var kafelerin olduğu. Orada solcuların, komünistlerin takıldığı bir kafe var. Oraya alıştım. Gide gele samimi olduk çocuklarla. Onlar da benim gibi hep. Dertli insanlar. Hepsinin derdi sistemle, dışlanmakla. Fakir çocukları. Resmen dışlanmışların mekânı olmuş. Çay, kahve ucuz. Sohbet var. Evdekilerle kavga etmemek için sabah çıkıyorum, tüm gü-

nü orada geçirip akşam dönüyorum. Orada konuşa konuşa ben de kısmen Marksist oldum. Saz çalıp türkü söyleyenler var. Türkü sevmezdim pek. Şimdi akşama kadar türkü dinliyorum. Günüm hep orada. Gitmezsem özlüyorum. Onlar arayıp soruyor. Bazen ben kafede çalışanla birlikte açıyorum orayı, o kadar yani. [Peter, Din Değiştiren].

Din değiştirenler için asıl var olmak istedikleri yer 'Tanrının Krallığı' olsa da varlıkları heterotopyaların ötesine geçememektedir. Çünkü Hıristiyan inancında asıl dünya ve Mesih'in krallığı öteki dünyadadır. Eskatolojik düzeydeki bu anlayış, aslında bu dünyayı kendiliğinden bir heterotopyaya çevirmektedir. Birçok din değiştiren, telafi olarak öbür dünyadaki konumlarının hayalini kurmaktadır. Orada değer göreceklerini ve 'Tanrının çocukları' (İncil/Galatyalılara Mektup, 3: 26) olarak cennetin en güzel yerlerine layık görüleceklerini düşünmektedir. Ancak bu inanç, gerçek dünya içerisinde ancak bir ütopyadır. Göker'e göre (2017: 168), ütopya ile heterotopya arasındaki fark, birinin tamamen hayali diğerinin ise tamamen gerçek olduğudur. Din değiştirenler ütopik bir dünya tasavvuru ile avunurken, bu dünyadaki varlıkları heterotopyalar içerisinde sömürülmekte ve heterotopik bir hal almaktadır.

'Kimse' Olma Mücadelesi ve Heretik Olmaya Karşı Direnme Taktikleri

Din değiştirenin çifte yokluk olarak tanımlanabilecek ileri marjinallik durumları, iki taraflı yabancılığın/ötekiliğin ekseninde tezahür eden ince ve kırılgan bir çizgi üzerinde kurulmakta, mücadele ve direniş, itibarı yeniden kazanmanın ve doğru tanınmanın zorunluluğuna dönüşmektedir.

Toplumsal eşitsizliklere etki eden kimlik ve tanınmanın diyalojik/iletişimsel karakterine işaret eden Taylor, modern zamanlar öncesinde kimlik ve tanınma problemlerinin söz konusu olmadığını, kimliğin bir sorunsal olarak modern çağa özgü bir kavram olabileceğini savunmaktadır (Satıcı, 2016: 182). Kimlik gerçekten de modern zamanlarda, iletişimsel eylemler odağında form kazanan bir dizi eylemlerin sebep olduğu tanınma ya da tanınamama krizlerine vurgu yapmaktadır. Kimliğin tanınması için doğru ve simetrik bir iletişimsel süreç işlerken, kimliğe dayalı farklılıkları, eşitsizliğe ve tahakküme dönüştürmek için öncelikle dili ve dilin yönettiği bir süreç olan iletişimsel eylemi çarpıtmak, yapısını bozmak ve içini yeni sembolik anlamlarla doldurmak gerekmektedir.

Yukarıda sözü edildiği üzere, yabancılık/ötekilik deneyimi, dilsel pratiklerle kurulan ve aksiyona geçirilen dışlama faaliyetleri ile dayatılan bir süreç nitelikleri sergilemektedir. Bu nedenle egemen dil aracılığı ile itibarsızlaştırılan kimliği yeniden kurmak ve itibarı yeniden elde etmek için yine dilin kendisini bir direnme taktiği olarak kullanmak, en etkili yönteme dönüşmektedir. Nitekim Taylor da (2005: 51) toplumsal eşitsizlik ve itibarsızlaştırmanın yol açtığı kimlik problemlerine karşı geliştirilen tanınma politikaları, 'onarımsal eylemler' vasıtasıyla problemleri ortadan kaldırmaya yardımcı olmakta ve açılan yaraların iyileşmesini sağlamaktadır. Ancak burada temel husus, din değiştirenin iletişimsel taktikleri hangi oranda kullanma yetisine sahip olduğu ya da tanınma mücadelesini nasıl bir strateji üzerinde geliştirdiğidir. Çünkü doğru tanınma biçimleri ya da itibarın kazanılması, kimi zaman din değiştirenlerin kimlik öncelikleri arasında yer almamakta ve iletişimsizlik de bir direnme taktiği olma görevi üstlenmektedir.

Göker (2015: 136-140), göçmenleri konu alan çalışmasında, yabancıların toplumla bütünleşme sürecini ifade eden başlıkları tartışırken, asimilasyon ve entegrasyon gibi iki farklı kavrama vurgu yapmıştır. Asimilasyonda yabancının öz nitelikleri toplum tarafından tamamen emilerek boşaltılmakta ve yerine yeni bir toplumsal kişilik isnat edilmektedir. Entegrasyon ise, yabancının öz nitelikleri, toplumun genel dokusuna uyum gösterdiği takdirde yaşanan bir uyum süreci olarak, emilmenin etkilerini en aza indirmektedir. Din değiştirenlerin toplumla bütünleşmek için genellikle entegrasyona dayalı bir ilişki geliştirmesi olanaksızdır. Çünkü sahip oldukları nitelikler, iki tarafın kültürel dokularıyla da güçlü bir uyuşmazlık içerisindedir. Bunun için ayrışma/dışlanma ve marjinalleşme dışında kalan tek seçenek asimilasyondur. Bu sebeple, din değiştirenler toplumsal varlıklarının asimilasyon adı altında bıçak altına yatırılması ve orantısız bir şekilde sorulmaksızın ameliyat edilmesi ile dışlanma ve marjinalleşme arasında bir seçim yapmak zorundadır. İletişimsizlik dışlanma ve marjinalleşmeyi beraberinde getirirken, iletişimsel aktivite opsiyonu, yalnızca bir asimilasyonun işlemesinin önünü açmaktadır. Oldukça sancılı ve tedrici olan bu dönemin sonunda, din değiştirenin 'biz'le ,tam anlamıyla denk olamasa da, bütünleşmesine vesile olmaktadır. Göçmenler için asimilasyon istenmeyen bir durum olsa da din değiştirenler açısından hayal edilen ve güçlü bir istekle tahayyül edilen nihai hedeftir.

Aşağıdaki başlıklar altında, din değiştirenlerin iletişim ve iletişimsizlik taktikleri ile tahakkuk eden tanınma ve direniş mücadeleleri, birbirileriyle ilişkili olarak hazırlanan kategoriler eşliğinde tartışılacaktır. İletişimsel eylemlerin niteliğinin ötekiliğin kısmen de olsa açılmasında ne gibi bir işlev gördüğü serimlenecektir. Aynı zamanda iletişim sürecini çarpıtmanın ve iletişimsizliğe yol açmanın, dışlanmayı besleyerek ötekiliği nasıl büyüttüğü üzerinde durulacaktır. Neticesinde, iletişim toplumsallığı kuran bir araç olarak, kimlik mücadelesinin orijinidir. Bu nedenle iletişim süreci, kimliği kurmakla beraber, bir kimliği yıkmak için de etkin bir biçimde kullanılmaktadır. Yabancının dışlanması, çoğu zaman fiziksel sınırlar yerine iletişimsizlik setleriyle sağlanmaktadır.

'Başka' Biri Olmak

Din değiştirme, 'ortodoks' toplum güzergahından sapan 'heterodoks' bir hareketin serencamı olarak, bireyi her haliyle başka biri olmaya zorlar. Çünkü heretik olmak, heterodoks bir kalkışma davranışının kendini ve türevlerini yerleştirdiği hareket alanını dizayn eder. Burada başkalaşan ve 'aslını inkar eden' birey, başkalaştığı ortamdaki varlığını muhafaza edebilmek için 'başkalaşmış benliğini' de inkar edebilen biri olmayı çok kez deneyimler. Din değiştirenin en paradoksal vaziyeti, muhaf olamayacağı bir başkalaşımın güzergahında kendini ve sosyalliğini süreki evirmektir. Din değiştirerek bir başkası olmak ile din değiştirerek edinilen başkalığı korumak adına 'başka biri olduğunu inkâr ederek yeniden başka biri olmak' paradoksu arasında yüklü bir dolaysallık ve karmaşık söz konusudur.

Din değiştirenlerin kimlik görünümleri üzerindeki baskı ve tahakkümden korunma yollarından biri 'sessizlik' ve 'görünmezlik'tir. Görünmezlik genel olarak susma, kendini belli etmeme, sorulan sorulara kısa ve istenilen düzeydeki yanıtları verme yoluyla sağlanmaktadır. Ancak görünmezlik bir itaati değil, korunma taktiğini simgelemektedir (Alpman, 2015: 208). Çünkü kimlik, dilsel bir ifade ile gün yüzüne çıktığında, karşıda olanın olumsuz ilgilerini bir mıknatıs gibi üzerine çeken aleni bir hedefe dönüşmektedir. Bu nedenle din değiştirenin en çok başvurduğu direnme taktiklerinden biri kendini ifade etmemek, gizlemek ve görünmez olmaktır. İletişimin doğru ve işlevsel bir düzeyde din değiştiren kimliğine yardımcı olmadığı görünmezlik durumu, çarpık bir sürece zemin hazırlamaktadır. Nitekim iletişimi bir kurucu unsur olarak kendi lehine kullanamayan din değiştiren, iletişim sürecinin işlevsiz tarafı olarak kimliğinin edilgen bir nesneleşme yoluyla karşıt içeriklerle kodlanmasına engel olamamaktadır.

Giddens'e atıfta bulunarak görünmezlik ile 'uygar kayıtsızlık' arasında bir ayrıma giden Alpman (2015: 209), kişinin karşıda olanın farkında olmasına rağmen, bu farkındalığı jest ve mimiklerle dökmeyerek karşı tarafı yok saymasını tarif eden 'uygar kayıtsızlığın', ezilen kimliklerin kendini koruma reflekslerinden biri olarak geliştirdiği görünmezlik taktiğinden farklılaştığını belirtmektedir. Gerçekten de görünmezlik çabası, sessiz kalarak, varlığını belli eden bir gösterene ya da dilsel bir pratiğe yer vermeyerek kayıtsızlığı bilinçli bir biçimde kurmaktır. Çünkü karşı tarafın jest ve mimikleri çoğu zaman kayıtsızlık göstergesi olmanın ötesine geçerek kimliği yıkma potansiyeline sahip bir dizi saldırgan objeye evirilmektedir. Din değiştirenlerin bilinçli olarak kendini ifadesizliğin ardına gizlemesi, çoğu zaman onun varlığını yığınların yoğun aksiyonları arasında belirsizleştirirken, kimi zaman ise din değiştirenlerin 'başka' biri olarak yığınlara katılım sağladığı görülmektedir. Din değiştirme kararının özellikle kişinin yakın işlem alanındaki çevre nazarında duyulmaması imkansız bir durumdur. Bu nedenle sessizlik tedbiri çoğunlukla 'başka biri' olmanın ardına gizlenerek bir denge mekanizması oluşturmaktadır. Kişi, 'biz'den biri değilken, 'biz'den biri gibi davranarak kendini görünmez kılmakta ve sessizleşmektedir.

> [B]urada kimse bana iş vermediği için Konya'da çalışmaya gittim. Orada benim eski halimi tanıyan arkadaşlar bana şef garsonluk işi bulmuşlar. Parası da iyiydi. Gittim neyse bir baktım herkes muhafazakar. Bizim patron namazını kaçırmıyor. Mecburen onlardan biri gibi davrandım. Yeri geldi Hıristiyanlara laf söyleyenler oldu. Sustum, sineye çektim. 'Ben de Hıristiyanım' diyemedim. Sosyal medyadan herkes Cuma mesajları falan atıyordu. Dikkat çekmemek için ben de mesajlar attım. Ama içimden dedim ki 'lanet olsun' bana. Kendimden iğreniyordum. Daha fazla yapamadım. 'Parasına da işine de lanet olsun' deyip geri döndüm [Michael, Din Değiştiren].

[O]kulda arkadaş çevrem genelde muhafazakar kesimdi. Mecburen kim olduğumu söyleyemedim. Arka planda durdum. Din konusu açılırdı. Tartışmaya katılmazdım. Susardım. Gerçi susunca onlardan olmayı kabul etmiş sayılıyorsun. Çünkü dışlanmaktan bıktım. En iyisi içimde yaşamak dedim. İlk Hıristiyanlar da gizli yaşıyordu. Mecburuz buna yapacak bir şeyimiz yok [Yuhanna, Din Değiştiren].

Yukarıdaki tanıklılar, din değiştirenlerin sessiz kalmayı, tazyikli reflekslere tercih ettiğini göstermektedir. İletişimin oldukça işlevsiz kaldığı bu savunma stratejisi bir yere kadar kimliği güvence altına alan bir yöntem olsa da din değiştirende yarattığı içsel çatışma durumu, kimliğin algılanma biçimlerini olumsuz etkilemektedir. Çünkü görünmezlik ya da kendini başka kimlikler ardında saklama gayreti, kişiye belirli bir rahatlama alanı sunsa da aslında bu hadise, kişinin öz saygısını yitirmesine de neden olmaktadır (Alpman, 2015: 211). Din değiştirenler için tam olarak böyle bir yitim baş göstermektedir. Çünkü birçoğu hayatlarındaki tek ve anlamlı sermaye olarak gördükleri kimliklerini saklamayı ve bunun da ötesinde terk ettikleri kimlikleri sahiplenerek yaşamayı, 'Rab'leri İsa Mesih'e' karşı bir günah ve liyakatsizlik saymaktadır. Ancak din değiştirenin yaşamını kuşatan Müslüman sosyal çevre, onun öz kimliği ile tepkisiz ya da birilerinin rahatsız edici ilgilerine mazhar olmadan hayatını sürdürebilmesini olanaksız kılmaktadır. Bu nedenle, toplum içinde var olmak için, var olmaktan kasıt yalnızca nefes almak değil, üretim ilişkilerine, iş bölümü ve sermayeye ortak olmaktır, toplumdan biri olmadığını maskeleyen bir kimliği üzerine giymekte, sosyal işlemlerini 'başka biri' olarak sürdürmektedir. Kendisi olarak yaşayamamak, din değiştireni başkası olarak yaşamaya sevk etmektedir. Bu hususun yarattığı çatışma, din değiştirenin gelecek projeksiyonları ve kendini, kendiyle benzer durumda olanlarla kıyaslama motivasyonuyla bir nebze de olsa baskı altına alınmakta ve köreltilmektedir.

Din değiştirenin 'başka biri' olma hali yalnızca Müslüman sosyal çevre içindeki varlığı ile ilişkili bir durum değildir. Çünkü Hıristiyan sosyal çevrenin de kimliğine yönelik dışlayıcı tazyikleri, onu kimi zaman 'başka bir' kimliğe sahip olmaya itmektedir. Üstelik bu 'başka biri' olma hali, Müslüman sosyal çevre içinde de işlevsellik göstermekte ve yukarıda sözü edilen türden bir çatışma olasılığı asgari seviyelere çekilmektedir. Burada 'başka biri' olmaktan kasıt, din değiştirenin 'kökten gelme' olarak tabir ettiği bir 'Hıristiyan' olmasıdır. Çoğu din değiştirenin görünmezlik taktiklerinden biri haline gelen 'kökten gelme Hıristiyan' olma hali, Hıristiyan sosyal çevre içinde bir noktaya kadar, Müslüman sosyal çevre içinde ise tamamen güvence sağlamaktadır.

[B]en kendimce çözümü buldum. İnsanlara anlatmaktan bıktığım için artık din değiştirdiğimi söylemiyorum. Şimdi, benim dönme olduğumu bilmeyen biri ile tanıştığımda Hıristiyan olduğumu söylüyorum. Ne gerek var gerisini anlatmaya. Kökten gelme gibi davranıyorum. Sonuçta izleye izleye nasıl olunacağını öğrendim. Bu, asıl bizim Müslümanlar arasında işe yarıyor. Yakın çevrem biliyor durumumu ama herkes değil. Ben de benim din değiştirdiğimi bilmeyen ve yeni tanıştığım insanlara Hıristiyan olduğumu söylüyorum. 'Nasıl olur' diyorlar. İşte diyorum ' benim baba tarafımda Hıristiyanlık var. Babam Hıristiyan, annem Müslüman'. Hiçbir sorun yaşamıyorum. Tek sorun, beni döndürmeye çalışmaları. Çünkü Müslümanların Hıristiyanlarla hiçbir meselesi yok. Hatta seviyorlar, bana daha çok ilgi gösteriyorlar. Onların meselesi din değiştirmekle. Din değiştirdiğimi bilseler, biliyorum ki benden nefret edecekler. Ben de böyle bir yalan buldum ama pembe yalan. [Leonardo, Din Değiştiren].

'Başka biri' olma hali, başka şekillerde davranmayı ve başkaları gibi düşünmeyi gerektirmektedir. Kişi bir süre sonra bir tedbir olarak kullandığı yöntemin, kimliğini biçimlendirdiğinin farkında olmaksızın, aslında rol için büründüğü kimlikle özdeşleşmekte ve kendi kimliğine 'başka birinin' gözünden bakmaktadır. İletişim kurma tarzları, din değiştirenin gerçekte olduğu kişi ile oymuş gibi göründüğü kişinin niteliklerine göre farklılıklar göstermekle birlikte, din değiştirenin görünmezliği, anlık bir kaçış alanı yaratarak asıl kimlik mücadelesinin önüne set çekmektedir. Çünkü din değiştiren, güçlü bir aracı kendi lehine çevirmekten kaçınarak, tabiri caizse oyunu kurallarına göre oynamaktadır.

Petrus'un Yolunda: Kimliğin İnkârı

> *"Sana doğrusunu söyleyeyim" dedi İsa,*
> *'bu gece horoz ötmeden sen beni üç kez inkâr edeceksin'.*
> *Petrus, 'Seninle birlikte ölmem bile gerekse,*
> *seni asla inkâr etmem' dedi."*
> İncil/Matta (26: 34-35)

Din değiştirenler açısından dini bağlılığı sembolize eden ve sıkı vurgularla üzerinden geçilen "Petrus'un İnkarı' olayı, kimlik üzerindeki baskıdan korunmanın yollarından biri olarak başvurulan direnme taktiklerinden biridir. İncil'de (Yeni Ahit) anlatılana göre, İsa öğrencilerine, tutuklanıp öldürüleceğini haber verdiğinde, Petrus öne atılarak, diğerleri kaçsa bile ölümüne mücadele edeceği yönünde oldukça heyecanlı bir görüş bildirmiştir. Çünkü Petrus, İsa'nın havarileri arasında en yetkin ve en imanlı kişi olduğunu düşünmektedir. İsa ise ona gün doğmadan (horoz ötmeden) önce kendisini tanıdığını bile üç kez inkâr edeceğini söylemiştir. Nitekim öyle de olmuştur. İsa yakalandıktan sonra öğrencileri kaçışmış, Romalı askerler birer isyancı olarak gördükleri öğrencileri her yerde aramaya başlamıştır. Petrus arandığının bilinciyle, insanların kendisini tanıması üzerine üç farklı ortamda, İsa'yı tanıdığını tam üç kez inkâr etmiştir (İncil/Matta, 26: 69-75).

Girard (2005: 205-226), Petrus'un inkârının ölüm korkusunu aşan bir durum olduğunu belirtmektedir. Çünkü gerçekten öldürülme korkusunu hisseden bir kişinin, arandığını bilerek sıcağı sıcağına toplulukların içine girmesi delilikten başka bir şey değildir. Petrus'un inkârı olayında, sıradan bir insan gibi toplulukların içine girdiği, onlar gibi davranarak aslında onların bir parçası olmaya yeltendiği açıkça görülmektedir. Burada, inkârın arkasındaki husus, öldürülme korkusu değil, ait olunan şeyin kaybedilmesi ile birlikte yeniden topluma entegre olma çabasıdır. Çünkü insanlar Petrus'u fark ettiklerinde yüksek sesle 'Sen de onunlaydın', 'Bu adam da onlardan biri' gibi ifadeler kullanmıştır. Petrus aslında yitip giden aidiyetini inkâr ederek, yeniden ait olma ve topluma katılma çabasındadır. Din değiştirenlerin de durumu böyledir. Kimlik sürçmesi olarak tanımlanabilecek inkar durumu, aidiyetin hissedilmediği ortamlarda, genel dokunun bir parçası olarak kabul görmek için girişilen sancılı bir deneyimdir. Çünkü ait olunan şey çevrede o kadar belirsizdir ki, aitliği yeniden kurmak gerekmektedir. Çoğu kişi tıpkı Petrus gibi din değiştireni de dışlayıcı ithamlarla işaretlemektedir. Din değiştiren, inkar yoluyla o topluluğun bir parçası olduğunu kanıtlamaya çalışmaktadır. Çünkü sıcaklığını hissettiği bir kimlik yoktur. Bu nedenle Petrus gibi topluluğun yaktığı ateşin etrafında ısınmaya(Yuhanna, 18: 18) çalışmaktadır.

Din değiştirenlerin araştırma kapsamındaki kimlik performansları ve gündelik manevraları üzerine yoğunlaşan gözlemler ve enformel görüşmelerde, çoğunun kimlikleri ve özellikle İsa için birçok fedakarlığı göze alabileceklerini, hatta kimlikleri için canlarından bile düşünmeden vazgeçebileceklerini ehemmiyetle belirtmeleri dikkat çekmiştir. Ancak bir önceki tali bölümde tartışılan görünmezlik konusunda da görüldüğü gibi, kimlik üzerindeki tazyiklerin yıkıcı etkileri, onların da tıpkı baş havari Petrus gibi gizlenmeye çalışmasına, bunun da ilerisinde kimliği inkâr etmelerine neden olabilmektedir.

Kimliği görünmez kılmak, ancak fark edilmeden ya da ilgi çekmeden önce onarımsal eylemler kategorisine girmektedir. Çünkü bütün gözler kimliğe çevrildiğinde ve gözlerin çevrilmesine neden olan dikkat çekicilik, kimliğin normal dışı görünümlerinden kaynaklandığında, görünmezlik safhası değerini yitirmekte ve din değiştirenin var olmak adına yeni taktikler geliştirmesi zorunlu hale gelmektedir. Bu durumda ortaya konulabilecek 'pasif direniş' örneklerinden biri, dilsel pratiği egemen anlamların direktifi ile biçimlendirmek ve kimliği inkâr etmektir. İnkâr etme, din değiştirenin kendi kimliğine karşı kırılgan bir duruş gibi görünse de tıpkı sessizlik taktiği gibi aslında baskı cenderesinden kurtulma yönünde etkili bir manevradır. Ancak inkâr, kendi içinde din değiştirenin kimliğini egemen perspektiften yorumlamasına ve muktedir olanın safına geçerek esasında kendiliğini dışlamasına neden olmaktadır. Bu nedenle inkâr olayındaki öz saygı yitimi, sessizlik tedbirinden daha ileri safhalarda yaşanmaktadır.

> [A]nnem bana, akrabaların, kardeşlerinin falan benim yüzümden onunla konuşmadıklarını söylemişti. Normalde başka şehirdeler ama bir şekilde duyulmuş. Bana, 'en azından onların yanında söyleme, gizli kalsın. Yok öyle bir şey de' diyordu. Annemi kıramadım. Çünkü kadının çevresi zaten daracık. Bir de benim yüzümden var olandan da olmasın. Teyzemler bize gelmişti. Bana sordu öyle bir şeyin olup olmadığını. 'Yok' dedim. 'Benim ne işim var' dedim. 'Kim söylemişse yalan söylemiş' dedim. O an içimde ihanet ettiğimi düşündüm. Bir tarafta annem, bir tarafta yaşamımı adadığım inancım vardı. Günah da olsa annemi seçtim [Leonardo, Din Değiştiren]

> [Ç]alıştığım yerden müdürle diğer garson arkadaşları yemeğe çağırdım bizim eve. Onlar da önceden çağırmıştı. Ayıp olmasın diye ben de davet ettim. Bu bizim müdür, benim salondaki camekânda İncil'i, bir de diğer kitapları görmesin mi? 'Yandık' dedim içimden.

Bana gülerek 'bunlar ne, yoksa Hıristiyan mı oldun?' dedi. Ciddi ciddi olduğumu söylesem gülmez ha. Kapıyı çarpıp gider, beni de işten kovar. Kıpkırmızı oldum. Hanımla yüz yüze geldik. 'Yok Müdürüm. Ben okumayı, araştırmayı severim. Öylesine aldım okuyorum.' Dedim. Hatta hızımı alamadım 'aptal mıyım ben' dedim. Müdür dalga geçer gibi 'bilemem ben. Öyle çok aptal var' dedi. Mecburen gülüp ben de 'haklısın Müdürüm' demek zorunda kaldım. Yerin dibine girsem daha iyiydi. Hanımın yüzüne bakamadım. Müdür sonrasında işteyken de şaka yoluyla 'şefimiz Hıristiyan olmuş' diyordu. Her dediğinde 'aha bu sefer kesin öğrendi. Bana laf sokuyor' diye korkuyordum [Michael, Din Değiştiren].

Yukarıdaki tanıklıklar, iletişimsel etkinliğin, bir şeyleri ifade etmek kadar bir şeyleri gizlemeye de yaradığını örneklendirmektedir. Din değiştirenler, pasif bir direniş taktiği sayılabilecek, kimliği inkâr yolunu seçtiklerinde, iletişimsel becerilerini kendilerini 'görünmezleştirme' konsepti özelinde sergilemektedir. Dolayısıyla inkâr pratiği, din değiştireni güçlü ve ikna edici bir iletişimsel eylemde bulunmaya zorlamaktadır. Ancak buradaki temel husus, iletişim becerilerinin tanınmak değil, aksine tanınmamak, gizli kalmak amacıyla kullanılmasıdır. Dolayısıyla inkâr, görünme yolunda olan ya da en azından görünme ihtimali bulunan kimliğin gizliliğini sürdürmek için din değiştirenin becerilerini harekete geçiren iletişim tabanlı bir direniş taktiğidir. İnkarın özünde kazanmak değil, kaybetmemek vardır. Din değiştirenin, mücadele evrenindeki güç merkezlerinin darbeleri karşısında tökezleyen ve sersemleşen kimliği, kazanmak bir kenara dursun, kaybetmemeyi bile kayra saymaktadır.

Kısasa Kısas: 'Göze Göz, Dişe Diş'

'Göze göz, dişe diş' denildiğini duydunuz.
Ama ben size diyorum ki, kötüye karşı direnmeyin.
Sağ yanağınıza bir tokat atana öbür yanağınızı da çevirin.
Luka İncili (6: 29-30)

Ötekilik, kimliğin diyalektik varlık ilişkisinin ayrılmaz bir bileşeni olarak yalnızca tek tarafa özgü bir var olma biçimi değildir. 'Ben' kimliği, varlığını meşru kılmak için 'öteki'ne ne kadar ihtiyaç duyuyorsa, 'öteki' olarak addedilen kimliklerin de kendi devimselleri ile inşa ettiği bir 'ben' ve 'öteki' algısı her zaman bulunmaktadır. Bu nedenle, din değiştirenler nasıl ki Müslüman ve Hıristiyan sosyal çevrenin 'ötekisi' formunda tanımlanıyorsa, Hıristiyan ve Müslüman sosyal çevre de din değiştirenlerin 'ötekisi' formunda tanımlanmaktadır. Kimlikler arasındaki ontolojik ilişki, karşılıklı bir 'ben' ve 'öteki' algısı aracılığıyla sürekli yeniden üretilmektedir (Kiraz, 2011: 154). Kimliğinin farkında olan bir din değiştiren, yeterli cesareti kendinde gördüğünde, 'ötekileri'nin tahakkümlerine, benzer nitelikte karşılıklar vermektedir.

Alpman'a göre (2015: 165), toplumsal eşitsizliklere karşı direnme taktikleri iki yola ayrılmaktadır. İlkinde kişi, kimliğe dönük tahakkümün teğet geçmesi ve etkilerinin azalmasını sağlayacak derin bir sessizlik görünümünde iken ikincisinde, tahakküme karşı duran ve muhalif duruş sergileyen bir cephededir. Din değiştirenlerin direnme taktikleri yalnızca tek bir stratejiye odaklanmamaktadır. Din değiştiren, kimliğin konumuna ve koşullara göre siper almakta, en uygun bulduğu taktikler arasında gelgitler yaşamaktadır. Bu bakımdan bir din değiştirenin, kimi zaman sinik durumda sessizliğe bürünürken, kimi zaman karşı atağa geçtiğini söylemek mümkündür.

Din değiştirenler açısından 'öteki' algısı, farklılaştırıcı bir tahakküm yapısından öte, kendisi ve kendinden olmayanı tanımlamaya programlıdır. Ancak kendinden olmayanlarla kurduğu gündelik ilişkilerinde olumlu dönütler almaktan yoksun kalan ve geri çekilmeye zorlanan kişiler, şüpheci, endişeli, bunalımlı, ne yaptığını bilmez ve en önemlisi hasmane birine dönüşebilmektedir (Goffman, 2014: 43). Bu dönüşüm ile birlikte, din değiştirenin diğerlerinden ayırt edilmek için basitçe bir tanımlayıcı olarak gördüğü 'öteki', kendisine yönelik orantısız tazyiklerin müstahak görüldüğü düşman hedef haline gelmektedir. Goffman'ın ifadesiyle (2014: 49), damgalanan bireyler, etkili bir taktik olan sinmek yerine 'el mi yaman ben mi yaman' dercesine hasmane bir tutumla karma etkileşimlere yanaşmaya niyet edebilmektedir. Ancak bu durum, gelgitler yaşayan damgalı bireyin yüz yüze iletişimlerinin yıpranmasına yol açmaktadır. Goffman'ın vurgu yaptığı hasmane tavır, iletişim dilinin sertleşmesini ve dilsel içeriklerin, karşı tarafı alaşağı etmeyi ya da yok saymayı başarabilecek şekilde kodlanmasını beraberinde getirmektedir.

[İ]lk zamanlar Müslümanına da kökten gelmesine de göz yumduk. Anlarlar dedik. Sonra baktık ki olmuyor. Yo dedik. Demek öyleyse, işte böyle. Bana biri laf mı söyledi, ben ona on katını söylüyorum. Biri hakaret mi etti, on katını ediyorum. Biri benimle konuşmuyor mu, dışladı mı, paşa gönlü bilir, ben de onu dışlıyorum. Ben bu yaşıma kadar kendime laf ettirmedim. Bunlara mı pabuç bırakacağım. Gerektiğinde benden cazgırı yoktur. Bak sonra ne oldu biliyor musun? Susunca üzerime gelenler şimdi tıpış tıpış susuyorlar. Yok, öyle yağma. Adam olacak herkes.[...] Şimdi bunlar benim cazgırlığımı gördü ya, benimle konuşmuyorlar. Ben de onlarla konuşmuyorum. Tek kelime etmem. Yan yana geçeriz selam vermem. O kim ki? O beni dışladığı gibi ben de onu dışlıyorum. Hadi bakalım.

- Onlar gibi davranmak yaşadığınız sorunları çözdü mü?

Büsbütün çözmedi tabi. Şimdi şöyle bir çözüm var. Eskiden daha saldırganlardı. Şimdi korkuyorlar. Yoksa dışlama, yine aynı dışlama. Yine kabul etmiyor ama eskiden bana karşı laf söylerken şimdi susuyorlar mecburen. Çünkü biliyorlar benim diğerleri gibi sineye çekmeyeceğimi. Ben hepsine 'duvara çarpın, bana çarpmayın' dedim. Net tavrımı koydum. Şimdi hiç konuşmuyoruz. Muhatap olmuyorum. En azından el alemin lafıyla, hakaretiyle uğraşmıyorum. Konuşuyorlarsa da arkamdan konuşuyorlardır. [Luka, Din Değiştiren].

Din değiştirenin 'kısasa kısas' modunu içeren iletişim faaliyetleri, ötekiliğe karşı bir direnme taktiği olsa da aslında ötekiliği pekiştirmekte ve iki taraf nezdinde de daha çok büyümesini sağlamaktadır. Bu tarz bir yaklaşım, taraflar arasındaki mesafeleri arttırarak telafi edilemez kimlik hasarlarına yol açıp din değiştirenin yabancılık deneyimini ileri seviyelere çekmektedir. Hasmane tavırların kimlik düzeyindeki geri bildirimleri bir iletişimsizliğe/ilişkisizliğe işaret etmektedir. Dolayısıyla kimliğin normal standartlarda ve meşru olarak kabul görmesi için gerekli olan ilişkisellikten mahrum bir din değiştiren kimliği belirmektedir. Kimlik, iletişimsizlik ile muktedir kimliklerin tazyikli refleksleri arasında sıkışarak dar bir alanda tecessüm etmekte, kimliği kuracak olan ilişkilerin doğru şekilde tesis edilememesi, din değiştirenlerin tanınma iddialarını dayanaksız kılmaktadır.

Tanınmanın 'Alt Perdesi': İtidalin Dile Gelişi

Kendisi hakkındaki bilgiyi karşı tarafın üretmesine olanak sağlamadan, kendi yetenekleriyle kurgulayan ve karşı tarafa yönlendiren din değiştirenler, kimlik paydaşlarına oranla daha fazla kabul görmektedir. İletişimsizlik ya da saldırgan iletişim taktikleri din değiştireni daha fazla ötekiye dönüştürürken, doğru planlanmış bir imaj süreci ve bu sürecin sürekliliği, din değiştirenin olumsal bir alt konum elde etmesinin yardımcısı olarak gözükmektedir. Ancak iletişimsel etkinliğin, ötekiliğin aşılmasını içeren bir anahtar olma vasfından kasıt, sorunları tamamen çözüm bulmak ya da bütünüyle tahayyül edildiği gibi tanınmak değil, sorunun etkilerini en aza indiren bir mukavemet yaratarak en azından 'var' kabul edilen bir konum elde etmektir. Çünkü din değiştiren biri, her ne kadar tazyikli reflekslerden kurtularak belirli bir çevre içinde yeterli toleransa erişse de hiçbir zaman tam denklik durumunu tesis edemeyecektir. Yalnızca sosyal etkinliklere ve paylaşım ilişkilerine katılabilmesinin önü açılacak ve o her zaman bir din değiştiren olarak kalacaktır.

Dilin yapısı, retoriği ve söylemlerin durum tanımlama noktasındaki genel semantiği ötekiliği sürekli yeniden üretmektedir. Eğer ötekilik/yabancılık olağan verili bir durum değil de tamamıyla dilsel pratikler ve bu pratiklerin örüntülediği davranış biçimleri ile kurulan canlı bir ilişki ise, din değiştiren, dilsel pratikleri kendi lehine biçimlendirerek, ötekiliğin beslendiği çarpık anlamları da yine dilin kendi unsurlarını kullanarak dönüştürebilecektir. Dil bu yönüyle sınıfsal mücadelenin eksenini oluşturan ve taraflar arası savaşımın en şiddetli yaşandığı toplumsal alandır. Dolayısıyla tanınmanın yolu, dilsel pratikleri etkin bir biçimde kullanmaktan geçmektedir.

İtidalli iletişimsel atakların, din değiştirenin tanınma mücadelesindeki etkilerini örneklendirmeden önce belirtilmesi gereken iki önemli husus bulunmaktadır. İlkinde, din değiştirenlerin iletişimsel etkinlikleri, sosyal çevrelerin geneline hitap eden bir kapsama erişememektedir. Çünkü iletişimin etkili olabilmesi için karşı tarafın belirli bir katılım temayülü gösterme şartı bulunmaktadır. Karşı tarafın kulak tıkadığı bir din değiştirenin iletişimsel eylemler yoluyla tanınmak gibi bir ihtimali yoktur. Bu nedenle iletişimsel etkinlik, yalnızca belirli gruplar düzeyinde (özellikle Hıristiyan sosyal çevre içinde) sonuç almaya yardımcı olmaktadır. İkinci husus ise, iletişim becerisine bağlı tanınmayı elde edebilen din değiştiren sayısının oldukça az olmasıdır. Çünkü güçlü bir dilsel kurguyu yıkmak için yine güçlü bir dilsel kurgu gerekmektedir. Din değiştirenlerin çoğu açısın-

Heretik

dan böylesine güçlü bir kurguyu ihdas edebilecek bir iletişim yeteneği ya da dilsel birikim yoktur. Bu sebepten ötürü, iletişim yoluyla tanınmak, bunu başarabilen din değiştiren açısından ayrıcalıktır ve kendisi de bu ayrıcalığın farkındadır.

[B]en Hıristiyan oldum. Eşime anlattım. Onu hiç zorlamadım. Sadece içimden ne geçiyorsa Rab'bin esini ile onunla konuştum. Benim yerime Rab Konuştu. Sonra eşim kendi isteğiyle bana Hıristiyan olmak istediğini söyledi. Sonra bir erkek kardeşim var o bana kızdıkça ben ona sevgiyle yaklaştım. Hep anlattım ona. Anlatmaktan yorulmadım. Sonunda o da beni kabul etti. Şimdi aramız çok iyi. Gidip geliriz. [...] Ama şimdi bir elin parmaklarının hepsi bir sayılmaz değil mi? Bazılarına anlatıyorum. Nuh diyor peygamber demiyor. Onların önünde İsa Mesih'in dediği gibi 'ayaklarımın tozunu silkiyorum' ve ayrılıyorum. Çünkü ben yapacağımı yaptım. O dinlemek istemiyorsa sorumluluk onundur. [...] asıl sorun bizim dönmelerde. Çünkü ben kimseyle kavga etmedim. Kimseyle arama soğukluk koymadım. Herkese selam verdim. Halini hatırını sordum. İyi ilişkiler kurdum. Şimdi hepsiyle aram çok iyi. Beni görünce yanıma gelip halimi hatırımı sorarlar. Ben problem yaşamıyorum. Bir Hıristiyan gibi muamele görüyorum. Ha, bazı kesimler var hala kabul etmeyen. Onlar da zamanla alışır. Bizimkiler (din değiştiren) hep kavga etti. Geri çekildi. Biri bile kendisini anlatmak istemedi. Bir gün selam verip, hal hatır sormadı. Sonra diyorlar ki niye dışlanıyoruz. Tabi dışlanırsınız. Bak benim aram hepsiyle iyi. Kendini doğru anlatırsan, güven duyarsa insanlar sana, dışlanma falan olmaz [Roberto, Din Değiştiren].

[E]şimle uzun sohbetler ettikten sonra Hıristiyan olmaya karar verdim. Vaftiz de oldum. Kimseden dışlama görmedim. Eşimle gidip sürekli sohbet ederiz. Misafirliğe giderim ben sürekli. Çocuklarımı da götürüyorum. Kökten gelmelerin çocuklarıyla birlikte vakit geçiriyorlar. Hiçbir ayrım yok. Herkesle anlaşıyoruz. Birlikte çalışıyoruz. Kimseden bir ayrım görmedim. Çünkü biz Roberto ile kimse ile aramıza soğukluk koymadık. Herkesle arkadaş olduk. Uzak kalmak çözüm değil. Uzakta kalınca kimse gelip sormaz. [Daria, Din Değiştiren].

[B]en Hıristiyan oldum olalı herkesle iç içeyim. Herkesle tanışıyorum. Din değiştirenler dışlanıyor, dışlanıyor da tek hata kökten gelmelerde mi? İki taraf da hatalı. Çünkü kimse birbiriyle konuşmuyor ki anlaşma olsun. İnsanlarla zaman geçirdikçe alışıyorlar. Mesele güvenle ilgili. Tamam, katı olan bir grup var. Onlar da eleştiriliyor zaten. [...] İlişki kurmakta sorun yok. İnanın ayrımcılık hissetmiyorum genelde. Ama yeri geldiğinde hissediyorsun ya din değiştiren olduğunu. Onlar bilinçli yapmasa da hissediyorsun [Leonardo, Din Değiştiren].

Tanıklıklarda görüldüğü üzere, din değiştirenin iletişimsel taktikleri yabancılık deneyiminin seyrini olumlu yönde değiştirmektedir. Ancak dikkat çeken husus, iletişimsel taktiklerin Hıristiyan sosyal çevre nazarında daha işlevsel olduğudur. Bu durumun nedeni, Hıristiyan sosyal çevrenin, Müslüman sosyal çevreden daha anlayışlı ya da toleranslı olması değildir. Çünkü bir tarafta değişim yoluyla olumsuzlaştırılan bir din, diğer tarafta ise yüceltilen bir din vardır. Müslüman sosyal çevrenin tolerans düzeyi doğal olarak aşağı seviyelere inmekte ve iletişimsel taktikler yetersiz kalmaktadır. Çünkü Müslüman sosyal çevre nezdinde durumun izah edilecek bir tarafı yoktur.

Yeni Bir Dünya Kurmak

> *"Dünyadan olsaydınız, dünya kendisine ait olanı severdi. Ne var ki, dünyanın değilsiniz; ben sizi dünyadan seçtim. Bunun için dünya sizden nefret ediyor."*
> İncil/Yuhanna (15: 19)
> *"Krallığım bu dünyadan değildir"*
> İncil/Yuhanna (18: 36)

İbrahimi dinler kategorisinde yer alan Hıristiyanlık inancında, bu dünyanın esas olan öteki dünyanın görüngüsü olduğuna dair eskatolojik bir inanç söz konusudur. Nitekim İncil'in birçok bölümünde bu hususta vurgulara yer verilmektedir. Din değiştiren biri için de asıl dünya, 'Göklerin Egemenliği' ya da

'Tanrı'nın Krallığı', fenomenolojik olan değil, göksel ve ruhani olandır. Bu nedenle bu dünyadaki tüm aktiviteler ve düşünler, din değiştirenin öbür dünyadaki varlığı için bir ön hazırlıktır. Din değiştirenin tahayyül ettiği öteki dünya, bu dünyadan kesin çizgilerle ayrışmış olsa da kimliğin toplumsal hayatta sırıtan faklı nitelikleri, onu öteki dünyadan öncesinde de yeni bir dünya kurmaya zorlamaktadır. Çünkü fenomenler dünyası, toplulukların 'biz' algıları çerçevesinde kurulmakta, 'biz'in içinde olmayan ya da olamayan her şey 'dünyanın dışına' atılmaktadır. Bir heterotopya olarak da nitelenebilecek bu dışarıda olma hali, din değiştirenin yabancı olmasıyla yakın ilişki içindedir.

Din değiştiren her zaman içeriden bir zorlama ile dışarıda kalmak yerine, bazen kendi isteğiyle dışarıya çıkmakta ve kendi gibi dışarıda olanları örgütleyerek yeni bir dünyanın temellerini atmaktadır. Din değiştirenler nazarında, genel toplumsal çevre içinde yaşamanın mümkün olmadığının fark edilmesi üzerine var olma mücadelesinin veçhesi, çözüm yolları üretilmesine neden olmaktadır. Yeni bir dünya kurmak, din değiştiren kimliğinin organik bağlarını kurabilmek için geliştirilen önemli taktiklerden biridir. Muktedir olanın nüfuzundaki toplumsal alanda kök salması mümkün olmayan din değiştiren kimliği, otantik bir kök üretme ihtiyacını, kendi kontrolünde olan ve 'biz' algısı ekseninde modellenen bir 'paralel dünyanın' sınırları içerisinde gidermektedir. Yabancının var olması açısından doğal karşılanabilecek bu taktiği doğrulayan Göker'e göre (2015: 123), yabancı ayrımcılık gördüğünde kendine özgü bir yaşam kurma yoluna gitmektedir. Dışarıdan izole edilen ve tamamen yalıtılmış olan yaşam, din değiştirenleri dışarıdaki ayrımcılık ve dışlanmadan koruyan, kimliği 'biz'in egemen olduğu bir bağlamda inşa etmeye yardımcı olan güçlü bir direnişin sembolüdür. Çünkü din değiştirenler kendilerini bu yaşam içerisinde egemen bir varlık olarak konumlandırmakta ve belki de ilk defa dışlanmayı hissetmemektedir. Böylesine bir taktiğin kimliğe sunduğu bir takım getiriler kadar, kimliği sürekli kendi içine kıvrılan bir döngüye sokmak gibi götürüler de mevcuttur.

Din değiştirenlerin gerçeğe alternatiflik teşkil eden ve bir telafi mekanizması şeklinde işleyen yaşam tiplerinin ilki, kendi gibi olanlarla yakınlık kurması ve ilişkilerini birer psikoterapi seansı olarak organize etmesidir. Kendi gibi olanlardan kasıt, din değiştirenlerle birlikte, toplum nazarında dezavantajlı görülen ve yabancı damgası vurularak dışlanan kimlik tipleridir. Kolayca fark edilen ve aralarında güçlü bir kader bağı kuran dezavantajlı kimlikler, kendi dünyaları içinde bir dayanışma ortamı yaratarak kısa bir süreliğine de olsa arınma duygusu yaşamaktadır. Goffman da bu duruma işaret ederek (2014: 51), kişiyle aynı ya da benzer damgaya sahip olanların 'halden anlayanlar' kategorisine girdiklerini ifade etmektedir. Din değiştirenler, kendileri gibi damgalı 'halden anlayanları' yeni bir dünya kurmak için seçmekte, damgaların geçerli olmadığı bir ilişkiyi her gün yeniden üretmektedir.

> [B]enim yakın arkadaşlarım hep bizimkiler (din değiştiren). Ailedir falan dersen, onlarla mecburen iç içeyim ama bir yakınlık söz konusu değil. Mecburen birlikteyiz. Başkası bizi kabul etmeyince, bize bizden başkası yok. Dışarı çıktığımda hep bizimkilerin yanına giderim. Birlikte oturup çay içeriz, konuşuruz, içimizi dökeriz. [...] Din değiştireceğim zaman işin bu yönünü hiç aklımın ucundan geçirmedim. Ben sanıyordum, herkes anlatınca anlayacak. Karşıma çıkan herkes bir tekme vuruyor. Bizim ortama kendi aramızda 'Hastane' diyoruz. Çünkü herkesin derdi var. Herkes derdini anlatıyor, dinliyoruz, biz anlatıyoruz onlar dinliyor. Evde kavga ediyorum, arıyorum Luka ağabeyi, diyorum 'gel buluşalım'. O tecrübeli çünkü. O sıkıntı yaşadığında beni arıyor. Hepimiz için böyle. Bizi anlayan başkası yok. Kendi içimize kapanmışız [Peter, Din Değiştiren].

> [Ç]evremde beni anlayan tamam mı, bir tek ezilmişler var. Benim çevremde Kürtler kaldı, Aleviler kaldı, işte ne bileyim inançsız ar-

kadaşlar kaldı. Onlarla birlikteyim hep. Benim gibi sonradan olmalarla da görüşüyorum ama kafa yapımız çok uymuyor. Bir de çok yakın değiliz. Onlar da tasvip etmediğin görüşler oluyor bazen. Yaş farkı var sonra. Benim okuldan, mahalleden arkadaşlar var. Kimi Kürt, kimi Alevi. Beni bir tek onlar sahiplendi. Görüşebileceğim başka kimse yok. Geçen gün yaşadığım bir olayı anlatıyorum Kürt arkadaşa, gülümsedi. O da aynı şeyleri yaşamış. Yani bakıyorum şöyle, asıl mesele din değiştirmek falan değil. Toplumun istediği gibi olmuyorsan kimse kabul etmiyor. Tüm mesele bu. Ben bir utandım var ya o arkadaşın yüzünü görünce. Çünkü ben de Kürtlere pek iyi gözle bakmıyordum. Atalarımız demiş ya 'Düşenin halinden ancak düşen anlar'. Düşmeden bilemiyorsun. Zamanında hor gözle baktıklarım şimdi en sıkı, en güvendiğim dostlarım oldu. Bizi bir arada tutan acılarımız. Acısı olan, acısı olan birinin derdinden anlıyor. Özetle durum budur [Leonardo, Din Değiştiren]

Din değiştirenlerin yeni dünya kurguları yalnızca organik gerçeklik bağlamını içermemektedir. Son dönemlerde Web 2.0 teknolojisinin bir uzantısı olarak ortaya çıkan ve toplumsallığın üretilmesine olanak sağlayan sosyal medya, uzam ve zaman sınırlaması olmaksızın bireyleri tek bir platformda buluşturma fonksiyonu nedeniyle, kimliğin yeniden kurulması açısından oldukça elverişli bir uzamdır. Bu bakımdan din değiştiren biri, sosyal medyadaki sanal ortamlarda, bu dünya içerisinde tutunamayan varlığına konum yaratmakta ve kendisi gibi olan ya da en azından kendisini kabul eden kullanıcılarla bir araya gelerek kendi dünyasını inşa etmektedir. Din değiştiren, örselenen kimliğini onarmak için gerekli olan telafi, sosyal medya tarafından sağlanmaktadır. Göker ve Keskin'e göre (2016: 90), sosyal medya giderek daha fazla bir telafi ortamına dönüşmektedir: iletişim, ilişkiler, kimlik profilleri, temsil, görünür olma, tanınma, benlik sunumları, kabul görme, aidiyet v.b. gibi hemen her şey, sosyal medya spektrumlarında özgün formda yeniden inşa edilmektedir.

Sosyal medyanın günümüz toplumları açısından önemi her geçen gün artmaktadır. Çünkü bireylerin çoğu gündelik sosyal rutinlerin neredeyse tamamını sosyal medya üzerinden, gerçekliğe alternatif ya da paralel bir biçimde sürdürebilme motivasyonuna sahip olmaya başlamıştır. Öyle ki, sosyal medya performansları, bireylerin gündelik sosyal yaşam performansları kadar toplumsallığa etki eder konuma gelmiştir. Üstelik sosyal medyanın sunduğu fonksiyonlar yalnızca bireysel ifade tarzlarını değil kolektif ifade tarzlarını da kapsamaktadır. Bu kapsam, sanal bir toplumsallık kurgusunun meydana gelmesine ve ikame sosyal ilişkilerin önem kazanmasına neden olmaktadır.

Sosyal medyanın yarattığı sosyal etki, her bir birey ya da grup için farklı anlamlar ifade etmektedir. Ancak gündelik sosyal yaşam ve geleneksel medya araçları içinde olumsuzlanan ya da yok hükmünde olan 'öteki' gruplar açısından önemi oldukça ayrıdır. Sosyal medya 'öteki' gruplar için iki noktada önem arz etmektedir. Bunlardan ilki; ötekilerin geleneksel medyadaki 'ötekilik' kurgularının aksine, sosyal medyadaki araç ve içeriklerle kendi kendilerini temsil edebilme olanağına sahip olmalarıdır. Bu sayede edilgen ve egemen temsillerden sıyrılan 'öteki' kimlikleri, öz-temsil aracılığıyla etken bir biçimde kurgulanmaktadır. İkinci önemli nokta ise; sosyal medyada topluluk ilişkileri geliştiren ötekilerin, kendi kontrollerinde bulunan bir toplumsallık kurgusu meydana getirmesidir. Bu kurgu içindeki normlar, paylaşım ilişkileri ve tanımlar tamamen ötekiler tarafından üretilmektedir. Kısacası ötekiler, sosyal medya toplumsallıklarında gerçekliğin aksine 'egemen' konuma yükselmektedir. Din değiştirenler böyle bir ortama dahil olduklarında 'egemen' olanın parçası haline gelmektedir.

> [B]en sosyal medyayı aktif kullanıyorum. Sayfalarda gezerken Hıristiyan platformları buldum. Hepsine üye oldum. Takip ediyorum. Bir tanesi benim için farklı. Protestan kardeşlerimiz açmış,

dualar paylaşıp tartışmalar yapıyorlar. Kendi adımla katılınca sıkıntı olur diye vaftizde kullanacağım adla bir hesap açıp, üye oldum. Grup zaten gizli, dışa kapalı yani. Orada İncil'den pasajlar paylaşıyorum. Tecrübelerimi yazıyorum. Herkes benim için dua ediyor. Kimse din değiştiren olmamı önemsemiyor çünkü Protestan Türklerin çoğu da din değiştirmiştir zaten. Kendimi o kadar rahat hissediyorum ki. Bana sayfa yöneticiliği verildi. Şimdi her gün zevkle sayfada paylaşım yapıyorum. Problem yaşayan kardeşlerimize dua ediyoruz. Hastalanınca, kaza yapınca, dışlanınca bize yazıyor, biz de dua ediyoruz. Çok güzel bir ortam var. Günümün çoğunu grupta geçiriyorum. Birbirimize uzaktayız ama kalplerimiz bir.

- *Gerçekte görüşüyor musunuz?*

Çoğu farklı şehirlerde. Pek mümkün olmuyor. Sadece gittiğimde görüşüyoruz. İstanbul'a gittiğimde hepsiyle buluştuk, dualar ettik. Çok sıcakkanlı insanlar. Özlüyorum onları. Çünkü onların yanında inancımı doyasıya yaşıyorum. [Kevin, Din Değiştiren]

Sosyal medyanın yanı sıra geleneksel kitle iletişim araçları da, din değiştirenin gerçeklik bağlamında kuramadığı iletişimsel dinamikleri tesis etmeye yardımcı olmaktadır. Sosyal medyada olduğu kadar güçlü bir telafi hissi sezilmese de kitle iletişim araçlarının gerek gerçeklik üretme gerekse kimliği onaran araçsal bir mekanizma olma özellikleri, din değiştirenin bu araçlarla kuvvetli ilişkiler kurmasına neden olmaktadır. Türkiye'de yayın yapan ve Türk Hıristiyanlardan oluşan bir yayın ekibi bulunan SAT 7 kanalı, Hıristiyanların birçoğunun takip ederek kültürünü yaşattığı bir tele ortamdır. Din değiştirenlerin bir kısmı, bir televizyon kanalı aracılığıyla sosyalleşmekte ve kimliğine dayanak noktası bulmaktadır.

[B]en ne Müslümanla, ne Hıristiyanla ne de sonradan olmalarla pek anlaşamıyorum. Kişiliğimle alakalı. Ben çok kırıcıyım. Aslında pamuk gibiyim ama kin tutmak gibi pis bir özelliğim var. Biri bana hata yaptı mı silerim. Öyle yapa yapa yalnız kaldık. Yalnız yaşıyorum. Akşama kadar ya İsa Mesih'in hayatıyla ilgili kitaplar okuyorum ya da televizyondan SAT 7 TV'yi seyrediyorum. Çok faydalı bir kanal. Onları izleyip avunuyorum. Şimdi bir de mini dizi başlatmışlar. Bütün programları kaçırmadan izlerim. Tek eğlencem bu napayım. Sabah kalk, dua et, yemek ye, dua et, televizyon izle. Allah'tan bu kanal var. Yoksa kafayı yerim. Başka bir kanal seyretmem. Orada imanlı gençlerin hayatını seyrediyorum. Tartışmaları izliyorum. Hıristiyanları gerçekte göremiyorum bari orada göreyim. Yoksa kafayı yerim [Luigi, Din Değiştiren].

Göker'in (2015: 409-415), göçmenler üzerindeki çalışmasında 'Ulusaşırı Bağlar' olarak tanımladığı kitle iletişim araçları ve internet kullanımı, mesafe olarak birbirine uzak mesafede bulunan, daha doğrusu farklı ülkelerde yaşayan göçmenlerin iletişim kanallarıyla bağlarını sürdürmelerini ifade etmektedir. Din değiştirenler için tam olarak böyle bir durum söz konusu olmasa da yine de 'Mekanaşırı' bir bağdan söz etmek mümkündür. Çünkü kitle iletişim araçları, din değiştirenler açısından mekânsal uzaklığı ortadan kaldıran bir bağ üretmektedir.

Yeni bir dünya kurma hususunda, değinilebilecek son nokta, Roberto ve Daria arasındaki evliliktir. Neticesinde evlilik, 'Dünya Evine Girmek' olarak tanımlanmaktadır. Çoğu din değiştiren, ailelerinde başka bir din değiştirenin bulunmaması nedeniyle yalnızlaşmakta ve kurdukları yeni dünyada, aile gibi, kişinin en temel aidiyet odaklarını tesis eden bir yapı mecburen dışarıda kalmaktadır. Roberto ise eşi ve çocuklarının da dâhil olduğu Hıristiyan bir aile ortamına sahip olmakla, diğerlerinden ayrıcalıklı ve daha sağlıklı bir yaşamın parçası haline gelmektedir. Dışarıda, yaşanması güç bir dünyanın varlığından söz etmek mümkün iken, aile ortamı, hem bir kaçış noktası hem de kimliğin yakın ilişkilerle yeniden üretildiği elverişli bir sosyal alandır.

SONUÇ

[B]u, bir gün geçecek diye umut ettik hep. Bir gün insanlar anlayacaktı bizi. Rab İsa Mesih onlara doğruyu gösterecekti. Bir gün biz de sabah uyandığımızda, mutlu bir dünyaya uyanacaktık. Şu peşimizi bırakmayan öfke, bir gün yok olacaktı. Şimdi biliyorum ki bu bir hayal. Kendimizi avutmuşuz. İsa Mesih'e merhamet edildi mi ki, bize edilsin. Bu, hiç geçmeyecek. Hep öyle kalacak. Biz ölene kadar bunun bedelini ödeyeceğiz. Çünkü biliyorum ki cenneti kazanmanın bedeli buymuş. Ağır bir bedel ödemeden, güzel bir şeye kavuşamıyor insan. Bu dünyada kavuşmak için yetmeyecek sanırım bedellerimiz.
[Peter, Din Değiştiren]

Gelecek tahayyülü; 'şimdi'nin böylesine kutsandığı ve zamanın ebedi 'şimdi'ler formunda parçalandığı bir çağda, geleceği ve geçmişi elinin tersiyle uzağa iten, yaşanmakta olanın büyüsünün, 'geleceğin' kendisi olduğuna inanan postmodern bireyin hayati kararlarını alırken başvurduğu belli belirsiz bir vaha ya da çarpık bir izdüşümden başka bir şey değildir. Kendi dışında olana bağımlı yaşayan ve kendi ile kurduğu ilişkisini, dışarıda olana bağımlı kılan birey, kendini ancak dışarıda olanın lütfettiği bir anlam silsilesi ekseninde tanıyabilmekte, asıl kendiliği ise 'yaşanmakta' olanın yarattığı dehlizde yitip gitmektedir. Böyle bir yitim ve kıyım ortamında, kendinin farkına varan ve üzerine dikilen anlamlara karşı asi bir başkaldırı örneği sergileyen birey ise, sistem içindeki farklılığını açıkça belli etmekte ve sistemin koruyucu mekanizmaları onu gözetim altında tutarak, baskı yoluyla terbiyeye zorlamaktadır. Bu durum, farklılaşan/sapan kişi nezdinde, gelecek tahayyüllerinin ütopik içeriklerden temizlenerek, bir var olma savaşımı ile yeniden doldurulmasına neden olmaktadır.

Toplumu kuran birliktelik duygusunun, sonsuz bir benzeşme ve aynı olma hali ile sağlanmaya çalışılması, daha doğrusu toplumların bu karakteristik temelinde yükselmesi, 'normal' olanı, 'benzer' olana eşdeğer kılmaktadır. Tüm üretim ilişkileri ve normatif değerlerin benzerlik kodlarıyla birbirine eklemlendiği düşünüldüğünde, farklılaşmanın; benzerliği, dolaylı olarak toplumu yıkabilecek bir virüs biçiminde tanımlanması şaşırtıcı olmayacaktır. Bu nedenle, toplumun ideal bireyleri arasında yer alarak, ayrıcalıklı olanlar sınıfına dâhil olmak isteyenlerin, benlik tasarımları ve kimlik performansları tamamen benzerlik kurgularına uyum sağlama yönünde biçimlenmektedir. Henüz toplumsallığı sevk ve idare eden güç ilişkilerinden arıtılamayan iletişim kanalları, farklılığı/farklılaşmayı her zaman bir canavarlık, yabanilik, marjinallik, saldırganlık ve suç boyutundaki 'durum tanımları' vasıtasıyla gerçekliğe dönüştürmekte, toplumsal birimler arasındaki organik ilişkiler, demonize edilen gerçekliği sürekli yeniden üretmektedir.

Değişim olgusu, her ne kadar belirli bir farklılaşma/sapma standardı kapsamında değerlendirilse de esasında toplumların kontrol edilebilir sapma alanları yaratarak, benzerlikten bunalan kişileri, özgürlük yanılsamaları eşliğinde sistem içinde tutmasının elverişli yollarından biridir. Değişimin doğasındaki farklılıklar silikleşmekte ve değişim adı verilen şeyin kendisi, kişinin belirli bir uyum potasında sürekli konum değiştirmesi, ancak temel eksenden herhangi bir sapma göstermemesi ile ilintili hale gelmektedir. Toplumsal mutluluğun anahtarı olan bu değişim oyunları, geniş bir kitle üzerinde etkili olsa da kimi zaman durumun farkına vararak ya da varmayarak köklü bir sapmaya kalkışan kişiler ortaya çıkmaktadır. İşte, bu metin içinde tartışılan husus, tam olarak bu noktadan itibaren cereyan eden bir heretik olma halinin mütemadi hikayesidir.

Yukarıda sözü edilen bir yapı içerisinde, toplumun genel dokusu ile uyum göstermeyen, yani 'heretik' olarak tanımlanan bir birey için kimlik serencamı, farklı olana reva görülen tazyikli pratiklerin çerçevelediği, sınırlandırdığı ve kendi içine kıvrılmaya zorladığı, istenmeyen, sancılı bir tecrübedir. Din değiştirmenin, kabul gören normal değişimler dışında kalan ve bireyi gerçekten farklılaştıran bir karar olması, farklılaştırıcı tutumları resen din değiştirene yöneltmekte ve onun toplumsal varlığı, bir 'yabancı/öteki' olmanın sınırları içine hapsedilmektedir. Din değiştiren, gerçek anlamda farklı ve yabancı olandır, yabancı ise, farklılıklara ithafen, tüm toplum dışı, şeytani ve yabani nitelikleri bir mıknatıs gibi üzerine çeken, kim olduğu kestirilemeyen, onunla ne yapılacağı bilinmeyen ve bu nedenle ayrımcılığa maruz bırakılan kolektif bir kimlik türüdür. Yabancılık, kolektif bir şemsiye kimlik türü olarak, içinde çok sayıda 'farklı' kimlik türünü barındıran, kimliğin asli niteliği ne olursa olsun, toplum nazarında öteki formunda kabul görenleri ortak bir paydada bir araya getiren dezavantajlı bir toplumsal kategoridir. Dolayısıyla din değiştirenin, asli kimliği, tahayyülleri ya da performanslarının herhangi bir önemi olmaksızın, onu diğer 'öteki'lerle birlikte tanımlayacak güçlü bir yabancı kimliği vardır.

Bu araştırmada, bir kimlik türü üzerinde en doğru okumayı gerçekleştirmek için gerekli veriler, kimliğe sahip olan kişilerin öz tanıklıklarına başvurularak elde edilmiştir. Ancak konuyu tek bir perspektif özeline indirgemekten kurtarmak adına, kimliği kuran ilişkilerin diğer failleri konumundaki Hıristiyan ve Müslüman sosyal çevrenin de konuyla alakalı tanıklıkları araştırmaya dahil edilmiştir. Neticesinde, bir ilişkiyi analiz etmek, yalnızca tek bir tarafın anlamlandırma pratiklerinin ve çözüm perspektiflerinin yeterli olmayacağı girift yapılı bir süreç gerektirmektedir. Bu nedenle, ilişkinin iki ucundaki faillerin kendi meşru gerekçelerine yer verilerek, konunun taraflar açısından neleri ifade ettiği vurgulanmak istenmiştir.

Araştırma kapsamında bir dizi ilişkiler yoluyla inşa edilen bir yapı olarak ele alınan kimlik ile ötekilik arasındaki bağıntılar, din değiştirenlerin tanıklıkları çerçevesinde, kuramsal temellere oturtularak tartışılmıştır. Araştırma bulguları, din değiştireni ayrımcılık ve dışlama ile yüz yüze bırakan temel mantığın, yabancılaşmadan kaynaklandığını göstermektedir. Dolayısıyla din değiştiren kimliği bir yabancı kategorisinde değerlendirilmiş, toplumla kurduğu ilişkilerin tespiti ile bu değerlendirmenin doğru olduğu saptanmıştır.

Araştırmanın temel sonuçlarından biri, din değiştirenin sosyal çevresini teşkil eden Müslüman ve Hıristiyan gruplar içindeki 'sapkınlık' deneyimlerinin, karşılaşmalar ekseninde ortaya çıkan, farklı türdeki tahakkümlerle pekiştirilen ve sabitleştirilen bir süreç içinde meydana geldiğidir. Ancak sapkınlığa neden olan bileşenler ve ilişkilerdeki yabancılık kodlarını vurgulayan parametreler içerik olarak farklılık gösterse de ayrımcılık ve dışlanmanın ortak zeminde kurulduğu göze çarpmıştır. Nitekim din değiştiren, iki farklı heretik kod türünü kendine barındırmaktadır. İlki, din değiştirenin tarihsel kökenlerini ve bağlılığını simgeleyen Müslüman çevre içindeki sapma davranışı ile birlikte vuku bulan kod, ikincisi ise din değiştirenin organik bir parçası olma arzusuyla katılmak istediği, tarihsel bir paydaşlığın ve kökensel bir bağlılığın bulunmadığı Hıristiyan çevre nazarında her zaman var olan koddur. Görüldüğü üzere din değiştirenin heretik kimliklerinden biri, her zaman var iken, diğer ise din değiştirenin farklılaşması ile birlikte sonradan hasıl olmuştur. Bu nedenle, Müslüman sosyal çevre içindeki tahakküm reflekslerinin daha yoğun hatlarda yaşanması oldukça doğaldır. Ancak tahakkümün yoğunluğu ve ortaya çıkma biçimleri, genel çatıyı değiştirmemektedir. Çünkü din değiştirenin maruz kaldığı ayrımcılık ve dışlanma, nedenlerine ve uygulama biçimlerine bakılmaksızın, geniş çaplı kimlik bunalımları yaratan, kimliği bölen ve parçalayan bir sorunsaldır.

Araştırmadaki bulguların ortaya koyduğu bir diğer sonuç ise, din değiştirenler için kimliğin, geniş çaplı tereddütler içeren sancılı bir var olma, bunun da ötesinde 'tanınma' mücadelesi ile eş düzlemde tezahür etmesidir. Bu tanınma mücadelesi, asında tanınmama ile yanlış tanınma, içeride olmayla dışarıda tutulma, kimliğe sahip olmayla olamama arasındaki paradoksal çizgi üzerinde mütemadiyen gidip gelen kırılgan bir deneyimdir. Çünkü kimliğe sahip olmanın gerektirdiği tanınma düzeyi, din değiştirenin bireysel algı dünyası değil, içinde yaşanan ve tanınmaya ilişkin kararların kolektif çıkarlar gözetilerek alındığı toplumsal düzeydir. Toplumsal düzeyde hâkim olan benzerlik kavrayışı, din değiştiren kimliğinin olumsal bir tanınmaya sahip olmasının önünü tıkamakta, din değiştiren kimliğinin semantiği, önceden kurulu toplumsal postulatlar veya farklılık şablonları çerçevesinde düzenlenmektedir. Bu sebepten ötürü, din değiştirenin kendine ilişkin öz algıları kapsamındaki 'Hıristiyan' olarak tanınma düzeyi imkânsız ve mesnetsiz bir mücadeleye dönüşmektedir. Tanıklıklarda da vurgulandığı üzere, din değiştiren kimliği, bir ara form ya da ileri marjinallik durumu olarak, din değiştirenin organik tanınma biçimine işaret etmektedir. Aslında bu araştırmanın en temel sonucu budur. Bu bölümün giriş kısmına iliştirilen tanıklık, sonucu özetler niteliktedir. Tıpkı Peter'in ifade ettiği gibi, ilk başlarda gelecek tahayyülleri güzel bir dünya üzerine kurgulansa da asıl gerçek çok geçmeden fark edilmektedir. Hıristiyan olarak tanınmak, gerçekten de bir hayaldir ve yaşanan durum asla geçmeyecektir.

Örnek vermek gerekirse, Luigi ve Luka gibi bireylerin din değiştirme tecrübelerinin üzerinden 20 yıldan fazla bir süre geçmiş olsa da onlar yalnızca kendileri ya da küçük bir grup sosyal çevre nazarında bir 'Hıristiyan'dır. Geri kalan çoğunluk ise onları her zaman bir din değiştiren olarak tanımaktadır.

Araştırmada saptanan önemli sonuçlardan biri, din değiştirenin değişim süreci ile birlikte, algısal düzeydeki kimliği anlamlandırma dönüşümleridir. Önceden, 'Biz'in parçası olduğu dönemlerde din değiştiren nazarında 'öteki' olan Hıristiyanlar ve Hıristiyanlık, değişimle birlikte giderek 'Biz' halini almış, bu algısal dönüşüm beraberinde 'biz' ve 'öteki' algılarının yer değiştirmesini, yani Müslümanlar ve Müslümanlığın 'öteki' formunda konumlandırılmasını getirmiştir. Ancak yeni kimlikle, Hıristiyan sosyal çevre içinde tutunamama sorunu, Hıristiyanların da zamanla 'ötekileşmesine' ve 'biz' algısının din değiştirenler özelinde daralmasına neden olmuştur. Üstelik, din değiştirenin kimliğini güçlü bir şekilde benimsemesi, onun 'din değiştirme' fikrine daha fazla sahip çıkmasını sağlamıştır. Yine de bu fikir, dışarıya doğru değil, Hıristiyanlığa doğru bir geçişi olumlu kabul edecek şekilde modellenmiştir. Din değiştiren, her ne kadar din değiştirmeyi tecrübe etmiş olsa da, yeniden din değiştirme fikrine karşı güçlü bir set çekmektedir.

Araştırma bulgularının tartışıldığı bölümde, en fazla yer ayrılan kısım, din değiştirenlerin yabancı olma halleri ile birlikte beliren ayrımcılık ve dışlanma refleksleridir. Çünkü kimliği kuran mücadele, tam olarak bu reflekslerin yıkıcılığı ve din değiştirenin direnme taktikleri arasındaki denge ile sürdürülmektedir. Müslüman sosyal çevre, din değiştirenin 'normal' bir birey olarak yaşayabileceği organik bir habitat olmaktan çıkmıştır. Çünkü kuralı ihlal eden ve sapkınlık gösteren din değiştiren, ihlal edilen kurallara bağlı yaşayan bir toplum açısından, içeride tutulması imkânsız bir tehdittir. Üstelik bu tehdit, onunla ilintili olabilecek tüm sosyal birimleri de doğrudan etkilemektedir. Bu sebeple, Müslüman sosyal çevrenin din değiştireni dışlama refleksleri, ölümcül bir kıyımı başlatmak ya da ritüel haline getirmek değil, baskı yoluyla terbiye ederek topluma yeniden kazandırmaktır. Hıristiyan sosyal çevrenin din değiştirene yaklaşımı ise tamamen farklı bir boyut içermektedir. Bu boyutun katmanları arasında, din değiştirenin sonradan gelen ve dışarıdaki 'yaban' kültürünü üzerinde taşıyan biri olmasının etkisi büyüktür. Bunun yanı sıra, Hıristiyan sosyal çevreyi oluşturan Ortodoks ve Katolik asıllı bireyler, yaşadıkları toplum içerisinde azınlık olmaları hasebiyle kendilerini dışarıya karşı güçlü bir biçimde izole etme eğilimindedir. Bu nedenle din değiştirenin maruz kaldığı ayrımcılık ve dışlanma, Müslüman sosyal çevrenin aksine tamamen uzaklaştırma ve sınırların dışında tutma taktikleri üzerine kuruludur. Her ne olursa olsun, din değiştirenin deneyim stoklarını dolduran aksiyonlar genellikle ayrımcılık ve dışlanma reflekslerinden hâsıl olmaktadır. Bu durum, kimliğe ilişkin belleği, şiddetli ve hasmane tahayyüllerle kodlamaktadır.

Yabancılaşma ile birlikte cereyan eden ötekiliğin din değiştirene dayattığı kimlik kodlarından biri 'günah keçiliği'dir. Kimliği doğası gereği bir kural ihlali ya da suçla özdeşleşen din değiştiren, niteliğindeki suçluluk potansiyeli nedeniyle toplumun bağrındaki suçları kendine çekmektedir. Tanıklıkların ortaya koyduğu durumsallıklar, din değiştirenin çevresel bir farklılık gözetilmeksizin içinde bulunduğu ortamdaki suçlarla birlikte anıldığını ortaya koymaktadır. Çünkü o bir yabancıdır. Yabancı çoğu zaman, toplumun günahları hissedilmeye başlandığında, bu günahları ortadan kaldırması beklenen bir kişi arandığında ortaya çıkmaktadır. Yabancı organik olarak yoksa bile, toplum tarafından yaratılmaktadır. Din değiştiren, günahların yükleneceği bir yabancı arandığında, çok uzağa gidilmeksizin kolayca fark edilen, elverişli bir günah keçisidir. Din değiştirenin yabancılığı sürdükçe, günahı çağrıştıran varlığı da kendini sürekli yenileyecektir. Nitekim araştırmanın bu hususta vardığı sonuç, günah keçisi üretme mekanizmalarının, inançlara ya da toplumlara göre farklılıklar göstermediğidir. Çünkü suçun içeriği, toplumsal yapıyla birlikte değişiklik gösterse de günah keçisi üretme ve kıyım ritüelleri benzerdir. Bugün, en dindar toplumlardan en dinsiz olana, en sağ görüşlü toplumlardan en sol görüşlü olana kadar geniş bir inceleme yapıldığında, günah keçisi mekanizmalarının taklit ediliyormuş kadar benzer oldukları fark edilecektir.

Din değiştiren kimliğini kuran kodlar arasında en ayrıcalıklı olanlardan biri hiç kuşkusuz damgalama/yaftalama pratikleridir. Çünkü damgalar, kimliğin toplumsal alandaki anılma biçimleri olarak, aslında başlı başına bir kimlik kategorisine dönüşmektedir. Toplumların, toplum dışı olanla kurdukları ilişkinin temel mottosu görünümündeki damgalar, taraflar arasındaki güç ilişkilerinin kimlerin lehine işlediğini de gün yüzüne çıkarmaktadır. Çünkü bir kimliği damgalamak sanıldığı kadar kolay değildir. Damga, yalnızca muktedir olanın kullanabileceği güçlü bir araçtır. Din değiştirenin kimliğine herkesin görebileceği şekilde vurulan 'Dönme' damgası, din değiştiren birinin toplumsal mübadelelerdeki varlığını olağan bir tekinsizlik, güvensizlik, aykırılık ve tutarsızlık gibi niteliklerle sarmalamaktadır. Damganın etimolojik anlamındaki olumsuzluk, damgalı bireye sirayet etmekte, onu gerçekten tanımak için çaba sarf etmeye gerek duyulmamaktadır. Eğer kimlik bir anlamlandırma siyaseti ise, anlamlar da dil içindeki akışkanlık ile sağlanıyorsa, bir kimliği olumsuz bağlamda kurmak için yalnızca tek bir sözcük ve bu sözcüğü kabullenen bir kitle yeterli olacaktır.

Araştırmanın önemli sonuçlarından bir diğeri de mekânsal farklılaşma ile kimlik arasında kurulan bir tahakküm ilişkisinin varlığıdır. Sonuçta, din değiştiren başkalaşan toplumsal nitelikleri itibariyle 'başka' bir türdür, dolayısıyla 'başka' mekânlara hapsedilmesi kaçınılmazdır. 'Başka' mekânları tanımlamak için kullanılan Heterotopya kavramı, günümüzde yabancıları toplumdan ayırma ve toplumu yabancıdan gelebilecek tehditlere karşı koruma yöntemlerinden biridir. Göçmenlerin ve diğer dezavantajlı toplumsal grupların kümelendiği, kamplar, gettolar, banliyöler ve kent çeperleri, kimliği özgün bir kültür (ya da kültürsüzlük) ekseninde, toplumsal normallere aykırı bir biçimde kurulmaya zorlamaktadır. Din değiştirenin toplumsal mekânlardan yalıtılmaya çalışılması, onun kimliğinin 'başka' mekânlarla kurduğu ilişkiler odağında form kazanmasına neden olmaktadır. Heterotopyalar içinde form kazanan din değiştiren kimliği, ancak heterotopyalar ile kurulan ilişkiler silsilesi içinde anlamlı olmakta, toplumsal alandaki mekânlarla ayrışmanın getirdiği uyuşmazlık, giderek ileri boyutlara ulaşmaktadır.

Din değiştirenlerin kimlik meselesi, bugün ulusal çapta üzerinde düşünülen ya da 'genel'i rahatsız eden bir konumda değildir. Çünkü bu tecrübenin, sınırlı özel alanlar dışında pek de görünürlüğü yoktur. Din değiştirenler bu bakımdan, bir Ateist kadar büyük bir tehdit ya da rahatsız edici bir unsur olarak görülmemektedir. Çünkü çoğu insan onların varlığından habersizdir. Üstelik bu habersizlik durumu, tabiri caizse din değiştirenlerin de işine yaramaktadır. Çünkü mevcut dar alandaki gerilimli mücadele bile kimliği bu kadar hırpalayıp yıpratırken, meselenin geniş katmanlara yayılması, kimlik üzerindeki tahakkümü ileri seviyelere taşıyacaktır. Bu sebeple, din değiştirenler, toplumun görünmezleri olmaktan gocunmaz hale gelmiştir. Onlar için 'yok'luk, yanlış tanınmanın tazyiklerine göre daha olanaklı bir seçimdir. Çünkü üzerlerindeki damga, var olmayı imkânsız hale getirmektedir.

KAYNAKÇA

ABD Dışişleri Bakanlığı (2015). "Turkey 2015 International Religious Freedom Report". *https://www.state.gov/documents/organization/256463.pdf* adresinden ulaşıldı. (Erişim Tarihi: 13.01. 2019).

Akyıldız, Hüseyin (2006) "Freud'çu, Liberal ve Marksist Kişilik Kuramlarının Türevi Olarak Toplumsal İktisat ve Siyaset Teorileri", *Akdeniz Üniversitesi İ.İ.B.F. Dergisi*, 11, 1-23.

Alpman, Polat, S. (2015) "Toplumsal Eşitsizlikler Üzerinde Etnisitenin Etkisi", *Yayımlanmış Doktora Tezi*, Ankara Üniversitesi Sosyal Bilimler Enstitüsü Sosyoloji Anabilim Dalı, Ankara.

Altun, Mecit (2012) "Müslüman Olan Almanlar Üzerine Psiko-Sosyal Bir İnceleme", *Yayımlanmamış Yüksek Lisans Tezi*, Çukurova Üniversitesi Sosyal Bilimler Enstitüsü Felsefe ve Din Bilimleri Anabilim Dalı, Adana.

Altunoğlu, Mustafa (2009) "Kimlik'in Modern İnşaı, Kimlik Politikaları ve Türkiye'de Kimlik Tartışmaları", *Yayımlanmamış Doktora Tezi*, Gazi Üniversitesi Sosyal Bilimler Enstitüsü Siyaset ve Sosyal Bilimler Anabilim Dalı, Ankara.

Arıca, Fussilet, V. (2011) "Yabancılaşma ve Din", *Yayımlanmamış Yüksek Lisans Tezi*, Selçuk Üniversitesi Sosyal Bilimler Enstitüsü Felsefe ve Din Bilimleri Anabilim Dalı, Konya.

Arıcan, M. Kazım (2011) "Felsefi ve Teolojik Bir Problem Olarak Dini Çeşitlilik", *C.Ü. İlahiyat Fakültesi Dergisi*, (1), 71-98.

Aslan, Aydın (1998) "Batı Perspektifinde Dini Çoğulculuk", *İslam Araştırmaları Dergisi*, 2, 143-163.

Assman, Jan (2001) *Kültürel Bellek*. Ayşe Tekin (Çev), İstanbul: Ayrıntı Yayınları.

Aşkın, Muhittin (2007) "Kimlik ve Giydirilmiş Kimlikler", *Atatürk Üniversitesi Sosyal Bilimler Enstitüsü Dergisi*, 10 (2), 213-220.

Aşlamacı, İbrahim (2008) "Çoğulculuk ve Din Eğitimi", *Yayımlanmamış Yüksek Lisans Tezi*, Sakarya Üniversitesi Sosyal Bilimler Enstitüsü Felsefe ve Din Bilimleri Anabilim Dalı, Sakarya.

Austin-Broos, Diane (2003) "The Antropology of Conversion: An İntroduction", Andrew Buckser and Stephen Glazier (Ed), *The Antropology of Religious Conversion*. Oxford: Rowman and Littlefield Publishers. 1-12.

Ayaz, Orhan (2015) "Sosyal Medyanın Ergenlerin Dini Sosyalleşmesine Etkileri (Sakarya/Akyazı Örneği)", *Yayımlanmamış Yüksek Lisans Tezi*, Yıldırım Beyazıt Üniversitesi Sosyal Bilimler Enstitüsü Felsefe ve Din Bilimleri Anabilim Dalı, Ankara.

Bauman, Zygmunt (2001) *Parçalanmış Hayat, Postmodern Ahlak Denemeleri*. İsmail Türkmen (Çev.), İstanbul: Ayrıntı Yayınları.

Bauman, Zygmunt (2009) *Sosyolojik Düşünmek*. Abdullah Yılmaz (Çev.), İstanbul: Ayrıntı Yayınları.

Beaud, Stephane ve Noiriel, Gerard (2003) "Göçmenlerin Bütünleşmesini Düşünmek", Ali Akay, Mustafa Poyraz ve Şükrü Aslan (Derl), *Toplum Bilim Dergisi Göç Sosyolojisi Özel Sayısı*, 26, 15-25.

Becker, Hovard, S. (2015) *Hariciler (Outsiders): Bir Sapkınlık Sosyolojisi Çalışması*. Şerife Geniş ve Levent Ünsaldı (Çev), Ankara: Heretik Yayınları.

Berger, Peter ve Luckmann, Thomas (2008) *Gerçekliğin Sosyal İnşası, Bir Bilgi Sosyolojisi İncelemesi*. Vefa Saygın Öğütle (Çev), İstanbul: Paradigma Yayınları.

Bilgin, Nuri (2007) *Kimlik İnşası*. İzmir: Aşina Kitaplar.

Campbell, Charlie (2013) *Günah Keçisi, Başkalarını Suçlamanın Tarihi*. Gizem Kastamonulu (Çev), İstanbul: Ayrıntı Yayınları.

Canpolat, Süreyya (2004a) "Türkiye'de 1986-2002 Yılları Arasında Hıristiyan Olan Müslümanlar Üzerine Bir İnceleme", *Yayımlanmış Yüksek Lisans Tezi*, Marmara Üniversitesi Sosyal Bilimler Enstitüsü, İstanbul.

Canpolat, Süreyya (2004b) "Türkiye'de 1986-2002 Yılları Arasında Hıristiyan Olan Müslümanlar Üzerine Bir İnceleme", *M.Ü. İlahiyat Fakültesi Dergisi*, 27 (2), 87-103.

Carlin, Nathan (2016) "Religious Conversion: Classic and Contemporary Questions and İssues", *Pastoral Psychol*, 65, 291-297.

Cevizci, Ahmet (2002) *Felsefe Terimleri Sözlüğü*. İstanbul: Paradigma Yayınları.

Cezayirli, Gülay (1997) "Dini Grup ve Toplumsal Grup", *Ankara Üniversitesi İlahiyat Fakültesi Dergisi*, 37, 365-375.

Connolly, William, E. (1995) *Kimlik ve Farklılık, Siyasetin Açmazlarına Yönelik Çözüm Önerileri*. Ferman Lekesizalın (Çev), İstanbul: Ayrıntı Yayınları.

Cote, James, E. (2005) "İdentity Capital, Social Capital and the Wider Benefits of Learning: Generation Resources for Facilitative of Social Cohesion", *London Review of Education*, 3 (3), 221-237.

Cusack, M. Carole (1996) "Towards A General Theory of Conversion". Lynette Olsan(Ed), *Religious Change, Conversion and Culture*. Australia: SASSC, 1-20.

Çayır, Celal (2008) "Türkiye'de Din Değiştirip Hıristiyanlığa Geçişin Psiko Sosyal Etkenleri", *Yayınlanmamış Doktora Tezi*, Uludağ Üniversitesi Sosyal Bilimler Enstitüsü, Bursa.

Çelik, Kadir (2001). "Yabancılaşmadan Ötekileşmeye Kültürel Bir Hegemonyanın Kuruluş Biçimleri", *Praksis*, 4, 144-184.

Demir, Zekiye (2013) "Din Değiştirmede Cinsiyet Rolü: Belçika Örneği", *Milel ve Nihal Dergisi*, 10 (1), 156-186.

Demirtaş-Madran, H. Andaç (2003) "Sosyal Kimlik Kuramı, Temel Kavram ve Yaklaşımlar", *İletişim Araştırmaları Dergisi*, 1 (1), 123-144.

Demirtaş-Madran, H. Andaç (2012) "Sosyal Kimlik ve Ayrımcılık", Kenan Çayır ve Müge Ayan (Ed.). *Ayrımcılık: Çok Boyutlu Yaklaşımlar*. İstanbul: Bilgi Üniversitesi Yayınları, 73-86.

Doğan, İsmail (1996) *Sosyoloji: Kavramlar ve Sorunlar*. İstanbul: Sistem Yayıncılık.

Eagleton, Terry (2005) *Kültür Yorumları*. Özge Çelik (Çev), İstanbul: Ayrıntı Yayınları.

Elitaş, Türker ve Keskin, Savaş (2014) "Sanal Aidiyet Bağlamında Zihinsel Diaspora: Facebook Örneği", *Atatürk İletişim Dergisi*, 7, 161-185.

Erarslan, Sadık (2004) "Günümüzde İhtida Hareketleri", Mehmet Bulut (Ed), *3. Din Şurası Tebliğ ve Müzakereleri Bildiri Kitabı*. 20-24 Eylül, Ankara: Türkiye Diyanet Vakfı Yayın ve Matbaacılık.

Eren, Selim (2000) "Cemaatsel Oluşum ve Dinin Rolü", *Dini Araştırmalar Dergisi*, 3(7), 93-112.

Ergil, Doğu (1994) *Toplum ve İnsan*. Ankara: Turhan Kitabevi.

Fırat, Derya (2003) "Göçmenlerle İlgili Fransız Sosyolojik Düşüncesinin Çözümlenmesi: Fransa'daki Türkiye Kökenli Gençlerde Bütünleşmenin Bir Sonucu Olarak 'Ötekileşmiş' Kültürel Kökenin Yeniden Keşfi", Ali Akay, Mustafa Poyraz ve Şükrü Aslan (Derl). *Toplum Bilim Dergisi Göç Sosyolojisi Özel Sayısı*, 26, 73-85.

Foucault, Michelle (2005) *Özne ve İktidar*. Işık Ergüden ve Osman Akınhay (Çev), İstanbul: Ayrıntı Yayınları.

Giddens, Anthony (2000) *Sosyoloji*. H. Özel ve C. Güzel (Ed), Ankara: Ayraç Yayınları.

Giddens, Anthony (2012) *Modernliğin Sonuçları*. Ersin Kuşdil (Çev), İstanbul: Ayrıntı Yayınları.

Girard, René (2005) *Günah Keçisi*. Işık Ergüden (Çev), İstanbul: Kanat Kitap.

Goffman, Erving (2014) *Damga: Örselenmiş Kimliğin İdare Edilişi Üzerine Notlar*. Ş. Geniş v.d. (Çev), Ankara: Heretik Yayınları.

Gordon-Finlayson, Alasdair ve Daniels, Michael. (2008) "Westerners Converting to Buddhism: An Exploratory Grounded Theory in Investigation", *Transpersonal Psychology*, 2(1), 100-118.

Göker, Göksel (2015) *Göç Kimlik Aidiyet: Kültürlerarası İletişim Açısından İsveçli Türkler*. Konya: Literatürk Yayınları.

Göker, Göksel (2017) "Dijital Heterotopyalar: 'Başka' Bir Bağlamda Yeni Medya", *Selçuk İletişim*, 9 (4), 164-188.

Göker, Gösel ve Keskin, Savaş (2016) "Sosyal Medyada Topluluk İlişkileri: Karikateist Facebook Topluluğu Üzerine Bir Araştırma", *ASOS Journal*, 22, 88-108.

Göker, Göksel ve Keskin, Savaş (2015) "Yabancı ve Mekânsal Ayrışma: 'District 9' Filminde Heterotopik Mekân ve İleri Marjinallik", *Akademik Bakış*, 52, 428-453.

Gürer, Banu (2013) "Din Eğitimi Politikaları Açısından Batı'da Yaşayan Türklerin Dini Çoğulculuk Algısı", *Marmara Üniversitesi İlahiyat Fakültesi Dergisi*, 45, 191-216.

Güvenç, Bozkurt (1997) *Türk Kimliği: Kültür Tarihinin Kaynakları*. İstanbul: Remzi Kitabevi.

Halama, Peter and Halamova, Julia (2005) "Process of Religious Conversion in The Catholic Charismatic Movement: A Qualitative Analysis", *Archive for Psychology of Religion*, 26, 69-91.

Halama, Peter and Lacna, Maria (2011) "Personality Change Following Religious Conversion: Perceptions of Conversion Their Close Acquaintances", *Mental Health, Religion and Culture*, 14 (8), 757-768.

Horney, Kean (1994) *Çağımızın Nevrotik Kişiliği*. Selçuk Bucak (çev), Ankara: Öteki Yayınevi.

Hökelekli, Hayati ve Çayır, Celal (2006) "Gençlerin Din Değiştirip Hıristiyan Olmasında Etkili Olan Psiko-Sosyal Etkenler", *Uludağ Üniversitesi İlahiyat Fakültesi Dergisi*, 15 (1), 23- 46

Hunn, Nothan (2010) "Religious Conversion in Colonial Africa", *American Economic Review: Paper and Proceedings*, May İssue, 147-152.

Iris, Oliver (2005) "Modern Toplumlarda Din Araştırmaları Alanındaki Son Gelişmeler", Bünyamin Solmaz ve İhsan Çapçıoğlu (Çev.), *Dini Araştırmalar Dergisi*, 8 (23), 299-314.

James, Walter (1958) *The Varieties of Religious Experience*. New York: Mentor.

Jeffrey, Marlett, D. (1997) "Conversion Methodology and The Case of Cardinal Newman", *Theological Studies*, 58, 669-685.

Kağıtçıbaşı, Çiğdem (1999) *Yeni İnsan ve İnsanlar*. İstanbul: Evrim Yayınları.

Kar, Sait (2007) "Farklı Dinlerin Gerçeklik İddiaları Açısından İbadet Anlayışlarının Değerlendirilmesi", *Yayımlanmamış Yüksek Lisans Tezi*, Atatürk Üniversitesi Sosyal Bilimler Enstitüsü Felsefe ve Din Bilimleri Anabilim Dalı, Erzurum.

Kar, Sait (2014) "Bütün Dinler Aynı Hakikate mi Götürür? Tanrı Anlayışları Bağlamında Bir Değerlendirme", *Atatürk Üniversitesi İlahiyat Fakültesi Dergisi*, 41, 419-436.

Karaca, Faruk (2016) "Din ve Yabancılaşma: İmkanlar, Fırsatlar ve Tehlikeler", *İlahiyat Akademi Dergisi*, 2 (3), 45-54.

Kaymakcan, Recep (2005) "Türkiye'de Misyonerlik ve Din Eğitimi", *Sakarya Üniversitesi İlahiyat Fakültesi Dergisi*, 12, 25-39.

Kearney, Richard (2012) *Yabancılar, Tanrılar ve Canavarlar*. Barış Özkul (Çev), İstanbul: Metis Yayınları.

Kılavuz, U., Murat (2002) "Küreselleşen Dünyada Din", *Uludağ Üniversitesi İlahiyat Fakültesi Dergisi*, 11 (2), 192-212.

Kılıç, Ahmet (2007) "Din Sosyolojisinde Grup Tipolojileri", *Değerler Eğitim Dergisi*, 5 (13), 37-58.

Kızılkan, Ayşe (2012) "Tanzimattan Sonra Osmanlı'da İhtida Olaylarına Karşı Gayr-ı Müslimlerin Tepkisi: İşkence ve Zulüm", *Tarih Okulu Dergisi*, 13, 35-51.

Kiraz, Sibel (2015) "Kitle, Kültür, Bunalım ve Yabancılaşma", *Mavi Atlas*, 5, 126-147.

Kiraz, Sibel (2011). "Yabancılaşmanın Kökeni Üzerine", *Felsefe ve Sosyal Bilimler Dergisi*, 12, 147-169.

Kirman, M. Ali (1999) "Batıda Ortaya Çıkan Yeni Dinî Hareketlerin Bazı Özellikleri ve Toplumsal Tabanları", *Dini Araştırmalar Dergisi*, 2 (4), 223-233.

Kirman, M., Ali (2000) "Batıda Ortaya Çıkan Yeni Dinî Hareketlerin Karakteristik Özellikleri", *Uluslararası Avrupa Birliği Şurası Tebliğ ve Müzakereleri*, Ankara: Diyanet İşleri Bşk. Yayınları, 1, 317-321

Kirman, M. Ali (2003) "Küresel Bir Olgu Olarak Din Değiştirme ve Aile Kurumuna Etkisi", *Dini Araştırmalar Dergisi*, 6 (17), 269-280.

Kirman, M. Ali (2004a) "Beyin Yıkama Teorileri", *Ankara Üniversitesi İlahiyat Fakültesi Dergisi*, 45 (1), 107-132.

Kirman, M., Ali. (2004b) "Din Değiştirme Olgusuna Sosyolojik Bir Yaklaşım", *Dini Araştırmalar Dergisi*,6 (18),75-88.

Köse, Ali (2000) "İhtida", *İslam Ansiklopedisi*, 21, 554-558.

Kula, M. Naci (2005) "Küreselleşme, Ruh Sağlığı ve Din", *Din Bilimleri Akademik Araştırma Dergisi*, 2, 7-30.

Kurçak, K. Ayşe (2012) "Türkiye'de Din Değiştirme Üzerine Yapılan Çalışmaların Sosyolojik Analizi", *Yayımlanmamış Yüksek Lisans Tezi*, Kahramanmaraş Sütçü İmam Üniversitesi Sosyal Bilimler Enstitüsü, Felsefe ve Fen Bilimleri Anabilim Dalı, Kahramanmaraş.

Kutsal Kitap /Eski ve Yeni Ahit (2009) https://incil.info/YC2009/arama/Yuhanna+1:39, Adresinden Ulaşıldı. (Erişim Tarihi: 02. 04.2017).

Küçükcan, Talip (2005) "Modernleşme ve Sekülerleşme Kuramları Bağlamında Din, Toplumsal Değişme ve İslam Dünyası", *İslami Araştırmalar Dergisi*, 12, 109-128.

Levi-Strauss, Claude (2010). *Irk, Tarih ve Kültür*. Haldun Bayrı v.d. (Çev), İstanbul: Metis Yayınları.

Loveland, Matthew (2003) "Religious Switching: Preferences, Development, Maintenance and Change", *Journal for the Scientific Study of Religion*, 42 (1). 147-158.

Mardin, Şerif (2009) "Kimlik ve Söylemlerde Katmanlar", Gönül Pultar (Der.), *Kimlikler Lütfen*. Ankara: ODTÜ Yayıncılık, 61-66.

Marshall, Gordon (1999) *Sosyoloji Sözlüğü*. Osman Akınhay ve Derya Kömürcü (Çev), Ankara: Bilim ve Sanat Yayınları.

Mastrochinque, Attilio (2012) "Giuliano L'apostata Sulla Montagna Di Zeus", Margherita Cassia, Claudia Giuffida, Concetta Mole e Antonio Pinzone (Ed.), *Pignora Amiciatiae*, 359-371.

Mehmedoğlu, A. Ulvi ve Kim, C., Hean (2001) "Korelilerin Din Değiştirme Motifleri", *MÜ İlahiyat Fakültesi Dergisi*, 20, 175-191.

Meşe, Gülgün (1989) "Sosyal Kimlik ve Yaşam Stilleri", *Yayımlanmamış Doktora Tezi*, Ege Üniversitesi Sosyal Bilimler Enstitüsü Psikoloji Anabilim Dalı, İzmir.

Özçelik, Selahittin (2000) "Osmanlının İç Hukukunda Zorunlu Bir Tehir (Mürted Maddesi)", *OTAM*, 11, 347-438.

Palouitzan, Raymond, Richardson James and Rambo, Lewis (1999) "Religious Conversion and Personality Change", *Journal of Personality*, 67 (6), 1047-1079.

Park, Robert, E. (2016) "İnsan Göçü ve Marjinal İnsan" Levent Ünsaldı (Derl). *Yabancı: Bir İlişki Biçimi Olarak Ötekilik*. Ankara: Heretik Yayınları, 69-82.

Peker, Hüseyin (2008) *Din Psikolojisi*. İstanbul: Çamlıca Yayınları.

Petts, David (2011) *Pagan and Christian: Religious Changes in Early Medieval Europe*. London: Bristol Classical Press.

PEW Research Center (2010) "Global Religion Landscape". http://www.pew-forum.org/2012/12/18/global-religious-landscape-exec/ adresinden ulaşıldı. (Erişim Tarihi: 21.10. 2016).

Rahimi, İlir (2013) "Kosova'da Din Değiştirmenin Psiko-sosyolojik Etkenleri", *Yayımlanmamış Yüksek Lisans Tezi*, Uludağ Üniversitesi Sosyal Bilimler Enstitüsü Din Psikolojisi Bilim Dalı, Bursa.

Rambo, Lewis (1982) "Current Research on Religious Conversion", *Religious Studies Review*, 8 (2), 146-159.

Rambo, Lewis (1993) *Understanding Religious Conversion*. New Haven: Yale University Press.

Rambo, Lewis (1999) "Theories of Conversion: Understanding and İnterpreting Religious Change", *Social Compass*, 46 (3), 259-271.

Rambo, Lewis (2010) "Conversion Studies, Pastoral Counseling and Cultural Studies: Egaging and Embracing New Paradigm", *Pastoral Psychol*, 59, 433-445.

Rambo, Lewis (2011) "Din Değiştirme Teorileri: Din Değişimini Anlama ve Yorumlama", Hatice Gül (Çev), *KSÜ İlahiyat Fakültesi Dergisi*, 17, 204-226.

Rambo, Lewis (2012) "Psychology of Conversion and Spiritual Transformation", *Pastoral Psychol*, 61, 879-894.

Robinson, Rowena (2003) "Sixteenth Century Conversion to Christianity in Goa", S. Clarke and R. Robinson (Ed.), *Religious Conversion in India Modes, Motivations and Meanings*, New Delhi: Oxford University Press, 291-317.

Rubin, Abraham (2016) "Muhammad Asad's Conversion to İslam As A Case Study in Jewish Self Orientalization", *Jewish Social Studies*, 22 (1), 1-28.

Sandal, Ersin, K. ve Gürbüz, Mehmet (2003) "Mersin Şehrinin Mekansal Gelişimi ve Çevresindeki Tarım Alanlarının Amaç Dışı Kullanımı", *Coğrafi Bilimler Dergisi*, 1 (1), 117-130.

Satıcı, Murat (2016) "Liberalizm ve Çokkültürcülük Bağlamında Charles Taylor'ın Tanınma Politikası", *ETHOS: Felsefe ve Toplumsal Bilimlerde Diyaloglar*, 9 (1), 173-191.

Sayad, Abdelmalek (2003) "Çifte Yokluk: Göç Ederken Kurulan Hayallerden Göçmen Olmanın Acılarına". Ali Akay, Mustafa Poyraz ve Şükrü Aslan (Derl.), *Toplum Bilim Dergisi Göç Sosyolojisi Özel Sayısı*, 26, 25-31.

Schnapper, Dominique (2005) *Sosyoloji Düşüncesinin Özünde Öteki İle İlişki*. Ayşegül Sönmezay (Çev.), İstanbul: İstanbul Bilgi Üniversitesi Yayınları.

Schütz, Alfred (2016) "Eve Dönen", Levent Ünsaldı (Derl). *Yabancı: Bir İlişki Biçimi Olarak Ötekilik*. Ankara: Heretik Yayınları, 35-52.

Simmel, Georg (2016) "Yabancı", Levent Ünsaldı (Derl), *Yabancı: Bir İlişki Biçimi Olarak Ötekilik*. Ankara: Heretik Yayınları, 17-26.

Smith, Gordon (2001) "Beginning Well: Christian Conversion of Authentic Transformation", *Downers Grove, IL*: İnter Varsity Press.

Szpiech, Ryan (2016) "Review: Conversion and Narrative: Reading and Religious Authority in Medieval Polemic", *La Coronica*, 44 (2), 158-162.

Sremac, Srdjan (2016) "Conversion and The Real: The Possibility of Testimonial Representation", *Pastoral Psychol*, April İssue, 1-13.

Stonequist, Everett, V. (2016) "Marjinal İnsan Meselesi", Levent Ünsaldı (Derl), *Yabancı: Bir İlişki Biçimi Olarak Ötekilik*. Ankara: Heretik Yayınları, 83-96.

Stout, A. Daniel and Buddenbahum, M. Judith (2000) "Kitle İletişim Araştırmalarının ve Din Sosyolojisinin Bir Sentezine Doğru", Metin Işık (Çev), *Selçuk İletişim Dergisi*, 1 (3), 117-121.

Tajfel, Henri and Turner, John, C. (1979) "An Integrative Theory of Intergroup Conflict". In W. G. Austin and S. Worchel (Eds.), *The Social Psychology of Intergroup Relations*, Monterey, CA: Brooks-Cole.

Tajfel, Henri (1982) "Social Psychology of İntergroup Relations", *Annual Reviews Psychol*, 33, 1-39.

Tajfel, Henri and Turner, John, C. (1986) "The Social İdentity Theory of İnter-Group Behavior", S. Worchel And L. W. Austin (Eds.), *Psychology Of Intergroup Relations*, Chigago: Nelson-Hall.

Taylor, Charles (2011) *Modernliğin Sıkıntıları*. Uğur Canbilen (Çev), İstanbul: Ayrıntı Yayınları.

Taylor, Charles (2005) *Tanınmanın Politikası, Çokkültürcülük*. Amy Gutmann (Haz.), Yurdanur Salman (Çev.), İstanbul: Y.K.Y.

Tekin, Ferhat (2014) "Peter L. Berger'in Yabancılaşma Anlayışı: Diyalektik Bilincin Kaybı", *Beytülhikme an İnternational Journal of Philosophy*, 4, 29-48.

Timuçin, Afşar (1992) "Yabancılaşma Sorununa Genel Bakış", *Felsefe Dünyası Dergisi*, 5, 16-23.

Turner, Bryan, S (2014) "Din ve Çağdaş Sosyal Teoriler", Osman Ülker (Çev), *Kilis 7 Aralık Üniversitesi İlahiyat Fakültesi Dergisi*, 1 (1), 231-255.

Turner, John, C. (1978) "Categorization and Social Discrimination in The Minimal Group Paradigm", Henri Tajfel (Ed.), *Differentation Between Social Groups: Studies in the Social Psychology of İntergroup Relations*, London: Academic Press, 101-140.

Ullman, Chana (1989) *The Psychology of Religious Conversion*. New York: Plenum Press.

Usta, Niyazi (2003) "Küreselleşme ve Din", *Dini Araştırmalar Dergisi*, 16 (7), 179-183.

Ünaldı, Halime (2011) "Türk Romanı ve Yabancılaşma: Bir Edebiyat Sosyolojisi Denemesi", *Yayımlanmamış Yüksek Lisans Tezi*. Selçuk Üniversitesi Sosyal Bilimler Enstitüsü Sosyoloji Anabilim Dalı, Konya.

Ünsaldı, Levent (2016) "Takdim", Levent Ünsaldı (Derl). *Yabancı: Bir İlişki Biçimi Olarak Ötekilik*. Ankara: Heretik Yayınları, 7-16.

Williams, Glenn and O'Dwyer, Leonie (2016) "Analysis of The Religious Converts Wellbeing Needs: A Narrative Literature Review", *Bristish Psychological Society's Annual Conference*, 26-28 April, Nottingham.

Yalman, Nur (2009) "Kimlik ve Bilinç", Gönül Pultar (Der.), *Kimlikler Lütfen*. Ankara: ODTÜ Yayıncılık, 39-50.

Yates, Timothy (1998) "Christian Conversion 1902-1993 James To Lewis Rambo", *ANVIL*, 15(2), 99-109.

Yılmaz, Fatma (2008) *Avrupa'da Irkçılık ve Yabancı Düşmanlığı*. Ankara: Uluslar arası Stratejik Araştırmalar Kurumu (USAK) Yayınları.

Zavalsız, Y. Sinan (2012) "Din Değiştirmenin Psiko-Sosyal Kodları", *Çukurova Üniversitesi İlahiyat Fakültesi Dergisi*, 12 (2), 185-200.

Zijderveld, Anton, C. (2001) *Soyut Toplum*. Cevdet Cerit (Çev), İstanbul: Pınar Yayınları.

http://www.mersinkilisesi.com/en/?page_id=108 (Erişim Tarihi: 13.01.2020).

http://www.uscirf.gov/sites/default/files/USCIRF_Tier2_Turkey.pdf (Erişim Tarihi 13.01.2019).

EKLER

Ek-1 Görüşmeci Grubunun Tanımlayıcıları

Tablo 1. Din Değiştirenleri Temsil Eden Görüşmeci Grubuna İlişkin Bilgiler

Mahlas[12]	Cinsiyet	Kaç Yıldır Hıristiyan?
Roberto	Erkek	10 yıl+
Michael	Erkek	10 yıl+
Tom	Erkek	10 yıl+
Fransua	Erkek	5 yıl+
Luigi	Erkek	10 yıl+
Peter	Erkek	10 yıl +
Leonardo	Erkek	5 yıl+
Yuhanna	Erkek	2 yıl+
Markos	Erkek	1 yıl+
Luka	Erkek	10 yıl+
Ricardo	Erkek	-
Kevin	Erkek	-
Daria	Kadın	5 yıl+

---

[12] Örneklem birimlerinin gerçek adları yerine, onları tanımlayacak mahlaslar kullanılmıştır.

Tablo 2. **Hıristiyan Sosyal Çevreyi Temsil Eden Görüşmeci Grubuna İlişkin Bilgiler**

Mahlas	Cinsiyet	Mezhepsel Köken
Joseph	Erkek	Ortodoks
David	Erkek	Katolik
Marco	Erkek	Ortodoks
Thomas	Erkek	Katolik
Alice	Kadın	Katolik
Ester	Kadın	Ortodoks
Maria	Kadın	Ortodoks

Tablo 3. **Müslüman Sosyal Çevreyi Temsil Eden Örneklem Birimine İlişkin Bilgiler**

Mahlas	Cinsiyet	Din Değiştiren İle yakınlığı
Ali	Erkek	Arkadaş
Mustafa	Erkek	Arkadaş
Osman	Erkek	Baba
Recep	Erkek	Erkek Kardeş
Gülsüm	Kadın	Anne
Merve	Kadın	Kız Kardeş

Tablo 4. **Dini İnançsız Sosyal Çevreyi Temsil Eden Görüşmeci Grubuna İlişkin Bilgiler**

Mahlas	Cinsiyet	Kendini Tanımlama Biçimi	Din Değiştiren ile yakınlığı
Mehmet	Erkek	Ateist	Arkadaş
Neşe	Kadın	Agnostik	Kuzen

Ek-2 Görüşmeciler ile Yapılan Mülakatlarda Kullanılan Yarı Yapılandırılmış Formlar

1. **Din Değiştirenlere Yönelik Mülakat Soruları**

   1.1. Demografik Sorular
   Nereli, Eğitim durumu, Cinsiyeti, Aylık geliri, Medeni hali, Yaşı, Ailesinde başka din değiştiren kişi var mı, Kaç yıldır Hıristiyan....

   1.2. Din Değiştirme Sürecinden Önceki Dini Kimlik Algısına Yönelik Sorular
   -Din hayatının neresindeydi (dine bağlılığı, sosyal çevresindeki durum, ilişkileri v.s.), kendini nasıl tanımlıyordu?
   -Din değiştirmeden önce Hıristiyanlığa ve Hıristiyanlara bakış açısı nasıldı, Hıristiyanlıkla ilgili bilgisi var mıydı?
   -.....................

   1.3. Din Değiştirme Sürecindeki Kimlik Algısı ve Müslüman Sosyal Çevreyle İlişkilere Dair Sorular
   -Din değiştirme kararı aldıktan sonra kendinde ne gibi değişimler hissetti, eski ve yeni inancı arasında çatışma yaşadı mı, içsel çatışma durumunda ne yaptı?
   -Eski inancından kalan algı ve alışkanlıkları devam etti mi (Örneğin; besmele, gibi İslami adetler v.s.) ?
   -Yeni inancını Müslüman sosyal çevresine nasıl açıkladı, ilk kimler haberdar oldu, İnancını rahatlıkla yaşayıp ya da ifade edebildi mi, İnancını gizledi mi?
   -Sosyal çevresinin kararına tepkisi nasıl oldu? Yeni inancıyla ilgili problem yaşadı mı (Akraba, aile, arkadaş,İş hayatı v.s.), Yaşadığı problemler onda nasıl bir etki yarattı, Hıristiyan olduğu halde Müslüman gibi davranmak zorunda kaldı mı?
   -İnancını değiştirme kararı nedeniyle sonra sosyal çevresinde bir değişim ya da insanlara karşı yaklaşımı ve davranışlarında bir değişiklik oldu mu?
   -.....................

   1.4. Yeni Hıristiyan Kimliğine İlişkin Sorular
   -Kendisini nasıl tanımlar? Onu en iyi ifade eden tanım nedir?
   -Hıristiyanlığı hayatının neresinde konumlandırıyor?
   -Geriye dönüp baktığında, kendisiyle ilgili nelerin değiştiğini görüyor? Din değiştirme kararı onda kişisel olarak neleri değiştirdi? Müslüman olan X ile Hıristiyan X arasındaki fark nedir?
   -Adını değiştirdi mi (ya da değiştirmek istedi mi)? Neden?
   -Hıristiyanlığa ait semboller kullanıyor mu? (Ev eşyası, takı v.s.)

-Sosyal çevresi kimlerden oluşuyor, hala tepki alıyor mu, kimliğini nasıl ifade ediyor, gizleme gereksinimi duyuyor mu?
-Sosyal Çevresi tarafından tanınıyor mu?
-..................

1.5. Hıristiyan Sosyal Çevre İle Kurulan İlişkilere Yönelik Sorular
-Sosyal Çevreye girerken nasıl bir süreç yaşadı? Bireyler onu nasıl karşıladı?
-Bağlı olduğu Hıristiyan grup için nasıl bir anlam ifade ediyor, Zamanının ne kadarını çevresine ayırıyor?
-Hıristiyan sosyal çevreyi oluşturan tüm bireyleri tanıyor mu? Aralarında nasıl bir ilişki var? Kendisini rahatlıkla ifade edebiliyor mu?
-Çevresindeki bireylerle ibadet dışında bir araya gelir mi?
-Hıristiyan sosyal çevre ile ilişkiler ve dini paylaşımların inancı üzerinde nasıl bir etkisi var?
-Sosyal ortama yeni katılan, dışarıdan birini nasıl karşılar? Genel sosyal çevresini Hıristiyan sosyal çevrsiyle tanıştırdı mı? Arkadaşlarını davet eder mi?
-................................

1.6. Öznel Değerlendirmeler
-Hıristiyan nüfusu olan başka bir ülkede yaşamak ya da sosyal çevresinin tamamen Hıristiyanlardan oluşmasını ister mi?
-Müslümanlığa bakış açısı nasıl, Müslüman ya da diğer inançlardan biriyle evlenmek ister mi?
-Yaşadığı sorunları çözmek için bir atılımı var mı?
-Çevresiyle iletişim kurup, kendini anlatmayı denedi mi? Nasıl sonuçlar aldı?
-Elinde bir güç olursa (Siyasi ya da ekonomik güç) bu gücü nasıl kullanır?
-........................

2. Müslüman Sosyal Çevreye Yönelik Sorular
2.1. Demografik Sorular
Nereli, Eğitim durumu, Cinsiyeti, Aylık geliri, Medeni hali, Yaşı, Ailesinde Mezhebi, Din Değiştiren ile Yakınlık Durumu...

2.2. Genel Sorular
-Din değiştirmeye ve din değiştirenlere bakış açısı nasıl?
-Yakını olan (aile, arkadaş, eş v.s.) kişinin din değiştirmesini nasıl karşılıyor? (süreci baştan sona kapsayacak şekilde)
-Din değiştirme sürecinden sonra yakınıyla olan ilişkisi nasıl etkilendi?
-Din değiştiren yakını ona kendini nasıl ifade etti?
-.......................................

3. Hıristiyan Sosyal Çevreye Yönelik Sorular
3.1. Demografik Sorular
Nereli, Eğitim durumu, Cinsiyeti, Aylık geliri, Medeni hali, Yaşı, Mezhebi...

3.2. Genel Sorular

-Din değiştirme hakkındaki düşünceleri nelerdir? Birinin din değiştirerek Hıristiyan olmasını nasıl karşılar?

-Çevresinde din değiştiren bireylerin olmasını nasıl karşılıyor? (nedenleri ile açınlanacak)

-Çevresindeki din değiştiren kişilerle ilişkisi nasıl? Bu ilişkinin kurulmasında etkili olan faktörler hangileri?

-Ona göre; din değiştiren kişiler çevresine dâhil olmaya başladıktan sonra neler değişti?

-..

4. Dini İnançsız Sosyal Çevreye Yönelik Sorular

4.1. Demografik Sorular

Nereli, Eğitim durumu, Cinsiyeti, Aylık geliri, Medeni hali, Yaşı, Din Değiştiren ile Yakınlık Durumu...

4.2. Genel Sorular

-Din değiştirmeye ve din değiştirenlere bakış açısı nasıl?

-Yakını olan (aile, arkadaş, eş v.s.) kişinin din değiştirmesini nasıl karşılıyor? (süreci baştan sona kapsayacak şekilde)

-Din değiştirme sürecinden sonra yakınıyla olan ilişkisi nasıl etkilendi?

-Din değiştiren yakını ona kendini nasıl ifade etti?

www.ingramcontent.com/pod-product-compliance
Lightning Source LLC
LaVergne TN
LVHW040054080526
838202LV00045B/3632